中国医学装备
专利报告(2022)

中国医学装备协会
医学装备知识产权联盟 ◎组织编写

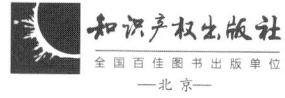

全国百佳图书出版单位
—北京—

图书在版编目（CIP）数据

中国医学装备专利报告.2022/中国医学装备协会，医学装备知识产权联盟组织编写. —北京：知识产权出版社，2023.4

ISBN 978-7-5130-8620-2

Ⅰ.①中… Ⅱ.①中…②医… Ⅲ.①医疗器械—制造工业—专利—研究报告—中国—2022 Ⅳ.①F426.7-18

中国国家版本馆 CIP 数据核字（2023）第 002392 号

内容提要

本报告分为上篇和下篇，整体介绍了全球和中国医学装备领域的专利布局现状及发展趋势、中国医学装备领域主要医疗机构的专利布局状况以及中国专利诉讼情况，同时梳理了中国医学装备领域重点企业、医疗卫生机构专利管理和运营的典型案例，针对植介入医疗器械、手术机器人和人工心脏等医学装备细分领域进行专利分析，旨在为中国医学装备领域各创新主体更好地运用知识产权加快产业创新和产业高质量发展提供参考和借鉴。

责任编辑：卢海鹰　王玉茂	责任校对：谷　洋
封面设计：杨杨工作室·张冀	责任印制：刘译文

中国医学装备专利报告（2022）

中国医学装备协会　医学装备知识产权联盟　组织编写

出版发行：**知识产权出版社**有限责任公司	网　　址：http://www.ipph.cn
社　　址：北京市海淀区气象路 50 号院	邮　　编：100081
责编电话：010-82000860 转 8541	责编邮箱：wangyumao@cnipr.com
发行电话：010-82000860 转 8101/8102	发行传真：010-82000893/82005070/82000270
印　　刷：三河市国英印务有限公司	经　　销：新华书店、各大网上书店及相关专业书店
开　　本：787mm×1092mm　1/16	印　　张：13.25
版　　次：2023 年 4 月第 1 版	印　　次：2023 年 4 月第 1 次印刷
字　　数：265 千字	定　　价：99.00 元
ISBN 978-7-5130-8620-2	

出版权专有　侵权必究

如有印装质量问题，本社负责调换。

编委会

主　编　侯　岩

副主编　李志勇　崔泽实　蔡秀军　华树成

　　　　　顾建英　高　静　王　曦

编　委（按姓名笔画排序）

　　　　　王孝炯　刘士涛　孙伟森　孙　湛

　　　　　杜建光　李鹏伟　李慧惠　杨　靖

　　　　　陈春晖　陈薇薇　赵　柯　惠长林

　　　　　程蕾蕾　鲁建华　薛　瀚

序

医学装备产业是关系国计民生、经济发展和国家安全的重要产业，涉及生物、机械、电子、材料、信息等多个领域，是多学科交叉、知识密集、资金密集的高技术产业，也是现代产业体系中具有较强成长性、关联性和带动性的战略性新兴产业。

"十三五"以来，在习近平新时代中国特色社会主义思想的指导下，中共中央、国务院高度重视医学装备的科技创新驱动、体制机制创新和产业高质量发展，相继出台了多项鼓励科技创新的政策，不断深化医疗器械审评审批制度改革，有力地促进了医学装备产业新技术的推广和应用，医学装备产业创新发展的活力得到极大释放，创新医学装备产品层出不穷，医学装备产品的安全性、有效性和可及性不断提升。针对高端医学装备"卡脖子"的问题，在部分领域，如医学影像、体外诊断等细分领域，我国已经取得了某些关键核心技术的突破性进展。

习近平总书记在中央政治局第 25 次集体学习中指出，"保护知识产权就是保护创新"。知识产权已经成为我国医学装备行业充分发挥创新驱动发展、积极参与全球竞争、长期保持良性可持续发展的一个重要且关键的因素。

面对习近平总书记提出的"要加快补齐我国高端医疗装备短板，加快关键核心技术攻关，突破技术装备瓶颈，实现高端医疗装备自主可控"的重任，梳理和全面掌握整个行业目前的知识产权状况，充分发挥专利制度在激励创新、保护创新的有效作用更是时不我待，对行业内各主体更有效地发挥创新活力、加快核心技术攻关、不断调整和优化产业结构具有重要的意义。

本报告是我国医学装备领域相对全面的首部专利报告，对全球和中国医学装备产业的专利布局现状和发展趋势、国内医疗机构的专利布局状况，以及医学装备领域中国专利诉讼情况进行了较为全面深入的研究，力争通过详实的数据、多角度的分析，较为系统地呈现医学装备行业专利的整体状况。本报告介绍重点企业、医疗卫生机构专利管理和运营的案例，分析了细分领域的典型诉讼案例。最后，摘录汇总近年来医学装备领域相关的专利政策，致力于帮助行业内各创新主体更好地运用知识产权加快产业创新，支撑和护航我国医学装备行业的高质量发展。

今后，中国医学装备协会还将持续对医学装备相关领域和特定区域的专利状况开展深入研究和分析。

中国医学装备协会理事长
医学装备知识产权联盟理事长

报告说明

一、数据的采集和范围

本报告以医学装备的整机（非零部件、原材料等）作为研究对象，利用 Incopat 全球专利数据库和国家知识产权局相关数据库对医学装备领域全球和中国的专利数据进行了检索。数据采集的截止时间是 2022 年 5 月，以 A61、G01、G21K、G16H、G01R、G03B、G01N33、C12Q 等国际专利分类号（International Patent Classification，IPC）作为主分类号进行检索，并在检索的过程中进行噪声处理和数据清洗。

本报告中的专利申请量指发明专利、实用新型专利和外观设计专利的申请总量。专利转让指专利的申请权或者专利权发生变更的行为，专利转让率指转让的专利申请权及专利权的总和与专利申请总量的比值。由于 2021—2022 年部分专利申请数据尚处于未公开状态，为保证数据的准确性，本报告以 2016—2020 年的五年专利复合增长率来反映近年来专利申请增长的态势。

本报告涉及医学装备中国专利诉讼的相关研究主要利用最高人民法院设立的"中国裁判文书网"，辅以"聚法案例"法律大数据检索引擎，对涉及医学装备的近 3000 篇裁判文书进行分析，借此了解中国医学装备领域专利诉讼案件的数量、发展趋势、诉讼的相关主体以及诉讼的焦点信息等。

二、IPC 释义

IPC 是国际上通用的专利文献分类法。本报告检索基于国家知识产权局 2022 年发布的《国际专利分类表》，主要涉及的 IPC 分类号及其释义如表 1 所示。

表 1　医学装备领域主要 IPC 分类及其释义

IPC 分类号	释　　义
A61B	诊断；外科；鉴定
A61C	牙科；口腔或牙齿卫生的装置或方法

续表

IPC 分类号	释 义
A61F	可植入血管内的滤器；假体；为人体管状结构提供开口或防止其塌陷的装置，例如支架；整形外科、护理或避孕装置；热敷；眼或耳的治疗或保护；绷带、敷料或吸收垫；急救箱
A61G	专门适用于病人或残疾人的运输工具、专用运输工具或起居设施；手术台或手术椅子；牙科椅子；丧葬用具
A61L	材料或消毒的一般方法或装置；空气的灭菌、消毒或除臭；绷带、敷料、吸收垫或外科用品的化学方面；绷带、敷料、吸收垫或外科用品的材料
A61H	理疗装置，例如用于寻找或刺激体内反射点的装置；人工呼吸；按摩；用于特殊治疗或保健目的或人体特殊部位的洗浴装置（电疗法、磁疗法、放射疗法、超声疗法入 A61N）
A61M	将介质输入人体内或输到人体上的器械（将介质输入动物体内或输入到动物体上的器械入 A61D 7/00；用于插入棉塞的装置入 A61F 13/26；喂饲食物或口服药物用的器具入 A61J；用于收集、贮存或输注血液或医用液体的容器入 A61J 1/05）；为转移人体介质或为从人体内取出介质的器械（外科用的入 A61B，外科用品的化学方面入 A61L；将磁性元件放入体内进行磁疗的入 A61N 2/10）；用于产生或结束睡眠或昏迷的器械
A61N	电疗；磁疗；放射疗；超声波疗（生物电流的测定入 A61B；将非机械能转入或转出人体的外科器械、装置或方法入 A61B 18/00；一般麻醉用器械入 A61M；红外加热辐照器入 H05B）
G01T	核辐射或 X 射线辐射的测量（材料的辐射分析，质谱测定法入 G01N 23/00 用以测定辐射或粒子的存在、强度、密度或能量的管入 H01J 47/00）
G21K	未列入其他类目的粒子或电离辐射的处理技术；照射装置；γ 射线或 X 射线显微镜
G16H	医疗保健信息学，即专门用于处置或处理医疗或健康数据的信息和通信技术
G01R 33/20	测量磁变量的装置或仪器
G03B 15/14	医疗手术时的摄影
G03B 42/00	利用光波以外的波获得记录；这类记录利用光学装置的显像
G01N 33/48	生物物质，例如血、尿；血球计数器
C12Q 1/68	包括核酸
C12Q 1/70	包括病毒或噬菌体

本报告中主要 IPC 分类号与细分技术领域对应释义如表 2 所示。

表2 主要 IPC 分类号及其细分技术领域释义

IPC 分类号	对应细分技术领域释义
A61B 1	内镜
A61B 5	用于诊断目的的测量设备，不含放射诊断和超声波等
A61B 6	放射诊断设备
A61B 8	超声波诊断设备
A61B 17	外科设备
A61B 18	高频/射频设备
A61B 34	外科机器人
A61B 90	外科辅助固定、清洗设备
A61F 2	可植入装备
A61F 5	矫正器械，护理器材
A61F 9	治疗眼睛的方法和设备
A61F 13	敷料
A61G 7	护理床
A61H 39	理疗设备
A61L 2	消毒灭菌
A61L 15	敷料材料
A61M 1	医用吸引或汲送器械、透析设备
A61M 5	注射类器械
A61M 16	气管插管
A61M 25	导管
A61N 1	电疗设备，心脏节律管理设备
A61N 5	放射性治疗设备
C12Q 1	核酸、微生物、基因检验
G01R 33	磁共振设备
G01N 33	临床检验
G02B 23	光学观测设备

三、其他说明

由于受专利文献的采集范围、时间、方式、来源和专利分析工具的限制，本报告中的数据和结论仅供社会各界借鉴参考。

四、编写说明

本报告的编写得到了深圳迈瑞生物医疗电子股份有限公司、上海联影医疗科技股份有限公司、复旦大学附属中山医院、浙江大学医学附属邵逸夫医院、吉林大学白求恩第一医院等单位的大力支持。

其中，第六章第一节由王曦、杜建光、杨光、赵燕、徐海燕撰写供稿；

第六章第二节由高静、刘士涛、孙伟森、徐天艺、李阳、张心尧撰写供稿；

第七章第一节由顾建英、程蕾蕾、汪灏撰写供稿；

第七章第二节由蔡秀军、鲁建华、张瑄撰写供稿；

第七章第三节由华树成、杨靖、刘爽、高义男撰写供稿；

第九章第一节由胡亚婷、李尹岑、王玥撰写供稿；

第九章第二节由孙茜、李晶晶撰写供稿；

第九章第三节由马镯、石艳丽、胡子琦、谢春苓撰写供稿；

第九章第四节由黄海撰写供稿；

相关结论仅代表供稿人立场。

目 录

上 篇 全球和中国医学装备领域专利状况分析

第一章 全球医学装备领域专利分析 ········· 3
一、全球专利申请总量 ········· 3
二、全球专利申请发展态势 ········· 4
三、2002—2022年主要国家/地区专利申请发展态势 ········· 9
四、2002—2022年主要国家/地区细分领域专利布局 ········· 9
五、2002—2022年主要国家/地区专利布局趋势 ········· 11
六、全球前12位申请人及其专利布局主要区域和细分领域 ········· 14
七、全球医学装备领域专利转让 ········· 15

第二章 中国医学装备领域专利布局分析 ········· 17
一、中国专利申请总量和年度趋势 ········· 17
二、中国专利布局主要细分领域 ········· 20
三、中国专利主要区域分布及布局细分领域 ········· 21
四、专利主要申请人 ········· 22
五、专利转让及备案许可 ········· 25

第三章 中国医疗卫生机构专利分析 ········· 28
一、中国医院医学装备领域专利申请趋势 ········· 28
二、中国医院医学装备领域专利主要申请人 ········· 29
三、中国医院医学装备领域专利转让和备案许可 ········· 31

第四章 医学装备领域中国专利诉讼分析 ········· 33
一、医学装备领域中国专利诉讼发展趋势 ········· 33
二、医学装备领域中国专利诉讼主要区域分布 ········· 34
三、医学装备领域中国专利诉讼争议焦点 ········· 34
四、主要诉讼当事人 ········· 35
五、主要审理法院 ········· 36

六、主要代理机构 ··· 37

第五章 发现与建议

一、发 现 ··· 38
　（一）全球医学装备领域专利申请近20年增长明显 ························ 38
　（二）全球医学装备领域专利申请主要布局在外科、
　　　　影像及检验细分领域 ·· 38
　（三）全球医学装备领域专利转让率稳步提升 ····························· 38
　（四）中国医学装备领域专利申请总量位居全球第一 ···················· 39
　（五）中国医学装备领域发明专利授权量持续增长 ······················· 39
　（六）中国医学装备细分领域均有专利布局 ································ 39
　（七）中国医学装备领域专利申请主体多为生产企业 ···················· 39
　（八）医疗卫生机构专利申请多为医学装备 ································ 39
　（九）医疗卫生机构专利转移转化效益日益凸显 ·························· 39
　（十）医学装备领域专利保护意识逐渐增强 ································ 40

二、建 议 ··· 40
　（一）聚焦临床需求，以应用为牵引激发创新活力 ······················· 40
　（二）突出质量导向，提升知识产权的保护力度 ·························· 40
　（三）集聚信息资源，推动成果转移转化 ··································· 41
　（四）培育知识产权文化，充分发挥行业协会优势 ······················· 41

下 篇　典型案例

第六章 医学装备企业知识产权管理和运营案例 ··································· 45

一、深圳迈瑞 ··· 45
　（一）企业基本概况 ·· 45
　（二）企业知识产权概况 ··· 46
　（三）医工交叉、产学研合作典型案例 ·· 49

二、上海联影 ··· 51
　（一）企业基本概况 ·· 51
　（二）企业知识产权概况 ··· 52
　（三）医工交叉、产学研合作典型案例 ·· 55

第七章 医疗卫生机构知识产权管理和运营案例 ··································· 57

一、复旦大学附属中山医院 ·· 57
　（一）医院概况 ··· 57

（二）医院知识产权概况 · 58
　　（三）医工交叉、产学研合作的典型案例 · 60
　　（四）学术交流与能力提升方面 · 61
　　（五）展　望 · 62
二、浙江大学医学院附属邵逸夫医院 · 62
　　（一）医院概况 · 62
　　（二）医院知识产权概况 · 64
　　（三）医工交叉、产学研合作的典型案例 · 66
三、吉林大学白求恩第一医院 · 70
　　（一）医院概况 · 70
　　（二）医院知识产权概况 · 71
　　（三）医工交叉、产学研合作的典型案例 · 71

第八章　医学装备领域专利诉讼典型案例 · 74
一、专利权侵权纠纷 · 74
　　（一）案情介绍——A公司诉B公司侵犯专利权案 · 74
　　（二）法院判决 · 74
二、职务发明专利权权属纠纷 · 75
　　（一）案情介绍——A医生诉C医院专利权归属案 · 75
　　（二）法院判决 · 76
　　（三）关于职务发明的相关法律规定 · 77
三、专利权许可侵权纠纷 · 78
　　（一）案情介绍——A公司诉B公司侵犯专利权案 · 78
　　（二）焦点分析 · 79
四、专利无效宣告请求纠纷 · 80
　　（一）案情介绍——专利申请的新颖性宽限期认定 · 80
　　（二）焦点分析——证据1的公开能否使该专利享有新颖性宽限 · 81

第九章　医学装备细分领域专利分析 · 83
一、植介入医疗器械专利热点浅析 · 83
　　（一）植介入医疗器械概况 · 83
　　（二）植介入医疗器械国内外产业状态 · 85
　　（三）热点技术分支专利分析 · 88
　　（四）申请人热点分析 · 94
　　（五）小　结 · 99
二、内镜手术机器人专利技术分析 · 100
　　（一）内镜手术机器人概况 · 101

（二）专利技术分析 ·· 102
　　（三）专利竞争态势分析 ·· 105
　　（四）小　结 ·· 110
三、乳腺癌人工智能诊断技术专利分析 ···································· 111
　　（一）数据来源与分析方法 ·· 112
　　（二）乳腺癌人工智能诊断技术专利申请态势分析 ················ 112
　　（三）乳腺癌人工智能诊断技术专利分布及技术路线分析 ········ 114
　　（四）主要创新主体专利保护策略 ································· 118
　　（五）小结和建议 ·· 121
四、离心式磁悬浮人工心脏专利分析 ······································· 122
　　（一）离心式磁悬浮人工心脏概况 ································· 122
　　（二）专利解析 ·· 125
　　（三）小　结 ·· 141

附　录 ··· 143

附录一　关于深化审评审批制度改革　鼓励药品医疗器械创新的意见 ····· 143
附录二　创新医疗器械特别审查程序 ·· 150
附录三　医疗器械优先审批程序 ·· 155
附录四　专利优先审查管理办法 ·· 157
附录五　专利申请集中审查管理办法（试行） ······························ 160
附录六　第1—第23届中国专利奖（医学装备类）名录 ··················· 162
附录七　医学装备领域申请人名称约定 ······································ 178
附录八　1830—2022年全球和中国医学装备专利申请和转让量年度对比 ··· 185
附录九　2002—2022年中国、美国、欧洲、日本和韩国医学装备专利申
　　　　请细分领域年度对比 ·· 192

医学装备知识产权联盟介绍 ·· 196

上篇
全球和中国医学装备领域专利状况分析

第一章　全球医学装备领域专利分析

近年来，随着经济的发展、人口的增长、社会老龄化程度的提高，以及人们健康意识的不断增强，全球医学装备的市场需求持续快速增长，医学装备行业成为当今世界发展最快、贸易往来最活跃的行业之一。

World Preview 2021：Outlook to 2026 和中国医学装备协会整理的数据显示，近年来，全球医学装备行业保持快速稳定的增长，2021年全球医学装备市场规模约为5260亿美元，年增长率约5.2%。预计到2024年全球医学装备行业规模将达近6000亿美元，2017—2024年复合增长率为5.6%。

Medical Design & Outsourcing 曾对全球医学装备企业2021年营收状况进行分析和排名，并发布"2021年医学装备企业100强"。据统计，该排名前十的医学装备企业的总营收达1933多亿美元，全球共有66家医学装备企业的收入超过10亿美元，比2020年增加2家。美敦力、强生、西门子位列全球医学装备企业营收前三。此外，在国家政策支持和需求拉动下，近年来，中国医学装备产业以15%增速（远超全球平均增长的速度）快速发展，已经成为子领域较为齐全、创新能力不断增强、市场需求十分旺盛的产业，进入高速度高质量发展的新阶段。可以预期，未来相当长一段时间，全球医学装备市场将继续保持快速增长，市场空间十分广阔。

本章以医学装备领域全球专利布局的整体状况为研究对象，对全球专利申请总量、全球及主要国家/地区的发展态势、主要市场细分领域的专利布局及布局态势、全球主要申请人及其细分领域布局、专利转让的总体情况进行全景式分析。

一、全球专利申请总量

近年来，随着全球医学装备产业的发展和知识产权保护意识的不断增强，医学装备行业专利申请量不断增长，截至2022年5月底，全球医学装备的专利申请总量累计577万件，其中，中国的专利申请量为149万件，排名全球第一（见图1-1-1）。

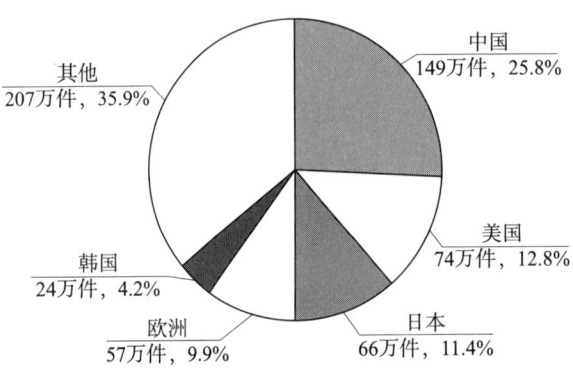

图 1-1-1 医学装备领域全球专利申请总量

从专利申请量来看，中国为 149 万件，占全球专利申请量的 25.8%；其后分别是：美国为 74 万件（占比 12.8%），日本为 66 万件（占比 11.4%），欧洲为 57 万件（占比 9.9%），韩国为 24 万件（占比 4.2%）。由此可以看出，中国、美国、欧洲、日本这些全球医学装备的主要市场均已经储备了大量的专利申请，有力地支撑医学装备行业在这些市场的创新和有序发展。

二、全球专利申请发展态势

自 1830 年起，全球医学装备专利申请呈稳步增长的趋势（见图 1-2-1），根据 Incopat 数据库统计的资料，最早的医学装备专利出现于 1830 年，是西班牙产出的与导管橡胶制造相关的专利。

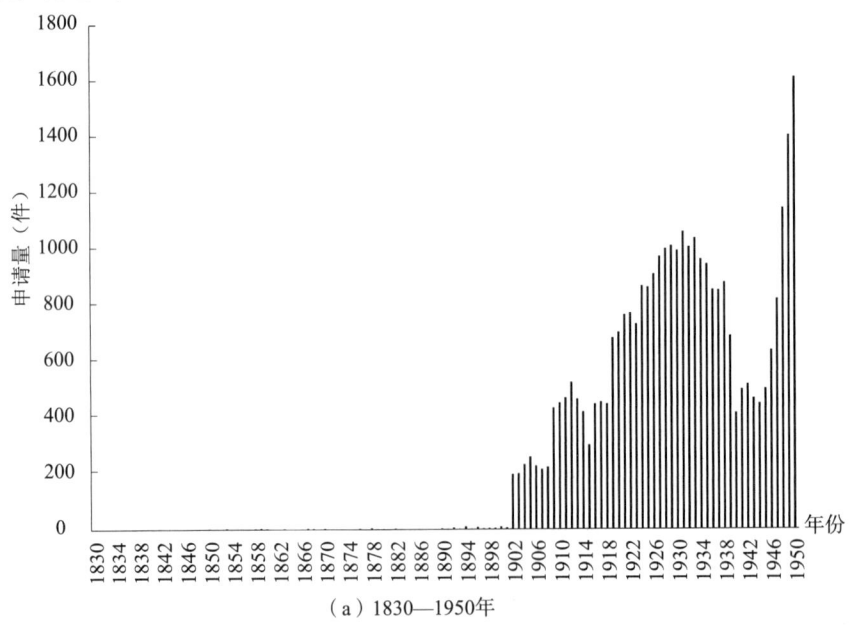

（a）1830—1950 年

图 1-2-1 1830—2022 年全球医学装备专利申请趋势

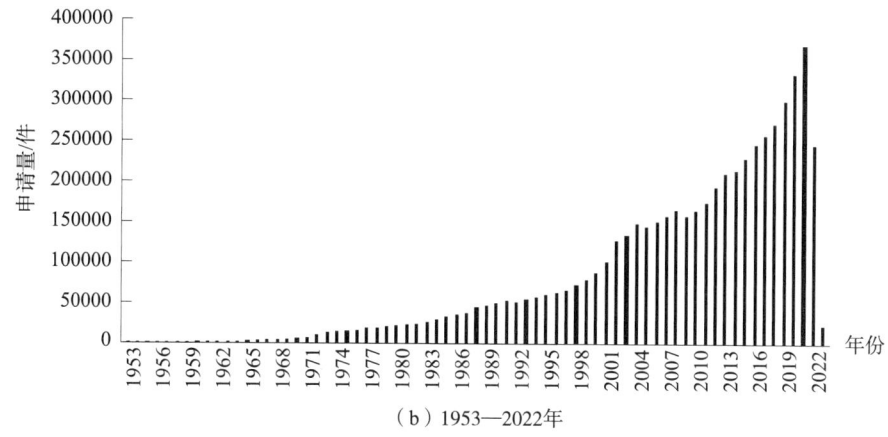

(b) 1953—2022年

图 1-2-1 1830—2022 年全球医学装备专利申请趋势（续）

总体来看，1900 年之前，全球医学装备的专利申请基本处于沉寂期，只有零星专利出现，且以西班牙、美国、德国的专利申请为主。

1900 年之后，全球医学装备的专利申请开始呈现出增长的态势，从增速来看，大概可以分为三个阶段（见图 1-2-2）。

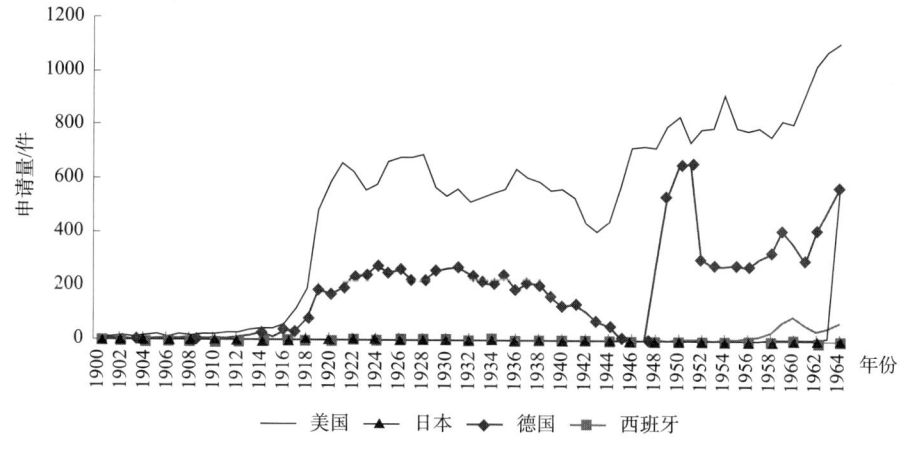

图 1-2-2 1900—1964 年主要国家医学装备专利申请趋势

第一个阶段：1900—1964 年。这一时期是全球专利申请的缓慢起步期，整个医学装备产业开始萌发专利保护意识，产出的专利申请主要以发达国家为主，特别是美国和德国较为活跃。美国拥有良好的医疗器械研发平台和环境，同时也是主要的原创地之一，其拥有数量较多的全球顶尖医疗器械公司，如百特医疗（Baxter）、贝克曼库尔特（Beckman Cowlter）、BD 公司、波士顿科学、通用、强生、美敦力、史塞克公司等，这些公司雇用了大量研发人才，同时与大学和科研院所有密切的合作，有力地支持着医学装备的技术和产品创新。

德国是欧洲医疗技术的创新中心，也是欧洲最大的医疗器械生产国和出口国，拥有雄厚的医学装备产业基础。德国拥有数家历史悠久的医学装备生产的跨国企业，例如，德国的贝朗医疗（Braun）始创于 1839 年，是世界上最大的专业医疗设备、医药制品以及手术医疗器械供应商之一；西门子成立于 1947 年，是全球电子电气工程领域的领先企业；卡尔蔡司（Carl Zeiss）成立于 1846 年，是全球眼科医用光学设备的高科技公司。这些企业支持着德国在医学装备领域早期的研发创新和专利产出。

在此阶段，除了美国和德国之外，日本、西班牙的专利申请也相对活跃。

从这一时期专利布局的技术领域来看，如图 1-2-3 所示，1916—1919 年，英国、法国在 A61F 2 领域是专利布局数量最多的细分领域；1920—1948 年，则主要集中在 A61F 13、A61N 1 和 A61F 5，这也为后期美敦力于 1957 年制造出第一台便携式体外心脏起搏器、1960 年制造出第一台可靠的可植入式心脏起搏系统奠定了良好的技术基础。1948—1964 年，各细分领域的专利数量开始逐渐增多，其中，A61F 13、A61M 5 和 A61F 5 细分领域增长尤为明显。

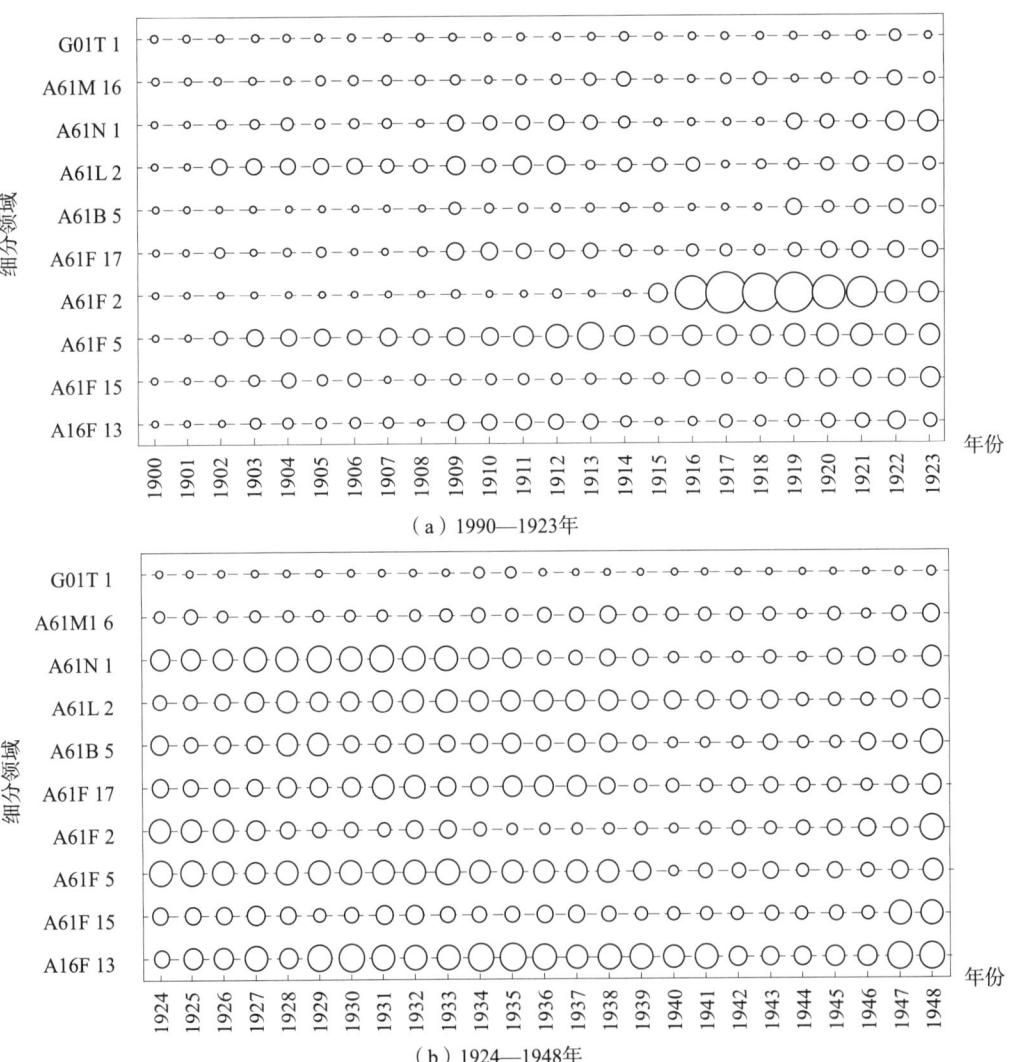

图 1-2-3 1900—1964 年全球医学装备细分领域专利申请趋势

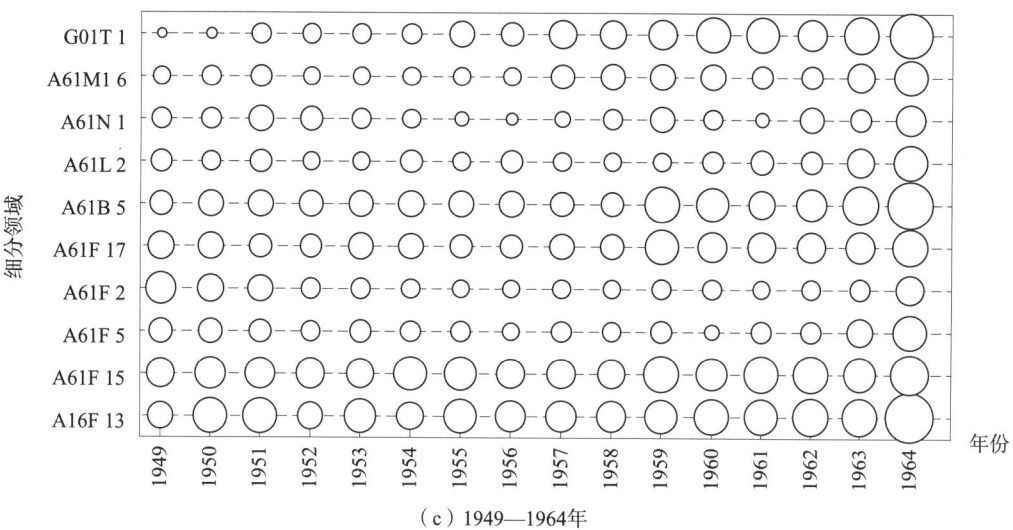

(c) 1949—1964年

图1-2-3 1900—1964年全球医学装备细分领域专利申请趋势（续）

注：图中圆圈大小表示申请量多少。

第二个阶段为1965—2001年。这是全球医学装备专利申请的增长期，这一时期技术的进步、医疗需求的带动促进全球医学装备行业迅速增长，全球的专利申请数量也随之快速攀升（见图1-2-4）。

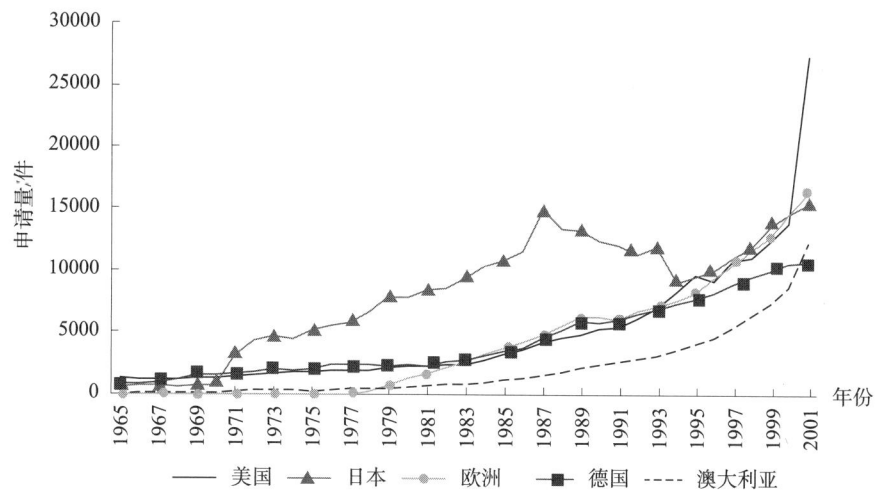

图1-2-4 1965—2001年主要国家/地区医学装备专利申请的增长趋势对比

这一时期，美国、日本、欧洲、德国以及澳大利亚的专利申请增长最明显。2000年，美国的年专利申请量呈现出爆发式增长，超越日本排名第一。2001年，全球年专利申请量达到127283件。

这一时期，专利布局数量较多的三个细分领域是A61B 17、A61B 5和G01N 33，这也与全球医学装备在这一时期的重大技术突破相对应（见图1-2-5）。例如，

1972年，英国电子工程师戈弗雷·亨斯菲尔德（Godfrey Hounsfield）发明了第一台计算机断层扫描仪（CT）；1976年，第一台商业化正电子发射电子扫描仪（PET）问世；1977年，第一台磁共振成像仪（MRI）诞生。1972年，雅培推出了ABA-100血液化学分析仪，这些医学装备产品的面世开启了现代外科设备、诊断设备和临床检验设备的新纪元。

第三个阶段为2002年至今。该时期为全球医学装备专利申请的快速增长期，全球专利申请量呈急剧增长态势，年增长率保持在高位运行，2002年的专利申请量为13万件，2020年的专利申请量则达到了37万件，2002—2020年的年复合增长率达5.8%（见图1-2-6）。一方面，由于全球范围内的产业革命和医疗需求的不断增长，消费结构的升级和调整给全球医学装备市场的增长带来了巨大的空间；另一方面，中国医学装备市场的崛起和知识产权保护意识的增强，有力地推动了全球医学装备市场，有力地支撑着整个产业的创新发展。

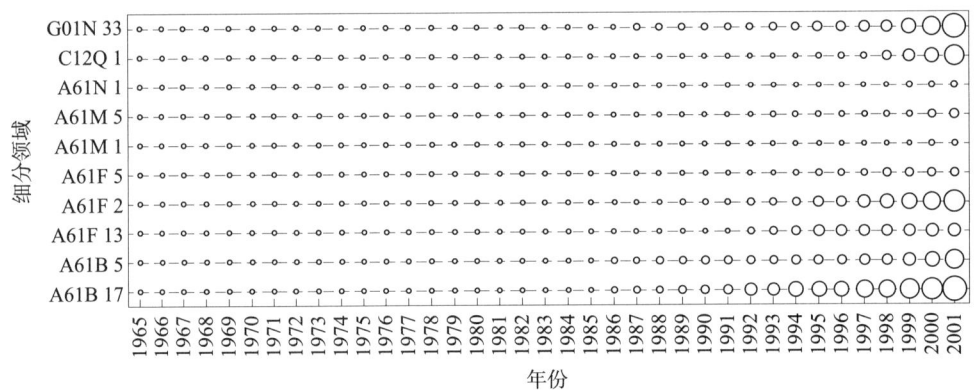

图1-2-5　1965—2001年医学装备细分领域专利申请的增长趋势

注：图中圆圈大小表示申请量多少。

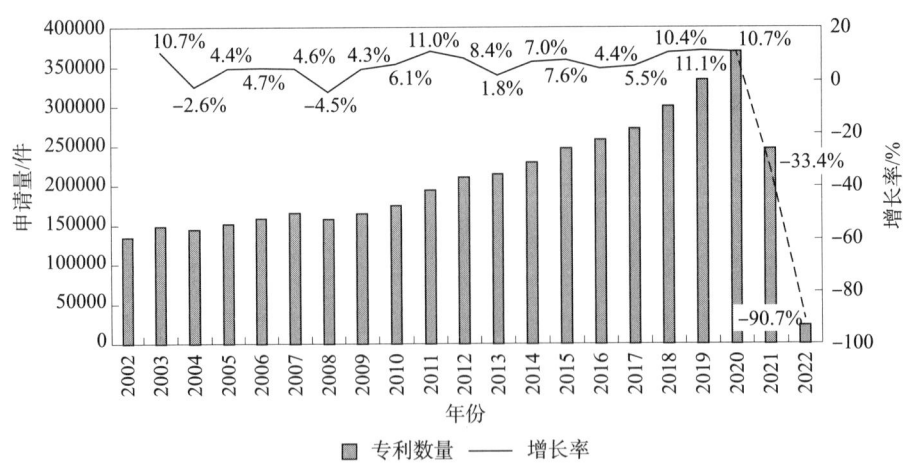

图1-2-6　2002—2022年医学装备领域全球年专利申请量及年增长率

2016—2020 年，全球医学装备专利申请的五年复合增长率为 9.4%，高于全球医学装备市场规模的同期复合增长率（6.6%）。表明全球医学装备行业技术创新的要素日益凸显，正引领整个行业开启快速发展的黄金增长期。

三、2002—2022 年主要国家/地区专利申请发展态势

由图 1-3-1 可知，从 2002—2022 年医学装备领域主要国家/地区专利申请的发展趋势来看，中国的专利申请与中国医学装备产业的发展历程是相契合的，均经历了从无到有，从落后到追赶甚至超越的发展。尤其是 2014 年之后，中国的年专利申请量呈激增态势，明显反映出中国医学装备产业的技术创新取得了较好的突破。

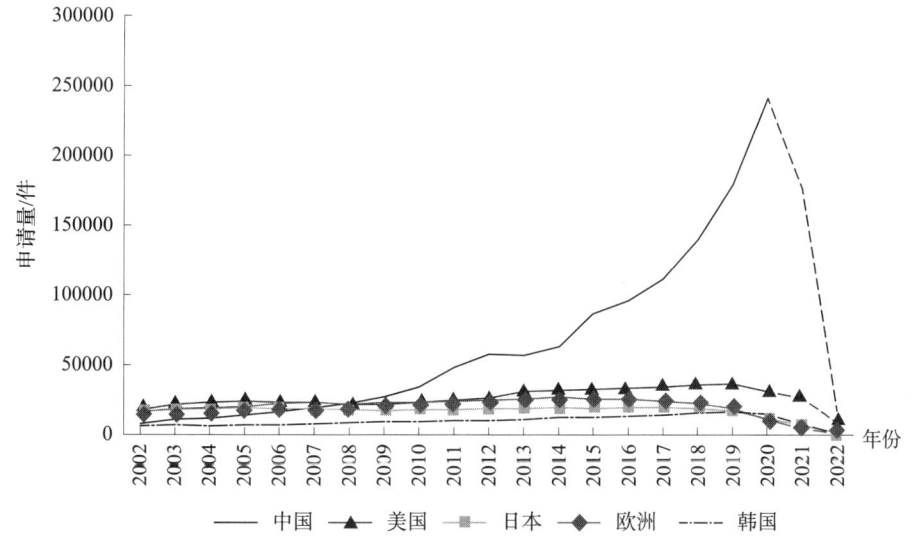

图 1-3-1　2002—2022 年医学装备领域主要国家/地区专利申请的发展趋势

近 20 年来，美国和韩国的年专利申请量整体呈小幅稳定增长态势，日本和欧洲的年专利申请量基本维持稳定。但是 2019—2022 年，受全球新型冠状病毒性肺炎（以下简称"新冠肺炎"）疫情的影响和专利公开周期的限制，美国、日本、欧洲、韩国的年专利申请量呈小幅下降趋势。

四、2002—2022 年主要国家/地区细分领域专利布局

从全球专利申请布局的技术领域来看，如表 1-4-1 所示，布局数量最多的五个细分领域分别为 A61B 17、A61B 5、G01N 33、A61F 2 和 C12Q 1。

表 1-4-1　2002—2022 年全球专利申请布局的主要细分领域

细分领域	申请量/件	细分领域	申请量/件
A61B 17	477977	A61M 1	131971
A61B 5	468379	A61M 25	124820
G01N 33	298641	A61B 1	123798
A61F 2	276828	A61F 5	112324
C12Q 1	250718	A61B 6	107455
A61M 5	207214	A61B 18	102817
A61F 13	152216	A61L 2	93378
A61N 1	134885		

由图 1-4-1 可知，在中国进行专利布局的前五个细分领域分别是：A61B 17、A61B 5、A61M 5、A61M 1 和 C12Q 1。

在美国进行专利布局的前五个细分领域分别是：A61B 5、A61B 17、A61F 2、C12Q 1 和 G01N 33。

在日本进行专利布局的前五个细分领域分别是：A61B 5、A61B 17、G01N 33、A61F 2 和 A61F 13。

在欧洲进行专利布局的前五个细分领域分别是：A61B 17、A61B 5、A61F 2、G01N 33、C12Q 1。

在韩国进行专利布局的前五个细分领域分别是：A61B 5、G01N 33、A61B 17、C12Q 1、A61F 2。

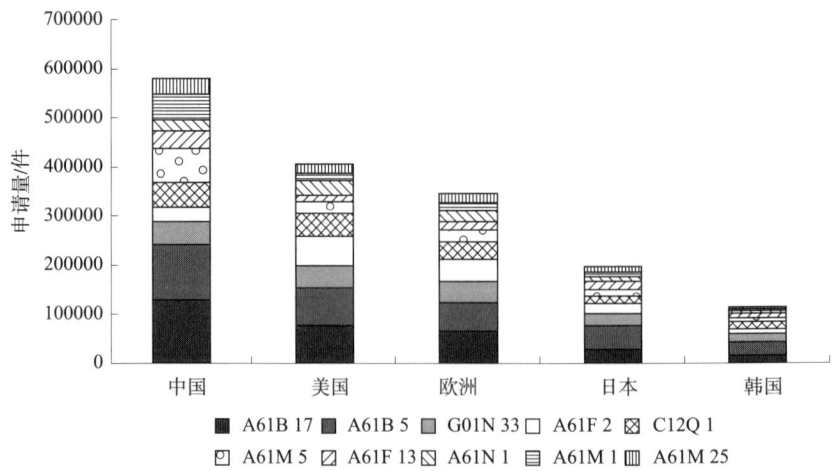

图 1-4-1　2002—2022 年医学装备领域主要国家/地区专利申请布局前五细分领域对比

综上，中国、美国、日本、欧洲、韩国等主要国家/地区专利布局的前五个细分领域类似，主要集中在外科设备和用于诊断目的的测量设备上，不同国家/地区细分领域的排序略有不同。相较而言，中国在 A61M 5、A61M 1 的布局数量远超美国、欧洲、日本，是上述国家/地区的2—3倍；美国则在 A61F 2、A61N 1 这两个细分领域具备明显的技术优势；日本在 A61F 13 的专利布局相对于其他国家/地区优势明显；欧洲则在前五细分领域布局相对均衡，没有明显差异。

五、2002—2022 年主要国家/地区专利布局趋势

在中国布局的专利申请中，几乎所有的细分领域都呈现随时间逐步增长的态势；尤其是2014年之后，主要细分领域 A61B 17、A61B 5 的年专利申请量呈现爆发式增长态势；自2020年起，受新冠肺炎疫情的影响，A61L 2、A61G 7、A61M 16 三个细分领域的年专利申请量增长明显（见图1-5-1）。

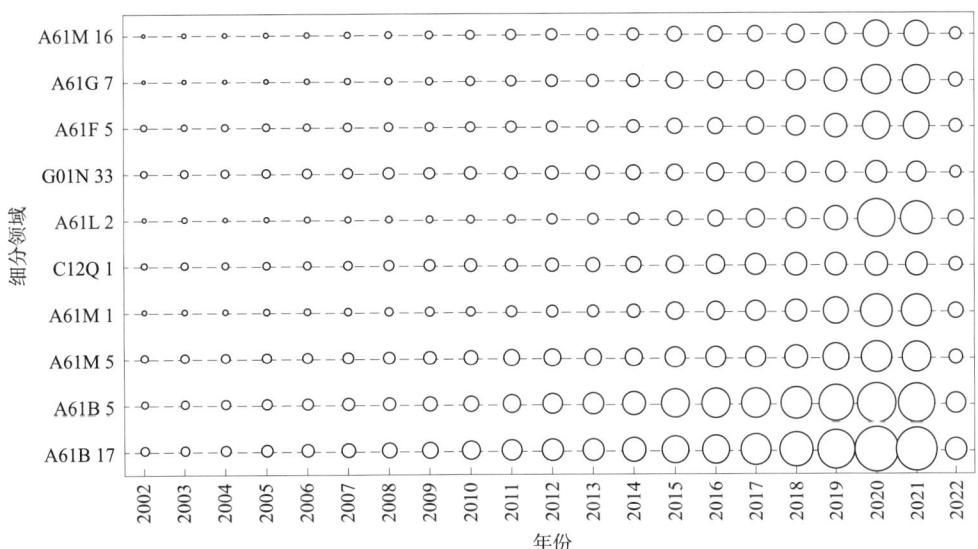

图 1-5-1 2002—2022 年中国医学装备领域专利申请细分领域年度变化

注：图中圆圈大小表示申请量多少。

2005年之前，美国主要布局的领域是 C12Q 1、G01N 33 和 A61B 17，随后几年这三个领域的布局数量均有所下降；自2012年开始，A61B 5 布局异军突起，成为近年来美国布局的主要细分领域（见图1-5-2）。

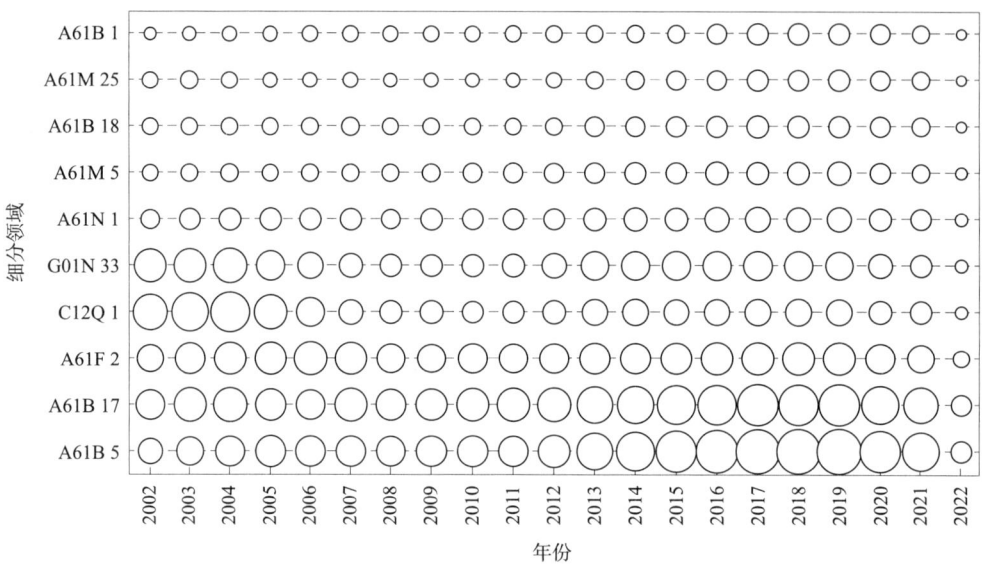

图 1-5-2　2002—2022 年美国医学装备领域专利申请细分领域年度变化

注：图中圆圈大小表示申请量多少。

在日本，A61B 5、A61B 17 和 G01N 33 三个细分领域均呈现出前后高、中间低的波浪式变化态势，即 2002—2007 年、2014—2019 年是布局的高峰期，2008—2013 年三个细分领域的布局数量均出现了短暂的下降，分析其原因可能是受到 2008 年亚洲金融危机的影响；此后的 2014—2019 年，日本的经济一度出现温和增长，这也同样刺激了上述细分领域专利布局的增长（见图 1-5-3）。

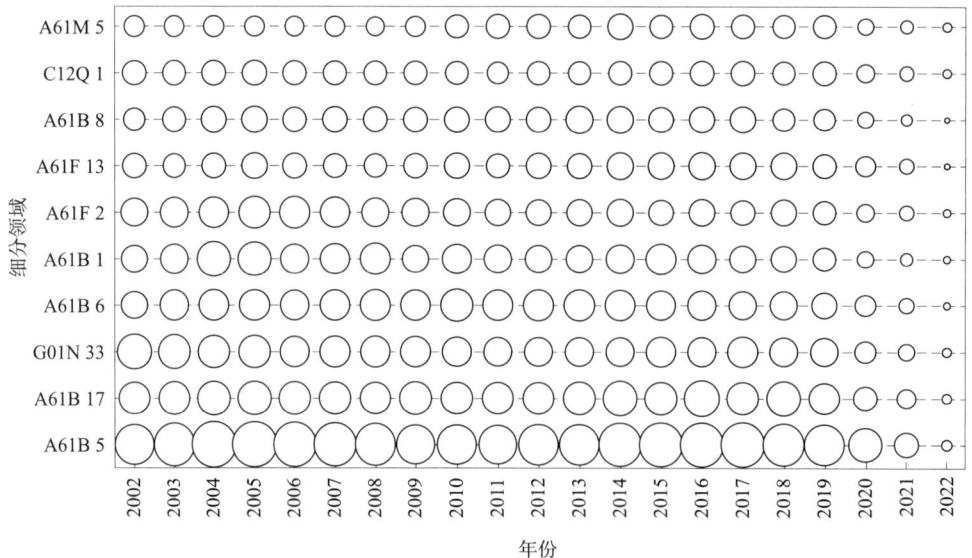

图 1-5-3　2002—2022 年日本医学装备领域专利申请细分领域年度变化

注：图中圆圈大小表示申请量多少。

总体来看，欧洲主要布局的细分领域是 A61B 17、A61B 5、A61F 2、G01N 33、C12Q 1，并且这五个细分领域均在 2014 年左右达到了布局的高峰，此后呈略微下降趋势；近五年，A61B 5 成为其专利布局数量最多的细分领域（见图 1-5-4）。

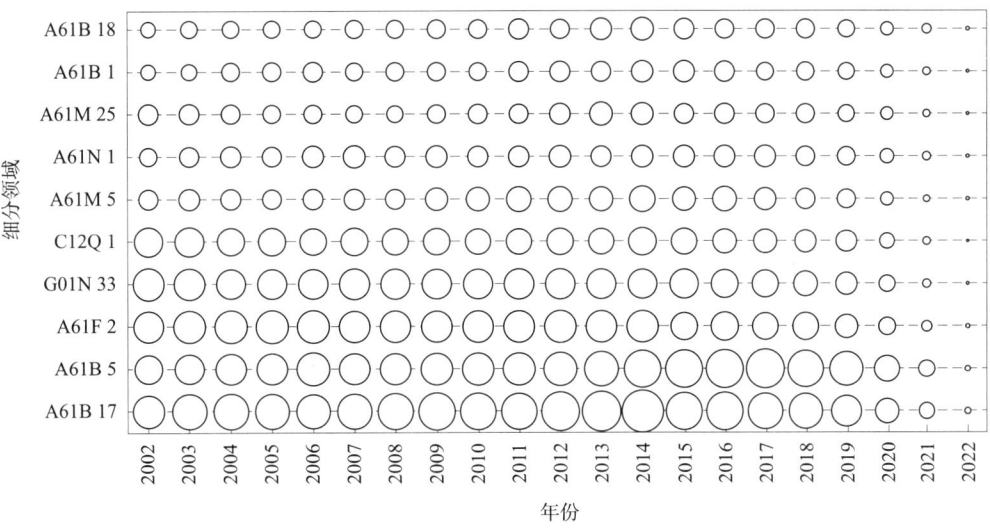

图 1-5-4 2002—2022 年欧洲医学装备领域专利申请细分领域年度变化

注：图中圆圈大小表示申请量多少。

相对于美国、日本、欧洲等国家/地区而言，2010 年之前，韩国在医学装备领域的专利数量相对较少；自 2010 年开始，其专利申请量呈现明显增长态势，其中，A61B 5 的增长趋势最为明显，已经成为韩国近年来主要布局的细分领域。A61B 17、G01N 33、C12Q 1 也是韩国近五年布局较为活跃的细分领域（见图 1-5-5）。

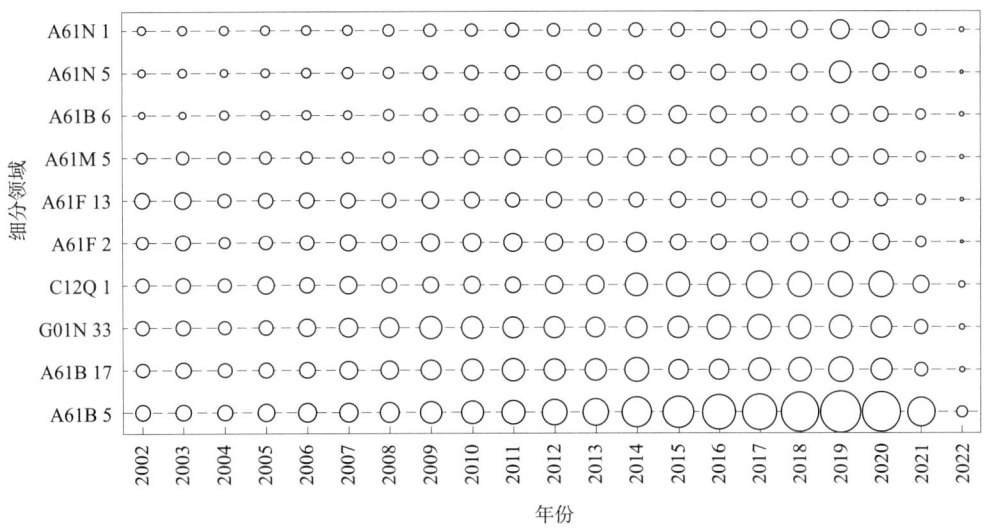

图 1-5-5 2002—2022 年韩国医学装备领域专利申请细分领域年度变化

注：图中圆圈大小表示申请量多少。

六、全球前 12 位申请人及其专利布局主要区域和细分领域

从表 1-6-1 所展示的全球专利布局数量排名前 12 位申请人来看，排名前 12 位申请人中无中国本土企业、医疗机构、高校和科研机构上榜，均为跨国医学装备企业。例如飞利浦、奥林巴斯、爱惜康、宝洁、柯惠、西门子、美敦力等公司。这在一定程度上反映出我国虽然专利申请总量较大，但是专利申请主体多元且分散，集中度较低，龙头企业或者机构的主导地位仍然相对薄弱，与跨国企业仍有一定差距。

表 1-6-1 全球医学装备领域前 12 位申请人及其专利布局主要区域和细分领域

序号	申请人	申请量/件	专利布局区域	细分领域
1	飞利浦	56774	欧洲、日本、中国、美国、印度	A61B 5 A61B 6 G01R 33
2	奥林巴斯	50919	日本、欧洲、美国、中国、德国	A61B 1 G02B 23 A61B 17
3	爱惜康	45332	欧洲、美国、日本、澳大利亚、巴西	A61B 17 A61B 18 A61F 2
4	宝洁	39831	欧洲、加拿大、澳大利亚、中国、美国	A61F 13 A61F 5 A61L 5
5	西门子	37578	欧洲、中国、日本、美国、法国	A61B 6 A61B 5 G01R 33
6	美敦力	34620	欧洲、美国、澳大利亚、中国、加拿大	A61N 1 A61B 5 A61F 2
7	柯惠	33832	欧洲、美国、澳大利亚、中国、加拿大	A61B 17 A61B 18 A61B 34
8	BD 公司	27837	欧洲、澳大利亚、日本、加拿大、中国	A61M 5 A61M 25 A61B 5

续表

序号	申请人	申请量/件	专利布局区域	细分领域
9	金佰利	26923	澳大利亚、欧洲、韩国、巴西、墨西哥	A61F 13 A61F 5 A61L 15
10	富士	26223	日本、欧洲、中国、美国、德国	A61B 1 A61B 6 A61B 8
11	东芝	25134	日本、中国、欧洲、美国、韩国	A61B 6 A61B 5 A61B 8
12	波士顿科学	23512	欧洲、美国、日本、加拿大、澳大利亚	A61F 2 A61B 17 A61M 25

从这些申请人主要布局的区域来看，它们关注的市场主要集中在美国、日本、欧洲、韩国、中国、加拿大、澳大利亚等国家/地区，其中，部分企业也高度重视印度、巴西等新兴市场的发展潜力，将它们视为重要的布局区域。

七、全球医学装备领域专利转让

从全球医学装备领域专利转让趋势来看，1960—2022年，全球专利转让数量共计1186713件，占全球医学装备专利申请量的20.6%（见图1-7-1）。

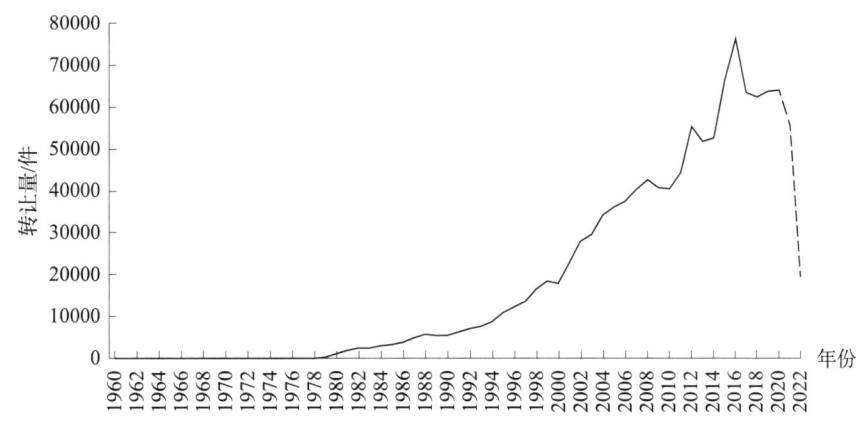

图1-7-1 全球医学装备领域专利转让数量年度变化趋势

总体来看，全球医学装备领域的专利转让数量与专利申请数量的增长趋势相似，呈现稳步增长态势。这一态势整体上反映了医学装备产业结构的不断优化，特别是近年来全球范围内医学装备企业之间频发的兼并重组，产业集中度不断增强，自主创新能力得到进一步提高。

其中，2016 年的专利转让数量激增，经进一步分析得知，这主要得益于西门子内部的专利转让，西门子于 2016 年将医学装备领域的大量专利转让给其新剥离成立的西门子医疗。

全球专利申请/专利权转让数量排名前十的专利申请人/专利权人多数为医学装备领域的跨国企业，并无中国本土专利权人上榜（见图 1-7-2）。专利转让数量最多的是强生旗下的手术缝合线生产商爱惜康，其次是西门子和奥林巴斯。值得注意的是，上榜的还有摩根大通银行，表明国际金融资本已深度参与到专利转让等知识产权交易活动中，有力推动专利技术向现实生产力的转移转化。

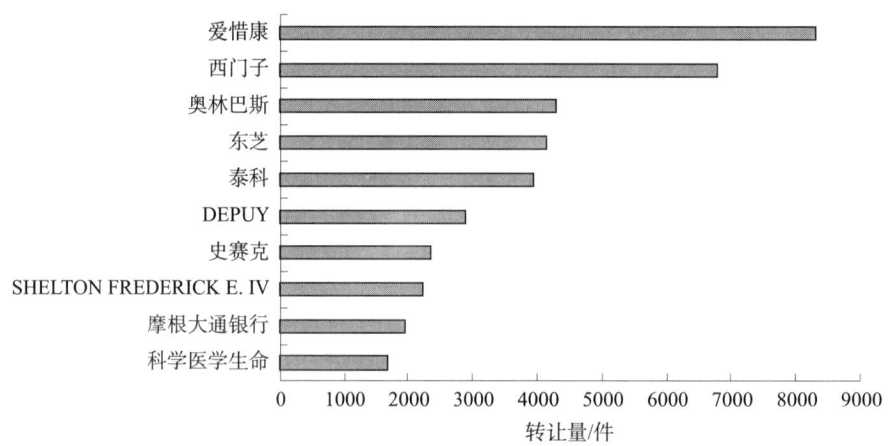

图 1-7-2 全球医学装备领域专利转让前十专利权人专利转让量排名

专利转让较为集中的细分领域分别是 A61B 17、A61B 5、G01N 33、A61M 5、C12Q 1。

第二章　中国医学装备领域专利布局分析

中华人民共和国成立 70 多年来，我国医学装备产业经历了从小到大，从落后到追赶甚至超越的发展历程。近年来，随着《"健康中国 2030"规划纲要》的实施、技术进步带来的产业升级和国家对医学装备产业发展的大力支持，我国医学装备产业正式步入高速度、高质量发展阶段，医学装备营业收入、营业利润率、注册产品数量、生产企业数量、上市企业数量以及产业集中度等呈快速上升趋势。

截至 2021 年底，我国医学装备行业迎来了市场规模的新起点，市场规模首次突破万亿元，我国医学装备生产企业从 2009 年 1.4 万家增长到 2021 年的 2.83 万家，年均增长率 5.97%。"十三五"期间，生产企业年均增长率达到 6.5%。

本章以医学装备领域中国专利布局的整体状况为研究对象，对中国专利申请的总量及年度趋势、专利布局的主要细分领域、专利布局的主要区域及其布局的细分领域、主要申请人以及专利转让和备案许可的情况进行较为全面的分析。

一、中国专利申请总量和年度趋势

截至检索日，中国医学装备领域专利申请总量为 149 万件（其中，发明专利 54 万件、实用新型 83 万件、外观设计 12 万件）。中国医学装备领域发明专利申请量的占比（36.2%）略高于中国各技术领域平均发明专利占比（34.4%）（见图 2－1－1）。

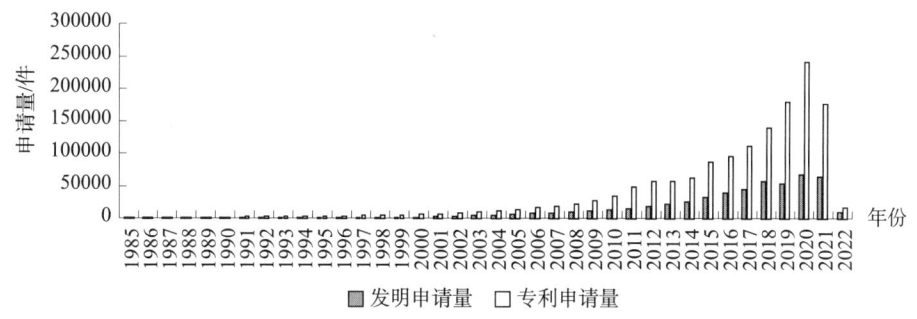

图 2－1－1　1985—2022 年中国医学装备领域专利申请年度趋势

虽然医学装备领域获得授权的发明专利量（18 万件）占医学装备专利申请总量的比例（12.1%）与占发明专利申请总量的比例（33.3%）相比较低，但是从发明专利授权的趋势来看（见图 2-1-2），中国发明专利的授权量自 1985 年起呈现明显增长的趋势，1985 年有 2 件专利获得授权，2000 年发明专利授权量为 232 件，2010 年有 4180 件发明专利获得授权，2020 年则达到 18457 件，2010—2020 年的复合增长率为 16%。

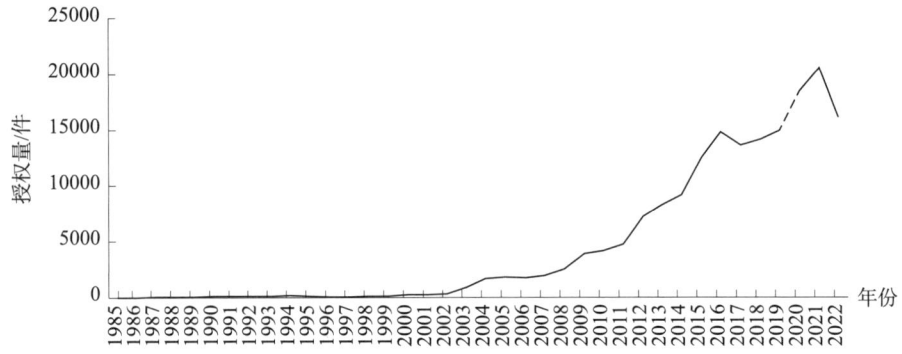

图 2-1-2　1985—2022 年中国医学装备领域发明专利授权年度趋势

从中国专利申请的发展趋势来看，最早的专利申请出现在中国专利局成立的 1985 年，当年专利局便受理了 404 件医学装备的专利申请，申请量排名靠前的主要是国外来华申请，例如日本的岛津制作所、荷兰的飞利浦以及美国的个人用品公司等；国内的申请人则以复旦大学和清华大学为主，这一时期的中国专利申请主要集中在 A61N 1、A61B 17、A61B 5、A61M 5、A61F 5 五个技术领域。此后两年，陆续开始有医院、高校科研机构以及个人在医学装备领域进行专利布局（见表 2-1-1）。

表 2-1-1　1985—1987 年在中国进行专利布局的主要申请人及其细分领域

年份	申请量/件	主要申请人	主要细分领域
1985	397	岛津制作所 菲利浦光灯制造公司 个人用品公司 复旦大学 清华大学	A61N 1 A61B 17 A61B 5 A61M 5 A61F 5
1986	639	山东医科大学附属医院 泰尔茂株式会社 温州医学院 西屋电气公司	A61B 17 A61N 1 A61B 5 A61F 5
1987	1060	森敬（日本） 浙江大学	A61N 1 A61B 17 A61F 5 A61B 5 A61M 5

1985—2022 年，中国医学装备领域专利申请总体呈平稳增长趋势，特别是自 2002 年以后，中国医学装备专利申请量呈现突飞猛进的态势（见图 2 - 1 - 3）。

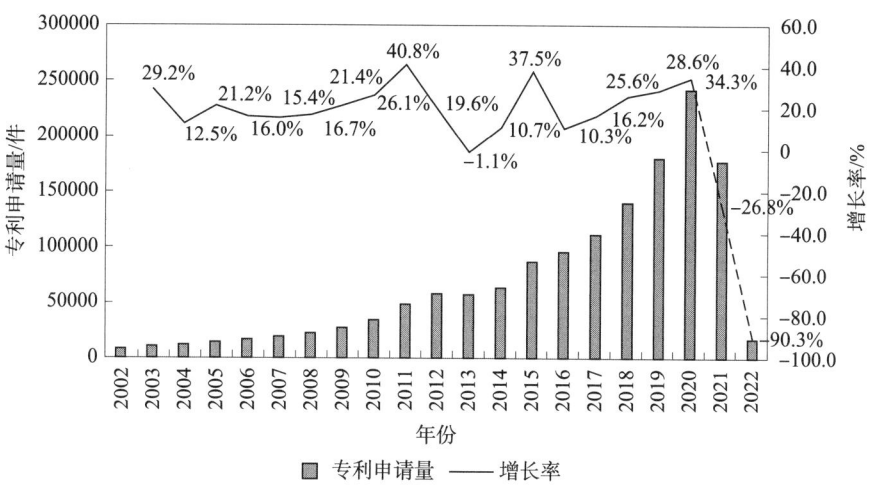

图 2 - 1 - 3　2002—2022 年医学装备领域中国年专利申请量及增长率

从医学装备领域专利申请的增长率来看，2016—2020 年，中国专利申请的五年复合增长率为 26%，表现出三个"远超"：一是远超全球医学装备专利申请的五年复合增长率（9.4%）；二是远超同期中国各领域平均的专利申请五年复合增长率（10.7%）；三是远超同期中国医学装备市场规模的增长率（12.2%）。

从布局的来源国看，在 149 万件中国专利申请中，国内本土申请 135 万件，国外来华申请 14 万件，本土申请占中国专利申请总量的 90.6%；来华申请的主要国家是美国、日本、德国、荷兰、瑞士等医疗器械发达国家（见图 2 - 1 - 4）。

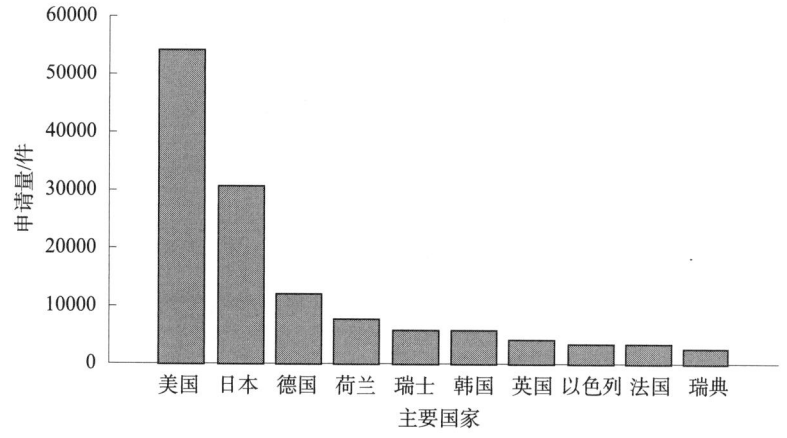

图 2 - 1 - 4　医学装备领域主要来华国家专利申请对比

从来华申请的增长趋势来看，1985—1992 年，来华申请相对较少；自 1993 年起，美国和日本的来华申请数量急剧增加，美国来华申请在 2018 年达到了其近年来的高峰（3954件），日本来华申请在2013年达到了申请量峰值（2088件）。除此之外，德国、荷兰、瑞士等在中国布局的专利数量也逐年增加，增长速度相比美国、日本较为平缓。2020年受新冠肺炎疫情的影响，主要国家的来华申请量呈短暂下降态势（见图2-1-5）。

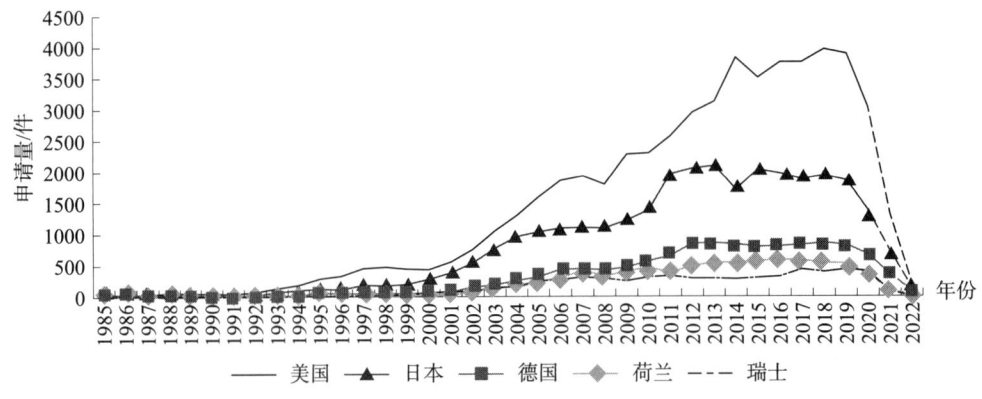

图2-1-5　1985—2022年医学装备领域主要国家来华申请年度趋势

由中国专利申请趋势和来华申请趋势中可以明显看到，"十三五"时期，我国医学装备行业迅速崛起，国产自主创新能力不断增强，国产设备替代进口设备趋势日益明显，"面向世界、面向科技前沿、面向国家重大需求、面向人民生命健康"的中国医学装备产业新发展格局正在加快形成，产业的技术创新能力正处于爆发期。同时，随着中国医学装备产业市场规模的扩大，越来越多的外资企业也开始在中国设立研发、生产基地，扩大产品线，医学装备产业的国内国际双循环的发展格局已经初步形成，医学装备行业将面临更大的新发展机遇。

二、中国专利布局主要细分领域

从医学装备领域中国专利申请的总体布局来看（见表2-2-1），在绝大多数细分领域已经有所布局。其中，A61B 17、A61B 5、A61M 5、A61M 1和A61L 2等细分领域布局数量较大。

表2-2-1　中国医学装备领域专利申请布局细分领域

细分领域	申请量/件	细分领域	申请量/件
A61B 17	153031	A61L 2	62159
A61B 5	130276	C12Q 1	57505
A61M 5	82641	A61F 5	54698
A61M 1	64751	A61G 7	53834

续表

细分领域	申请量/件	细分领域	申请量/件
G01N 33	52824	A61M 25	39462
A61M 16	43588	A61B 90	37650
A61F 13	41688	A61N 5	36712
A61H 39	40380		

三、中国专利主要区域分布及布局细分领域

由表 2-3-1 可以看出，中国申请量布局靠前的区域分别是山东、广东、江苏、浙江和北京；即主要集中在长三角、珠三角、环渤海等地区，此外，四川、重庆以及湖北等地也表现较为突出。

表 2-3-1 中国医学装备领域专利布局区域分布

布局区域	申请量/件	布局区域	申请量/件
山东	189784	广西	22090
广东	173781	河北	23035
江苏	155899	黑龙江	30473
浙江	105107	吉林	16087
北京	88790	江西	13993
上海	79011	台湾	12965
河南	56981	云南	12558
四川	52881	甘肃	11003
湖北	46791	山西	7619
重庆	32217	新疆	7131
陕西	31325	内蒙古	5594
安徽	32354	海南	2994
福建	30195	香港	2160
贵州	27596	宁夏	1636
天津	26277	青海	1061
湖南	25910	西藏	349
辽宁	23512	澳门	48

专利申请的区域布局与中国医学装备产业的市场分布和产业集群的分布具有明显的一致性：据统计，长三角地区集聚了1200余家医疗器械生产企业和近4万家经营企业，珠三角地区集聚了近3000家医疗器械生产企业和7万余家经营企业，环渤海地区集聚了近3000家医疗器械生产企业和6万余家经营企业（见表2-3-2），上述区域依托于雄厚的生产制造能力、丰富的科研资源和研发机构、颇具实力的龙头企业以及活跃的资本市场，展示出极为耀眼的创新活力，创新成果非常丰富。

表2-3-2 医学装备领域在长三角地区、珠三角地区、环渤海地区专利布局概况

区域	申请量/件	主要细分领域	申请主体举例
长三角地区	372371	A61B 17、A61B 5、A61M 5	浙江大学、江苏省南通市第一人民医院、上海交通大学医学院附属第九人民医院、上海交通大学、上海联影
珠三角地区	165555	A61B 5、A61B 17、A61L 2	深圳迈瑞、北京大学深圳医院、南方医科大学南方医院、华南理工大学、中国科学院深圳先进技术研究院
环渤海地区	201430	A61B 17、A61B 5、C12Q 1	中国人民解放军总医院、清华大学、中国医学科学院北京协和医院、天津大学、北京航空航天大学

长三角地区、珠三角地区、环渤海地区专利布局的主要细分领域均涵盖了A61B 17，同时，长三角地区在A61M 5、珠三角地区在A61L 2以及环渤海地区在C12Q 1成为各地区具有优势，这与上述三个地区的优势产业结构也是较为吻合的，长三角地区在无源器械和体外诊断试剂颇具优势，珠三角地区侧重于光电的有源器械方面，而环渤海地区的体外诊断领域发展实力雄厚。

四、专利主要申请人

从医学装备领域中国专利主要申请人的分布类型来看（见图2-4-1），申请主体主要为企业和个人，分别占总量的39.3%和32.6%，医疗卫生机构占17.4%，高校/科研机构占比为10.7%。可以看出，中国医学装备领域的科技创新以企业研发为主，企业的发明专利申请约为29万件，实用新型专利申请量约为24万件，相较而言，发明专利的占比较高。医疗卫生机构和高校/科研机构的专利产出占比并不

大，且以实用新型专利为主，它们对整个行业的创新支撑还有较大的提升空间。个人的专利申请主要集中在技术较为简单的医疗器械。

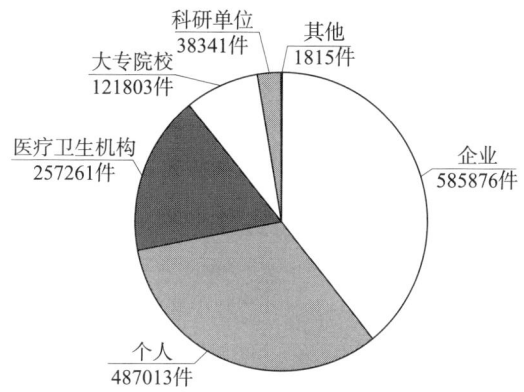

图2-4-1 中国医学装备领域专利申请人类型分布

中国专利布局数量前十位的企业多为日本、美国、欧洲的企业，飞利浦专利布局居首位。作为中国医学装备行业龙头企业的上海联影和深圳迈瑞分别居第四位和第五位，这进一步反映出我国专利申请总量虽然较高，但是专利申请主体多元且分散，集中度较低，较外资企业还有一定差距（见图2-4-2）。

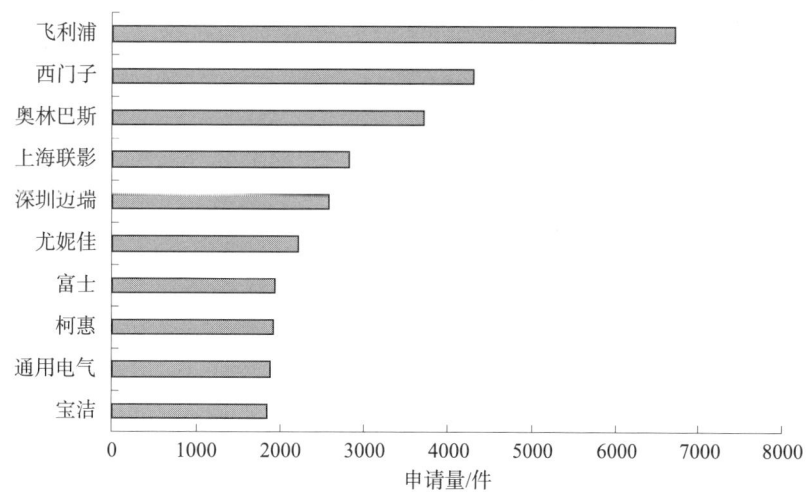

图2-4-2 中国医学装备领域专利布局数量前十企业排名

医学装备领域中专利布局排名前十的医疗卫生机构均为三级甲等大型综合性医院，其中，委属（管）医院占四家，分别为华中科技大学同济医学院附属协和医院、四川大学华西医院、西安交通大学医学院第一附属医院和中国医学科学院北京协和医院。布局数量最多的是华中科技大学同济医学院附属协和医院，四川大学华西医院和郑州大学第一附属医院紧随其后（见图2-4-3）。

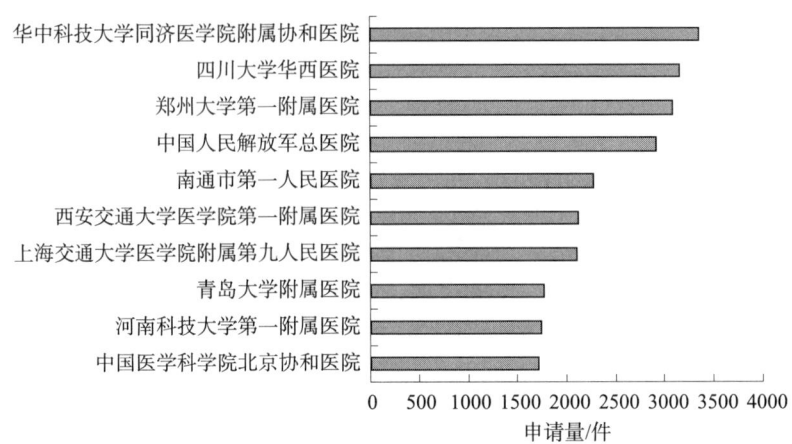

图2-4-3 中国医学装备领域专利布局数量前十医疗卫生机构排名

中国医学装备领域专利布局数量前十的高校/科研机构均为国内"双一流"大学，其中，军队系统院校共有2家，第四军医大学居第一位，浙江大学和吉林大学分别居第二位和第三位（见图2-4-4）。

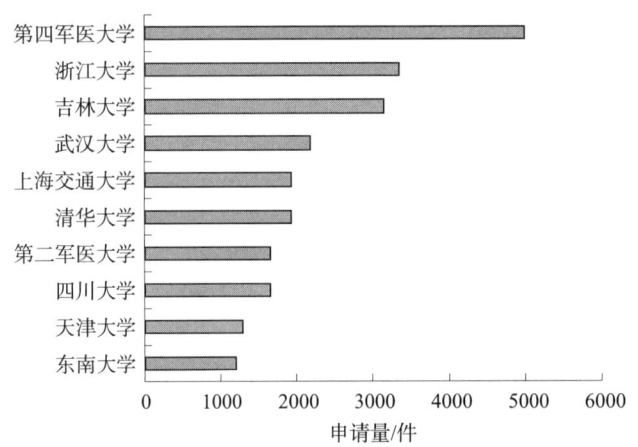

图2-4-4 中国医学装备领域专利布局数量前十高校/科研机构排名

从主要申请人布局的专利类型来看，飞利浦、奥林巴斯、东芝等外资企业的专利申请以发明为主，发明专利申请量占比均超过了90%；国内企业例如上海联影、深圳迈瑞的发明专利申请量占比维持在59%。相较而言，我国医疗卫生机构和高校/科研机构的专利申请多以实用新型为主，发明专利的占比相对较少，这也说明医疗卫生机构和高等院校作为创新的源头，开展更高质量的专利布局的能力仍有待提升（见图2-4-5和表2-4-1）。

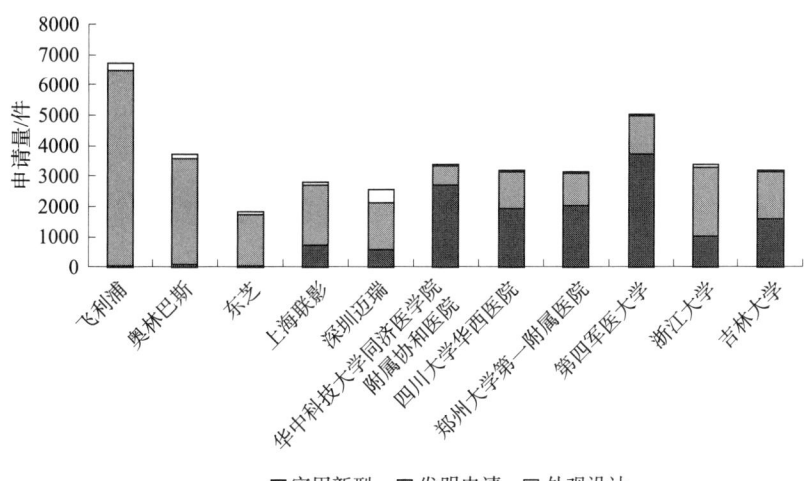

图 2-4-5 中国医学装备领域部分机构专利类型分布

表 2-4-1 中国医学装备领域部分机构专利布局主要领域

序号	申请人	布局主要细分领域		
1	飞利浦	A61B 5	A61B 6	G01R 33
2	奥林巴斯	A61B 1	G02B 23	A61B 17
3	东芝	A61B 6	A61B 8	A61B 5
4	深圳迈瑞	A61B 8	A61B 5	G01N 33
5	上海联影	A61B 6	A61B 5	G01R 33
6	华中科技大学同济医学院附属协和医院	A61M 5	A61B 17	A61B 5
7	四川大学华西医院	A61B 17	A61B 5	A61M 1
8	郑州大学第一附属医院	A61B 17	A61M 1	A61M 5
9	第四军医大学	A61B 17	A61B 5	A61M 1
10	浙江大学	A61B 5	C12Q 1	G01N 33
11	吉林大学	A61B 17	A61B 5	A61G 7

五、专利转让及备案许可

从中国医学装备领域专利申请的转让趋势来看，1960—2000 年未发现专利转让行为，直到 2001 年才开始出现专利转让，当年转让量仅有 46 件（见图 2-5-1）。

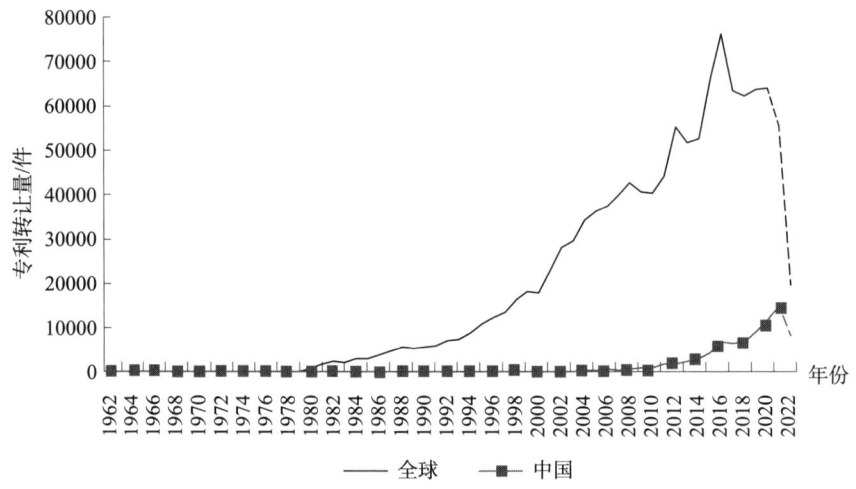

图 2-5-1 全球及中国医学装备领域专利转让趋势

从整体趋势上看，2002—2022 年专利转让量呈现出稳步增长趋势，累计转让数量达 83067 件，占中国医学装备领域专利申请量的 5.6%，与全球医学装备领域专利转让率（20.6%）相比，还有较大差距（见图 2-5-2）。

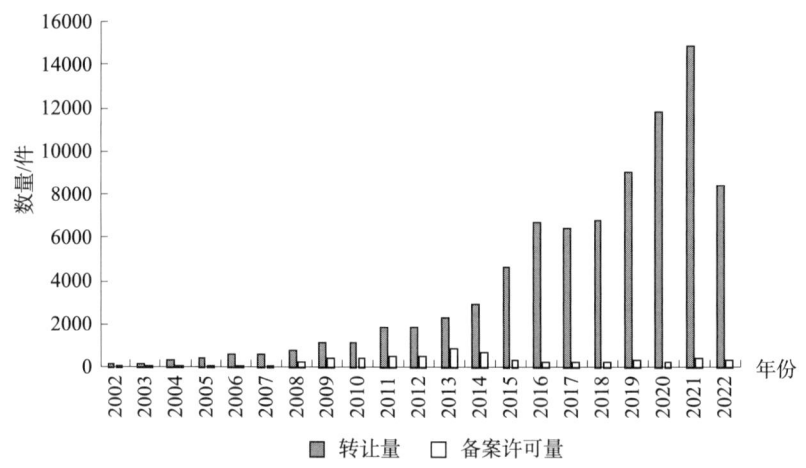

图 2-5-2 2002—2022 年中国医学装备领域发明和实用新型专利转让及备案许可量

我国主要的本土转让人是北京泱深生物信息技术有限公司、重庆金山医疗器械有限公司、上海微创、深圳迈瑞和上海交通大学；主要的本土受让人是深圳迈瑞、青岛大学附属医院、重庆金山医疗技术研究院有限公司、青岛泱深生物医药有限公司、青岛市市立医院。经分析发现，多数专利转让为企业内部转让，主要是总公司与分公司的转让或因公司更名、收并购等导致的转让。

在国家知识产权局备案医学装备领域的专利许可数量近年来波动较大，总体来看，企业、医疗卫生机构、高校/科研机构三者之间的专利许可或转让相对较少，国内产、学、研、用的渠道还需进一步打通，协同创新以及创新对实体经济的支撑作用还有待进一步加强。

根据国家知识产权局公布的2017—2021年专利实施许可统计数据，在国家知识产权局备案的专利实施许可合同中，固定或可折算金额支付的许可合同共计8528份，其中，医药制造业合同量为120份，占合同总数的1.4%，平均许可年限为7.5年，年均合同金额为202.1万元。按提成支付的许可合同共计1250份，其中，医药制造业合同量为41份，占合同总数的3.3%。由此可以看出，与全行业相比，我国医药制造业的专利许可合同量较低，但平均许可年限较长，年均合同金额较高。

第三章　中国医疗卫生机构专利分析

近年来，国家持续构建优质高效医疗卫生服务体系，更好地满足了群众健康需求，为实施《"健康中国2030"规划纲要》奠定坚实的基础。

医疗卫生机构（以下统称为"医院"），特别是大型综合性医院兼具医疗、教学、科研三大功能，大量的源头创新、原始创新来源于临床一线人员，因为他们不仅熟知医学装备的临床需求，同样作为医学装备的直接使用者，在日常工作和实践中积累了丰富的创新经验和心得，也逐渐成为医学装备技术创新的发明者，不断催生高层次创新成果的产出。

本章以中国医院的专利申请状况作为研究对象，对中国医院的专利申请趋势、主要申请人、专利转让及许可等内容进行分析，以期较为全面地展示中国医院的专利保护状况。

一、中国医院医学装备领域专利申请趋势

截至2022年5月，中国医院拥有药品和医学装备专利申请总量共计390306件，其中，涉及医学装备的专利申请量为257261件，占医院全部专利申请量的65.9%，1985年有41件专利申请，2000年为170件，2010年为1200件，2020年医院产出的医学装备专利申请量增长到了63720件，2010—2020年复合增长率达到了48.8%，可以看出医院的专利产出呈现出明显增长的趋势（见图3-1-1）。

由医院所产出的医学装备专利申请（257261件）占医学装备领域中国专利申请总量（149万件）的17.3%，即医院产出的专利申请不足医学装备领域专利总量的1/5。

在医院医学装备领域专利申请中，发明专利申请量为52719件，实用新型申请量为199881件，外观设计申请量为4661件，发明专利的占比是20.5%，低于中国医学装备领域的发明专利占比（36.2%）；医院医学装备领域发明专利授权量为13490件，发明专利授权率为25.6%，也低于中国医学装备领域平均发明专利授权率（31.5%）。

从专利申请的增长趋势来看，2010年之前，医院医学装备领域专利申请呈现出平稳增长的趋势，但自2010年起，年专利申请量快速攀升，2016—2020年专利申请

量增速更为明显，该五年的复合增长率为 50.8%，远超中国医学装备领域同期的五年复合增长率（26%），也可以看出，近五年医院创新活力明显增强，正蓄势待发地对医学装备领域产业作出新的创新贡献。

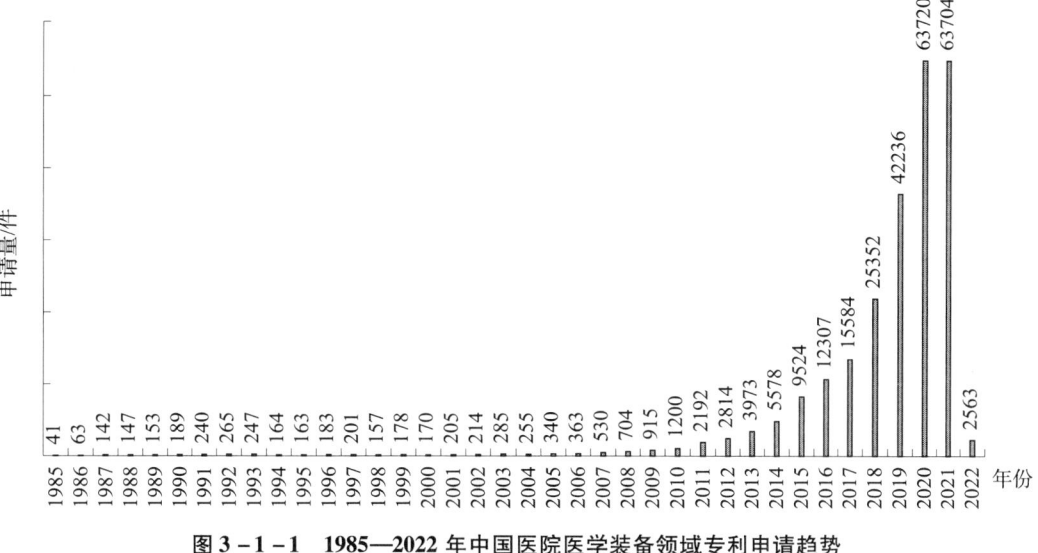

图 3－1－1　1985—2022 年中国医院医学装备领域专利申请趋势

二、中国医院医学装备领域专利主要申请人

与中国医学装备领域专利申请的区域分布相同，医学装备领域专利申请量较大的医院同样集中在长三角地区、珠三角地区、环渤海地区，四川、重庆、河南以及湖北等，与产业的区域分布特点同样具有高度的吻合性（见表 3－2－1）。

表 3－2－1　中国医院医学装备专利申请主要区域分布

区域	申请量/件
江苏	37858
浙江	20464
广东	19335
四川	19000
北京	18966
河南	19212
上海	17070
山东	15114
重庆	12062
湖北	11512

由图 3-2-1 可知，医学装备领域专利申请量前十的医院分别是华中科技大学同济医学院附属协和医院、四川大学华西医院、郑州大学第一附属医院、中国人民解放军总医院、南通市第一人民医院、西安交通大学医学院第一附属医院、上海交通大学医学院附属第九人民医院、青岛大学附属医院、河南科技大学第一附属医院和中国医学科学院北京协和医院。由此可知，上述医院利用知识产权及时有效地保护创新成果的意识和能力都位于前列，均体现了其对知识产权保护、科技成果转化的重视，且大多出台了较为全面、规范的知识产权管理和激励政策，对医工结合、成果产出、知识产权保护、职务发明的激励和奖励、成果转化落地全链条工作进行了系统科学的统筹和安排。

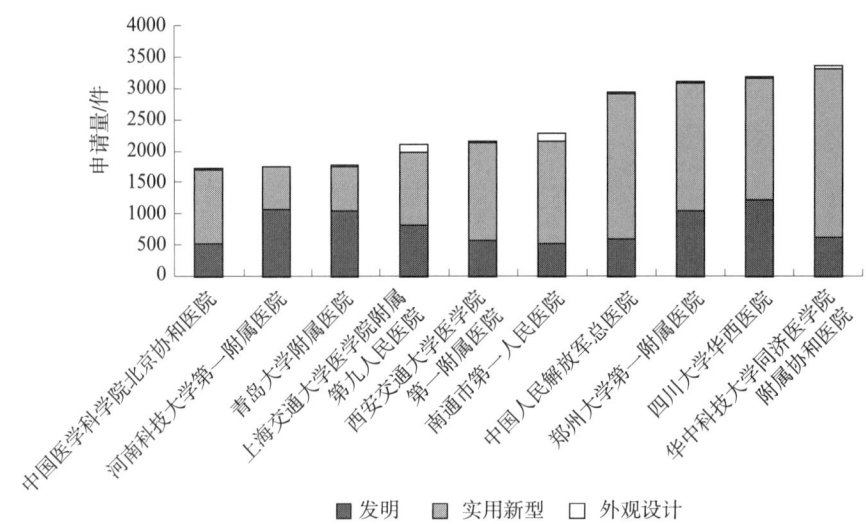

图 3-2-1　医学装备领域专利申请量前十医院及专利申请类型对比

数据显示，上述医院产出的专利多数是以"短、平、快"的实用新型专利为主，其中，发明专利占比超过 50% 的仅有河南科技大学第一附属医院和青岛大学附属医院，低于 20% 的为华中科技大学同济医学院附属协和医院，多数医院发明专利占比相对不高。

在上述医院中，医学装备领域专利申请总量最多的是华中科技大学同济医学院附属协和医院，其专利申请以实用新型为主，发明专利占比为 18.1%，申请的领域主要集中在 A61M 5、A61B 17、A61B 5、A61M 1、A61M 25，与该院的优势学科是相匹配的（见图 3-2-2）。

专利申请总量位于第二的是四川大学华西医院，发明专利占比为 38.9%，布局的主要领域是 A61B 17 和 A61M 1。

郑州大学第一附属医院是近年来专利申请量增长比较迅速的一家医院，发明专利占比为 33.9%，主要布局的领域是 A61B 17、A61B 5、A61M 1；此外，其在 A61B 90 领域也进行了一定的专利布局。

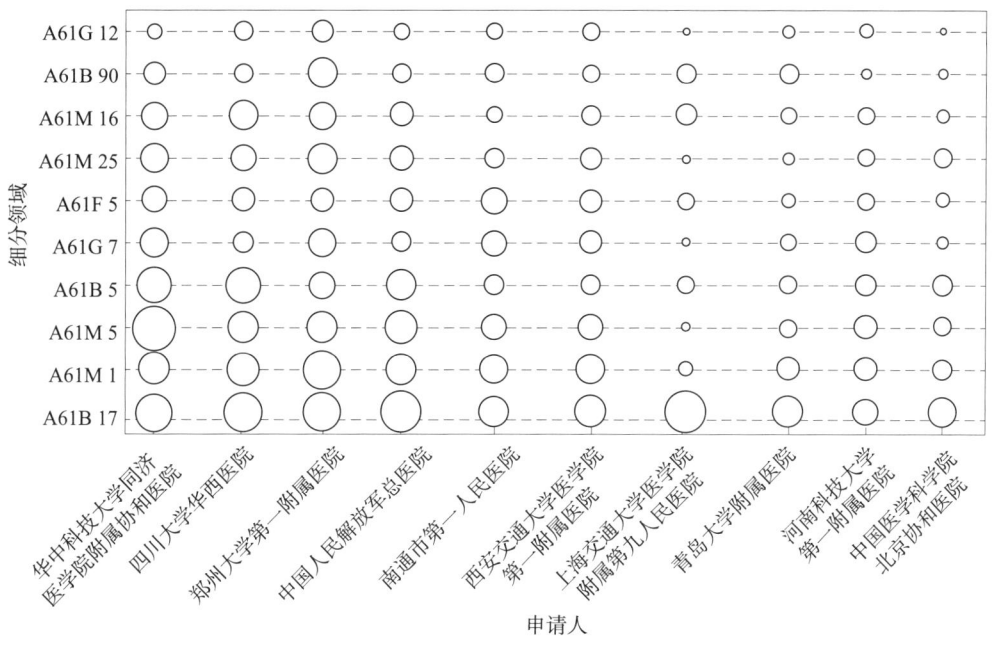

图3-2-2 医学装备领域申请量前十医院布局的主要细分领域

注：图中圆圈大小表示申请量多少。

中国人民解放军总医院的专利申请同样是以实用新型为主，发明专利占比为20.0%，其布局的主要细分领域是A61B 17、A61M 5、A61M 1和A61B 5。

河南科技大学第一附属医院的专利申请中，发明专利占比为61.1%，发明专利的授权率为36.9%，其专利申请开始于2011年，2014年达到年申请量的峰值（311件），其主要布局的细分领域为A61B 17、A61M 5、A61M 1、A61G 7、A61B 5。

青岛大学附属医院的专利申请中，发明专利占比为59.3%，发明专利的授权率为52.6%。其专利申请开始于2014年，2019年增幅最大，2020年达到年申请量的峰值（466件）。其主要布局的细分领域为A61B 17、A61M 1、A61B 90、A61B 5、A61G 7。

三、中国医院医学装备领域专利转让和备案许可

截至2022年5月，医院（含药品和医学装备）专利申请的转让总量为6902件，在国家知识产权局备案许可的总量为386件，转让和备案许可总量占医院全部授权专利总量（293489件）的2.5%（见图3-3-1）。其中，医院医学装备领域专利转让总量为2268件，在国家知识产权局备案许可的专利总量为166件，转让和备案许可的总量占医院医学装备领域授权专利总量（218032件）的1.1%，与医院整体专利转让许可率（2.5%）、中国医学装备领域整体专利转让率（5.6%）相比较低，

但是转让数量逐年增加,专利转移转化总体向好。

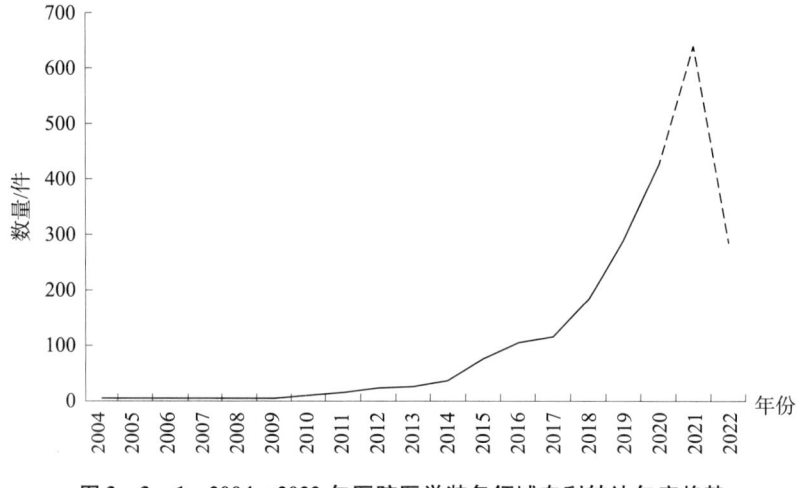

图 3-3-1 2004—2022 年医院医学装备领域专利转让年度趋势

在医院与医学装备领域专利转让中,主要转让人有西安交通大学医学院第一附属医院、复旦大学附属中山医院、上海交通大学医学院附属第九人民医院、北京大学第三医院、四川大学华西医院、青岛大学附属医院等;主要备案许可人有复旦大学附属中山医院、上海市杨浦区中心医院、上海时光整形外科医院有限公司、上海市同济医院、山东第一医科大学附属省立医院（山东省立医院）等。可以看出,上海医院的专利转让和许可都非常活跃。

第四章 医学装备领域中国专利诉讼分析

一、医学装备领域中国专利诉讼发展趋势

从医学装备领域中国专利诉讼趋势来看（见图4-1-1），2009年和2010年，医学装备领域年专利诉讼量保持在个位数；2011—2013年，专利诉讼量开始明显增加，从11件迅速增长到61件，这也反映了医学装备行业的知识产权保护意识从萌芽到不断发展；2017—2021年，专利诉讼量合计为2110件，占全部诉讼量的71.1%；2012—2016年专利诉讼量合计为813件，占全部诉讼量的27.4%。可以明显看出随着我国医学装备产业近五年的高速发展、国家知识产权战略的深入推进和实施，医疗装备行业知识产权意识不断增强，利用知识产权维护自身合法利益和营造良好知识产权营商环境的能力得到大幅提升。

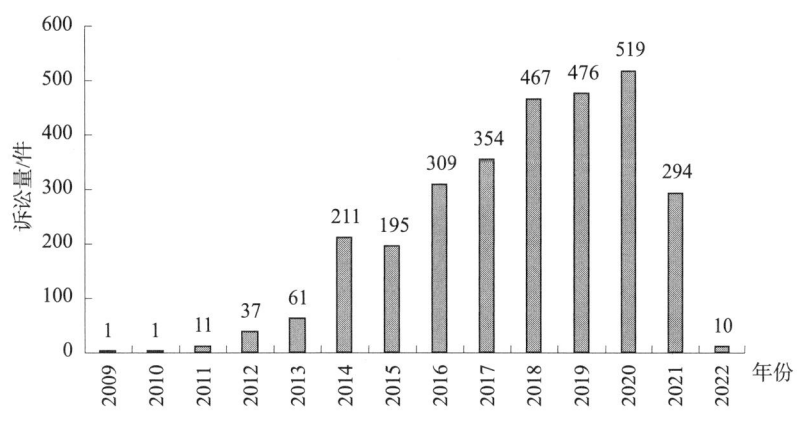

图4-1-1　2009—2022年医学装备领域中国专利诉讼趋势

值得注意的是，在上述诉讼中，涉及医院的（医院作为起诉方之一或者应诉方之一）判决有379件，约占12.8%，其中绝大多数诉讼的焦点是专利权（或专利申请权）的权属纠纷和侵犯专利权的纠纷，这也表明医院作为医疗装备领域重要的创新主体和应用端，在开展全链条的创新活动中，既面临如何实现创新成果的高质量知识产权保护的问题，也面临在医工交叉融合的过程中，如何清晰界定知识产权的权属分配、如何规避现有知识产权侵权风险的难题。

二、医学装备领域中国专利诉讼主要区域分布

根据分析,医学装备领域专利诉讼量超过100件的省份有7个(见表4-2-1),其中,北京位居榜首,共有656件(含最高人民法院上诉案件127件),然后依次是广东、浙江、江苏、上海、山东、安徽,由此可以看出,专利诉讼量较大的区域主要集中在珠三角、长三角以及环渤海等地区,这与医学装备产业的地域分布特点也是吻合的,珠三角、长三角以及环渤海地区具有比较雄厚的医学装备支撑产业基础,电子工业、机械装备制造业和化工工业发展较好,产业活跃度较高,相关申请人利用知识产权保护创新成果、维护合法利益的意识和能力也相对较强。

表4-2-1 医学装备领域中国专利诉讼主要区域分布

区域	数量/件
北京	656
广东	521
浙江	410
江苏	275
上海	150
山东	146
安徽	112

三、医学装备领域中国专利诉讼争议焦点

经统计,医学装备领域中国专利诉讼的焦点主要集中在专利侵权(882件),其中涉及外观设计、实用新型和发明专利权的纠纷分别是329件、302件和251件;合同内容和效力的认定(345件),其中涉及买卖合同纠纷、特许经营合同纠纷分别是140件、205件;赔偿金额争议467件;专利权/专利申请权的权属纠纷197件(见图4-3-1)。这也从侧面反映出医学装备领域发明专利的占比相对较少,与实用新型和外观设计专利相比,发明专利的侵权取证更为复杂、提起诉讼的举证难度更大。

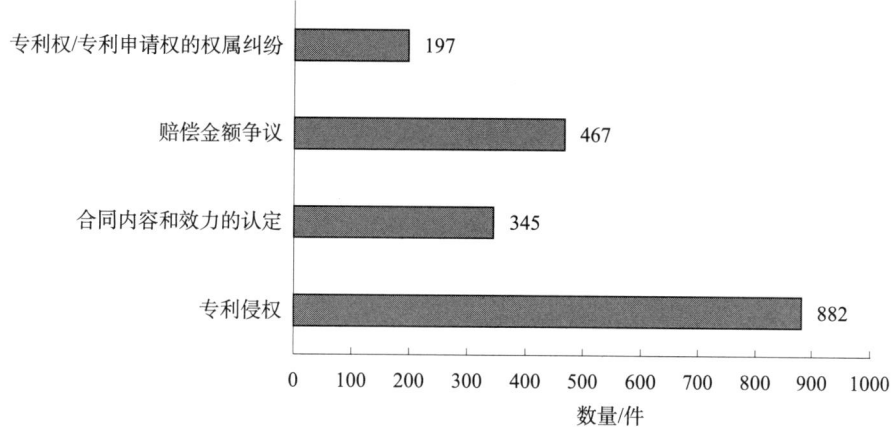

图 4-3-1　医学装备领域中国专利诉讼争议焦点

此外，医学装备领域近期出现了多起专利侵权赔偿额超过千万元的案件，《中华人民共和国专利法》（以下简称《专利法》）第四次修正引入的"惩罚性赔偿制度"和最高人民法院出台的《最高人民法院关于审理侵害知识产权民事案件适用惩罚性赔偿的解释》值得中国医学装备行业予以关注。

四、主要诉讼当事人

经分析，在医学装备领域专利诉讼案件中，主要当事人有深圳迈瑞、深圳理邦、安徽佳佳视光、杭州安杰思、安瑞医疗、深圳优瑞泰、西门子、江苏安康生物、上海联影、上海微创（见图 4-4-1）。

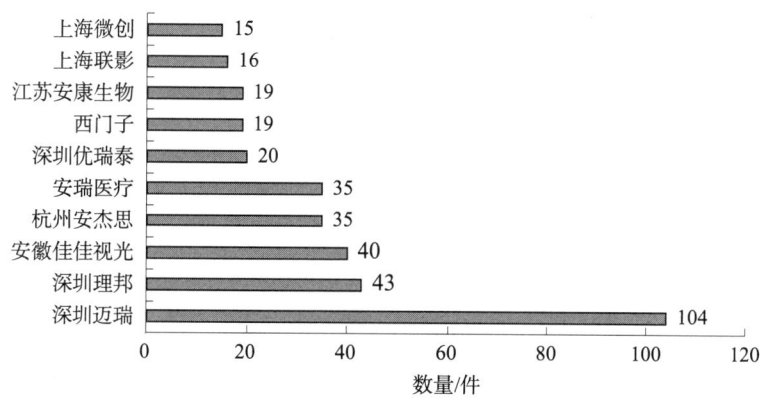

图 4-4-1　医学装备领域中国专利诉讼主要当事人专利诉讼数量排名

· 35 ·

五、主要审理法院

从审理法院的层级来看，绝大多数专利诉讼案件由中级人民法院审理（1542件），占比52.1%，其次是由基层人民法院进行审理（768件），占比25.9%，不服一审判决而上诉到高级人民法院和最高人民法院的占比分别为17.7%（524件）、4.3%（127件）（见图4-5-1）。由此可见，医学装备领域由于技术复杂度高，市场利润高，专利已经成为企业保持市场竞争优势的动力，近1/5的专利诉讼案件上诉到高级人民法院或最高人民法院。

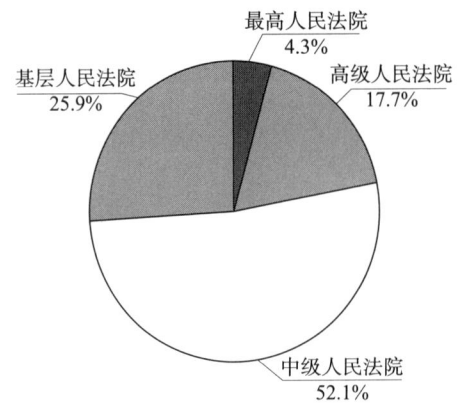

图4-5-1　医学装备中国专利诉讼的审理法院

从审理程序来看，一审案件占比61.75%，二审案件占比33.81%，再审案件占比1.45%，执行案件占比1.42%，再审审查与审判监督案件占比0.74%，非诉执行审查案件占比0.20%，其他占比0.63%（见表4-5-1）。

表4-5-1　医学装备领域专利诉讼法院审理层级分布

审理层级	占比/%
一审	61.75
二审	33.81
再审	1.45
执行	1.42
再审审查与审判监督	0.74
非诉执行审查	0.20
其他	0.63

六、主要代理机构

经统计，在医学装备领域，代理专利诉讼案件较多的机构分别是广东华进律师事务所、北京市奕明律师事务所、北京市金杜律师事务所、中国国际贸易促进委员会专利商标事务所、北京市大成律师事务所（见图4-6-1）。

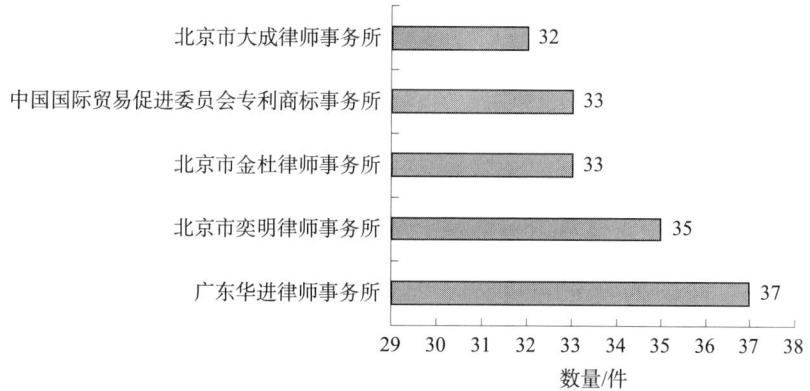

图4-6-1 医学装备领域主要代理律师事务所专利诉讼代理数量排名

第五章　发现与建议

一、发　现

(一) 全球医学装备领域专利申请近20年增长明显

全球医学装备领域专利申请总量累计577万件，最早的医学装备专利出现于1830年，中国医学装备领域最早的专利出现于1985年。中国、美国、日本、欧洲是医学装备领域专利布局主要区域。2002—2020年是全球医学装备领域专利申请的快速增长期，申请数量增长明显，2002年的年专利申请量为13万件，2020年的年专利申请量则达到了37万件，是2002年的2.8倍。2002—2020年的年复合增长率达5.8%，其中，中国的专利申请增速最为明显，年复合增长率达20.7%。近五年全球医学装备领域专利申请量增长尤为突出，2016—2020年的年复合增长率达9.4%，高于全球行业规模的复合增长率6.6%。

(二) 全球医学装备领域专利申请主要布局在外科、影像及检验细分领域

全球医学装备领域专利申请主要布局的细分领域是外科设备、用于诊断目的的测量设备（不含放射诊断和超声波等）、临床检验、可植入装备以及核酸、微生物、基因的检验等。中国在注射类器械、医用吸引或汲送器械、透析设备的布局数量远超其他国家；美国则在可植入装备、电疗设备，心脏节律管理设备两个领域具备明显的技术优势；日本在敷料领域布局优势明显；欧洲各细分领域的专利布局相对均衡。

(三) 全球医学装备领域专利转让率稳步提升

全球医学装备领域专利的转让率为20.6%，2016年专利转让数量达到峰值，全球专利转让数量排名前十中并无中国本土专利申请人/专利权人，均为国外医学装备领域的跨国企业和金融机构等。中国医学装备领域专利转让率为5.6%，与全球医学装备领域专利转让率相比还有一定差距，但是专利转让数量逐年增多，特别是近年来专利转移转化受到重视，处于十分活跃的状态。

第五章 发现与建议

（四）中国医学装备领域专利申请总量位居全球第一

中国医学装备领域专利申请总量149万件，约占全球总量的1/4，排名全球第一，2016—2020年中国医学装备领域专利申请的年复合增长率为26%，远超全球医学装备专利申请的复合增长率9.4%，远超中国各技术领域平均的专利申请复合增长率10.7%以及医学装备市场规模的增长率12.2%。

（五）中国医学装备领域发明专利授权量持续增长

中国医学装备领域发明专利总量为54万件，发明专利占专利申请总量的36.2%，其中授权发明专利总量为18万件，发明专利的授权率为33.3%。近年来，我国医学装备领域发明专利授权量持续增长，2010—2020年发明专利授权的年复合增长率达16%，创新能力明显提升。

（六）中国医学装备细分领域均有专利布局

中国在绝大多数医学装备细分领域有所布局，其主要细分领域为外科设备、用于诊断目的的测量设备（不含放射诊断和超声波等）、注射类器械、医用吸引或汲送器械、透析设备以及消毒灭菌等，专利布局的主要区域集中在长三角、珠三角、环渤海等地区，四川、重庆以及湖北等专利布局也表现较为突出。

（七）中国医学装备领域专利申请主体多为生产企业

中国医学装备领域专利申请主体以企业为主，其占专利申请总量的39.3%。布局数量前十的企业多为日本、美国、欧洲的外资企业，飞利浦位居榜首，企业的发明专利占比较高。医疗卫生机构申请的专利占专利申请总量的17.3%，高校/科研机构申请的专利占专利申请总量的10.7%。个人申请的专利占专利申请总量的32.6%，其主要集中在中低端的、技术较为简单的医疗器械。

（八）医疗卫生机构专利申请多为医学装备

国内医疗卫生机构的专利申请总量为39万余件，65.9%的专利申请与医学装备相关。医院产出的医学装备专利申请量占中国医学装备领域专利申请总量的17.3%。在医院医学装备领域专利申请中，发明专利的占比为20.5%，发明专利的授权率为25.6%，与中国医学装备领域总的发明专利占比（36.2%）和中国医学装备领域平均发明专利授权率（31.5%）相比，尚有较大提升空间。

（九）医疗卫生机构专利转移转化效益日益凸显

医疗卫生机构医学装备领域专利转让和备案许可数量占医疗卫生机构医学装备

领域授权专利总量的 1.1%，与中国医学装备领域总体的专利转让率（4.1%）相比还有一定差距，但是近年来医疗卫生机构的专利转让数量逐年递增，专利转移转化的效益日益凸显，越来越获得关注。

（十）医学装备领域专利保护意识逐渐增强

中国医学装备领域专利诉讼案件近年来增多，诉讼焦点主要集中在专利侵权诉讼、赔偿金额的确定、合同的效力和内容的认定以及专利的权属分配等方面。相当数量的专利诉讼案件有中国医疗卫生机构涉诉或参与，职务发明的认定、连带侵权行为责任的认定均是涉及医疗卫生机构的典型案件。

二、建 议

综上可以看出，在我国医学装备产业，知识产权作为发展战略性资源和国际竞争力核心要素的作用已经非常突出，正有力支撑医学装备关键核心技术的攻关以及医学装备产业高质量发展的进程。但是，我国医学装备产业在专利布局的数量与质量上、需求与供给的联动上、知识产权创新意识与保护能力上还存在一些不充分、不平衡的问题，主要表现为：①源头创新仍显不足，申请主体较为分散；②发明占比相对较少，专利质量急需提升；③医工协同尚存短板，转化运用仍然偏低；④知识产权侵权易发多发，侵权易、维权难的现象仍然存在。上述问题需引起我国医学装备产业相关部门和创新主体的高度重视，为全面提升产业知识产权综合实力，具体建议如下。

（一）聚焦临床需求，以应用为牵引激发创新活力

医疗卫生机构是临床创新的源头和医学装备的应用场所，应切实提高医疗卫生机构医务人员、医工人员及科研人员的创新意识，建议医疗卫生机构建立专门的知识产权管理机构；制订科学完善的知识产权管理制度；做好职务科技成果赋权改革，优化医务人员考核评价机制；落实专利奖励、成果转化相关政策；加大医工协同的力度，鼓励临床专家带着问题与工程师共同设计、探索、挖掘创新成果，加强医学装备领域自主知识产权的创造和储备。

（二）突出质量导向，提升知识产权的保护力度

专利产出注重从提高数量向提升质量的转变，可通过专利的分级分类管理以及专利申请前的评估制度，将资源聚焦于医学装备亟需的基础零部件及元器件、基础软件、基础材料、基础工艺和产业技术基础等"卡脖子"的核心技术，并对产出的核心创新成果及时开展高质量核心专利的组合布局，切实提升专利的质量和知识产

权的保护力度。同时，充分发挥医学装备产业龙头企业的研发与技术攻关能力，培育一批细分领域全球领先的单项冠军企业和一批掌握核心技术和独特工艺的专精特新"小巨人"企业，增强产业集群创新引领力。

（三）集聚信息资源，推动成果转移转化

加强医学装备领域知识产权信息化、智能化的基础建设，培育发展专业化、综合性知识产权运营服务平台，集聚创新转化过程各方资源与信息，拓宽专利技术供给渠道，推进专利技术供需对接；积极推动医学装备领域的专利开放许可，鼓励行业内企业投保知识产权相关保险，探索知识产权质押融资风险分担新模式；促进行业内的企业、高校、科研机构知识产权深度合作，引导开展订单式研发和投放式创新，实现知识产权创造、保护、管理、运用、服务等全链条的有效衔接，提升成果转移转化能力。

（四）培育知识产权文化，充分发挥行业协会优势

充分发挥行业协会扎根行业、服务企业、辅助政府、凝聚合力的独特优势，引导行业自觉履行尊重和保护知识产权的社会责任，适时发布领域专利报告，利用行业年会、论坛、培训、沙龙等多种方式强化知识产权意识，提升行业内各创新主体识别和规避知识产权侵权风险的能力；同时积极推动行业对知识产权保护中心和快速维权中心的了解，支持会员单位用好快速审查、快速确权、快速维权的知识产权"一站式"综合服务，不断推动我国医学装备行业高质量发展。

下 篇
典型案例

第六章　医学装备企业知识产权管理和运营案例

一、深圳迈瑞[*]

(一) 企业基本概况

深圳迈瑞生物医疗电子股份有限公司（以下简称"深圳迈瑞"）主要从事医疗器械的研发、制造、营销及服务，始终以客户需求为导向，致力于为全球医疗机构提供优质产品和服务。深圳迈瑞融合创新，紧贴临床需求，支持医疗机构提供优质的医疗服务，从而帮助世界各地改善医疗条件、降低医疗成本。历经多年的发展，深圳迈瑞已经成为中国最大、全球领先的医疗器械以及解决方案供应商。公司总部设在中国深圳，在北美、欧洲、亚洲、非洲、拉美等地区的超过30个国家设有43家境外子公司；在中国设有20家子公司，超过40家分支机构；已建立起基于全球资源配置的研发创新平台，设有九大研发中心，分布在中国（深圳、武汉、南京、北京、西安、成都）和美国（硅谷、新泽西和西雅图），形成了完备的全球化研发、营销及服务网络。

深圳迈瑞主要产品覆盖生命信息与支持、体外诊断和医学影像三大领域，拥有国内同行业中最全的产品线，以安全、高效、易用的"一站式"产品和互联网技术（IT）解决方案满足临床需求。主营业务基本在国内市场排名数一数二，其监护、麻醉、血球产品在全球均进入前三。

(1) 生命信息与支持领域

深圳迈瑞在该领域的产品主要包括监护仪、除颤仪、麻醉机、呼吸机、心电图机、手术床、手术灯、吊塔吊桥、输注泵、手术室/重症监护室（OR/ICU）整体解决方案等一系列用于生命信息监测与支持的仪器和解决方案的组合，以及包括外科腔镜摄像系统、冷光源、气腹机、光学内镜、微创手术器械及手术耗材等产品在内的微创外科系列产品。

---

[*] 该案例由深圳迈瑞生物医疗电子股份有限公司供稿。

(2) 体外诊断领域

深圳迈瑞为实验室、诊所和医院提供一系列全自动及半自动的体外诊断产品，主要包括血液细胞分析仪、生化分析仪、化学发光免疫分析仪、凝血分析仪、尿液分析仪、微生物诊断系统等及相关试剂，通过人体的样本（如血液、体液、组织等）的检测而获取临床诊断信息。

(3) 医学影像领域

深圳迈瑞医学影像产品包括超声诊断系统、数字 X 射线成像系统和影像归档和通信系统（PACS）。在超声诊断系统领域，为医院、诊所、影像中心等提供从高端覆盖到低端的全系列超声诊断系统，以及逐步细分应用于放射、妇产、介入、急诊、麻醉、重症、肝纤维化等不同临床专业的专用解决方案。在数字 X 射线成像领域，为放射科、ICU、急诊科提供包括移动式、双立柱式和悬吊式在内的多种数字化成像解决方案。

（二）企业知识产权概况

1. 专利布局情况

深圳迈瑞通过严格的项目管理流程，从产品立项之初即引入知识产权管理进行风险管控并做好自我保护，并且在知识产权投入上逐年提高，深圳迈瑞每年把 10% 的年销售收入投入研发，超过该行业 A 股上市公司前十名的总体研发费用总和。

据统计，深圳迈瑞年产专利约 700 件，70% 以上是发明专利，授权率超过 90%，平均每 4 名工程师产出 1 件专利。截至 2021 年底，共申请专利 7418 件，其中发明专利 5308 件，实用新型 1405 件，外观设计 705 件。PCT 专利申请量 981 件。共计授权专利 3437 件，其中，发明专利授权 1618 件。

2. 获奖情况

深圳迈瑞填补了国内医疗设备领域科研和开发的多个空白，创造了多项中国"第一"。专利申请量稳居深圳专利申请前列，其凭借其出色的专利质量及对行业、社会的突出贡献，多次荣获国家级、省级、市级专利奖，其中包括两项中国发明专利金奖、一项中国发明专利银奖。在国家发展和改革委员会公布的国家企业技术中心所在企业发明专利拥有量前 50 名名单中，迈瑞是唯一上榜的医疗器械企业。

基于完善的知识产权保护体系和管理制度，深圳迈瑞于 2013 年被国家知识产权局认定为第一批国家知识产权优势企业。深圳迈瑞知识产权部联合其他部门，经过一年的企业知识产权制度梳理与完善，顺利通过国家级企业知识产权管理体系认证（GB/T 29490—2013），让知识产权流程进一步贯穿于研发、生产、销售、售后、财务、采购、IT、人力资源等各环节，并于2016年通过了国家知识产权管理标准的认证，同年被认定为国家知识产权示范企业。

3. 企业知识产权管理办法

（1）知识产权部门

为保护知识产权，深圳迈瑞设有独立的知识产权部，部门职能包括知识产权战略的规划、指导及制订，知识产权战略实施的推进，知识产权管理体系、管理制度及流程的构建、实施；保障公司知识产权管理工作系统化、体系化，达到知识产权工作深入公司运营过程各个环节的效果，为提高公司经营活动的效率、降低运营风险及成本提供有效的支持和保障；通过运营知识产权，最大程度实现公司无形资产的价值，为公司持续发展经营战略目标提供知识产权专业服务。

知识产权部有专业知识产权工程师围绕技术研发、产品生产、市场推广等经营环节，构建技术情报体系、产品情报体系、竞争对手情报体系和行业情报体系，为公司不同的经营活动提供及时的、有价值的参考情报，为技术部门提供专利布局和专利维权服务。知识产权部门团队成员按照产品业务维度划分为四个组，其中三个专利小组分别对应公司的三大事业部，主要负责各事业部的专利事务；另一个小组负责商标、著作权、域名、专利流程等综合业务，有助于培养团队成员全业务链条的业务能力，更重要的是，团队成员通过长期服务于一个产品业务，无论是对业务技术还是商业模式都有更深入的理解，保证了知识产权工作能够更有效地服务于公司。

深圳迈瑞知识产权部经过多年的摸索和引进外部先进经验，不断完善企业知识产权管理模式。2015年借助"企业知识产权管理规范体系认证"，梳理公司知识产权管理工作的思路以及可能存在的一些漏洞，对公司业务中可能涉及的知识产权工作均进行了制度化指引、流程化规范，让知识产权工作更好地贯穿公司的研发、生产和市场。2016年以来，深圳迈瑞多次引进外部专业机构一起对企业的知识产权战略管理策略、知识产权布局策略、知识产权风险管控的模式等进行了深入探讨，进一步完善相关知识产权工作，构建了公司竞争优势并不断探索知识产权运营模式，形成较强的知识产权维权保护能力。

（2）完善的知识产权制度

为规范知识产权管理，实现公司知识产权管理工作系统化、体系化，知识产权部在充分调研的基础上，为公司制订、修订了一系列知识产权管理规章制度，相关制度包括《知识产权部文件管理指南》《知识产权管理工作规范》《迈瑞知识产权管理手册》《员工信息安全行为管理制度》《知识产权管理体系内部审核规范》《知识产权风险管理程序》《知识产权培训管理制度》《知识产权争议及案件控制程序》《合同评审管理办法》《知识产权尽职调查清单》《知识产权风险管理程序》《知识产权培训管理制度》《知识产权争议及案件控制程序》《合同评审管理办法》《知识产权尽职调查清单》等。

通过落实"专利奖励""专利报酬",激励发明人技术创新的积极性,深圳迈瑞专利申请数量逐年增加,专利技术得到充分实施,有效地保证公司的技术发展和进步。

另外,深圳迈瑞建立了考核细则等一系列考核管理办法。将知识产权指标、研发项目成果的保护和管理纳入岗位绩效工资考核指标中;将员工创新情况、保护知识产权工作的开展情况纳入中层管理者岗位绩效工资考核指标中;对本年度、本工作领域获得专利者,予以优先晋升员工等级;将是否拥有专利、对知识产权的保护情况作为个人专业技术职称评审、职务晋升的重要指标。

为增强员工知识产权观念,切实贯彻知识产权工作,深圳迈瑞有计划、有步骤、分层次地开展多种形式的知识产权宣传培训,包括对新入职员工进行"知识产权与保密意识"专题培训,对项目研发人员进行专利检索、分析和挖掘的相关培训,邀请国际专家举行知识产权专题讲座等。

同时知识产权部在合作、收并购工作中积极参与知识产权的相关工作并发挥作用,通过相关条款的订立,明确知识产权权属、规避知识产权风险。

4. 专利布局策略

(1) 建立公司知识产权战略规划

深圳迈瑞建立与企业发展相匹配的知识产权战略规划,通过专利预警分析、竞争对手监控等方式为公司发展提供参考,根据公司的三年规划制订相应的知识产权战略规划。

(2) 促进公司知识产权创造能力

深圳迈瑞每年对研发、市场等相关部门员工进行知识产权方面的培训,针对新员工进行特定的知识产权培训,让员工对知识产权工作有比较深入的认识,从而提高员工的知识产权意识;完善企业的知识产权工作制度和流程规范,将专利工作嵌入研发流程管理节点,力争最大程度地让所有研发工作人员都能通过规范的流程参与到知识产权工作中;除了对产生专利的员工给予奖励和报酬外,还针对在知识产权工作上有特别贡献的员工设定了优秀发明人奖、突出贡献奖等,提高大家知识产权创造的积极性。

(3) 完善公司知识产权布局策略

知识产权部深入公司业务前线,了解公司战略发展、产品特性、临床需求、市场情况等;研究、参考国际竞争对手的布局策略,根据公司发展和市场情况进行专利布局,从技术重要性、市场重要性等多维度考虑进行海外专利申请。

(4) 较强的知识产权风险管控及维权保护能力

深圳迈瑞建立贯穿生产经营全流程的知识产权侵权预警机制和风险监控机制;定期/不定期(根据项目)开展知识产权风险测评;通过开展知识产权尽职调查、规避设计、知识产权许可等方式,尽量避免侵权风险;采取行政查处、侵权诉讼等措施维护企业的利益,为企业发展保驾护航。

5. 专利分级分类管理模式

(1) 分类管理

为了支持公司三大事业部的业务发展,对应的专利小组负责按照事业部分别进行专利战略以及专利管理,通过电子系统实现各事业部专利按照项目、产品、技术等多维度标识进行管理,以便能够准确识别和运用专利。

(2) 分级管理

在专利挖掘阶段组织评审,各技术点按照核心、重要、普通进行分类,根据重要级别分配相应资源,保证重点技术得到充分有效的保护;专利授权前,知识产权部会安排授权评估,通过对专利保护范围以及相应产品的分析,判断是否需要补充保护;专利授权后,知识产权部定期评估专利价值为运营储备资源。

(三) 医工交叉、产学研合作典型案例

作为国内医疗器械行业引领者,深圳迈瑞一直秉持客户导向,走进客户、拥抱客户、了解客户,从客户角度出发设计、优化产品,因此,深圳迈瑞和多家三甲医院均有密切合作。例如在医学影像方面,2018年由中国人民解放军总医院和中山大学附属第三医院牵头,联合数十家国内知名三甲医院,基于深圳迈瑞高端弹性彩超,启动了弹性成像评估肝纤维化的多中心临床研究,这对我国疾病防治和预后产生非常积极的作用;为更好地普及国内弹性彩超应用以及规范化临床操作,中华医学会超声医学分会联合深圳迈瑞举办"北斗启航、弹力无限"的全国巡讲会,分别在南京、北京、湖南、长春、西安、郑州、昆明等地举办高端弹性成像技术的临床学术研究交流会和大型临床操作培训会,每次会议均有数百名来自全国各地的超声医师参会,影响甚广,对我国分享专家智慧,普及超声技术起到了重要的促进作用。在麻醉呼吸产品方向,深圳迈瑞主要与中国医学科学院北京协和医院、北京天坛医院、东南大学附属中大医院等单位及机构进行产学研合作,共同研发机械通气的临床技术;与第四军医大学西京医院共同研发军用麻醉机等新的麻醉机产品形态,具体项目和专利信息如表6-1-1所示。

表6-1-1 深圳迈瑞产学研合作项目汇总

序号	合作单位	专利名称	专利号
1	中国医学科学院北京协和医院	乳腺超声图像分割方法及设备	202111356385.1
2	中国医学科学院北京协和医院	病灶预测模型的在线学习方法及设备	202111466822.5

续表

序号	合作单位	专利名称	专利号
3	中国医学科学院北京协和医院	乳腺超声图像分割方法及设备	202111426251.2
4	中国医科大学附属第一医院	颈动脉超声测量的辅助方法及超声设备	202111314070.0
5	中国医学科学院北京协和医院	乳腺超声成像方法及设备	202111316064.9
6	山东省妇幼保健院	超声成像方法和超声成像系统	202111101748.7
7	首都医科大学附属北京同仁医院	一种眼科超声成像方法及装置	202110919168.2
8	中山大学附属第三医院	超声盆底成像方法和超声成像系统	202110642554.1
9	浙江省人民医院	一种蠕动波的参数测量方法及超声测量系统	202011197749.1
10	首都医科大学附属北京天坛医院	样本分析仪器质控方法、装置、系统和存储介质	202010833095.0
11	上海交通大学医学院附属瑞金医院	基于超声造影的处理方法、超声装置及计算机存储介质	202010658791.2
12	东南大学附属中大医院	呼吸支持设备及其控制方法和存储介质	PCT/CN2020/141088
13	中国人民解放军总医院	呼吸监测方法、呼吸监测系统、监护装置及医疗中央站系统	202011345075.5
14	中山大学附属第三医院	输卵管超声造影成像方法、超声成像装置和存储介质	202010555546.9
15	大连理工大学	白细胞分类试剂、红细胞分析试剂、试剂盒以及分析方法	PCT/CN2020/128839
16	大连理工大学	菁类化合物、含菁类化合物的染料以及菁类化合物的应用	PCT/CN2020/128838
17	中国人民解放军总医院	病人监护仪及其设备信息管理方法	PCT/CN2020/090632
18	中国人民解放军总医院	医疗设备识别病人身份的方法、医疗设备及系统、存储介质	202010414022.8
19	中国人民解放军总医院	病人监护设备及其通信方法	PCT/CN2020/090633
20	中国人民解放军总医院	超声造影成像方法和装置	202010131184.0

续表

序号	合作单位	专利名称	专利号
21	北京积水潭医院	超声成像设备及其超声回波数据的处理方法	202010478078.X
22	东南大学附属中大医院	一种医用吊塔	202020023267.3
23	东南大学附属中大医院	吸痰管存放装置及吊塔	202020128478.3
24	东南大学附属中大医院	一种医用吊塔	202020025853.1
25	东南大学附属中大医院	ICU智能呼叫系统	202020124854.1
26	东南大学附属中大医院	一种带空气净化功能的吊塔	202020023455.6
27	东南大学附属中大医院	呼吸支持设备及其通气控制方法和计算机可读存储介质	PCT/CN2020/130952
28	SME医学影像诊断中心	血管壁剪切指数显示方法及超声成像系统	202010061770.2
29	SME医学影像诊断中心	血流向量速度、血流频谱的处理方法及超声设备	PCT/CN2020/088495
30	广东省妇幼保健院	一种超声成像装置	202011479775.3

二、上海联影[*]

(一) 企业基本概况

1. 企业市场概况

上海联影医疗科技股份有限公司（以下简称"上海联影"）是专业从事高端医疗影像设备及其相关技术研发、生产、销售的高新技术企业，总部位于中国上海，同时在美国、马来西亚、阿联酋、波兰等地设立区域总部及研发中心，在中国（上海、常州、武汉）和美国（休斯敦）进行产能布局，已建立全球化的研发、生产和服务网络。

自成立以来，上海联影持续进行高强度研发投入，致力于攻克医学影像设备、放射治疗产品等大型医疗装备领域的核心技术。经过多年努力，上海联影已经构建包括医学影像设备、放射治疗产品、生命科学仪器在内的完整产品线布局。

截至2022年5月，累计向市场推出80余款产品，包括磁共振成像系统（MR）、

---

[*] 该案例由上海联影医疗科技股份有限公司供稿。

X 射线计算机断层扫描系统（CT）、X 射线成像系统（XR）、分子影像系统（PET/CT、PET/MR）、医用直线加速器系统（RT）以及生命科学仪器。2020 年 3 月，上海联影以 350 亿元人民币市值位列"2020 胡润中国百强大健康民营企业"第 37 位，2020 年 8 月发布的"苏州高新区·2020 胡润全球独角兽榜"排名第 70 位。自 2016 年以来，上海联影的 PET/CT 产品已经连续多年国内市场销量第一。

2. 企业知识产权分布

近年来，上海联影掌握了全线产品研制和生产相关的核心技术，并注重通过专利、技术秘密等方式对关键核心技术进行保护。

截至 2022 年 5 月，上海联影累计提交专利申请 5900 余件，其中，发明专利申请 4800 余件，境内发明专利申请 3400 余件，海外发明专利和 PCT 专利申请 1300 余件。已获得授权发明专利 1900 余件，其中，境内发明专利 1300 余件，海外发明专利 500 余件。

此外，上海联影牵头承担近 40 项国家级、省级研发项目，包括近 20 项国家级科技重大专项，并荣获 2020 年度国家科学技术进步奖一等奖、2020 年度上海市科技进步奖一等奖、2020 年上海市重点产品质量攻关成果奖一等奖、第 21 届中国国际工业博览会大奖、第 18 届中国专利金奖、2017 年中国商标金奖等众多荣誉奖项。2022 年，上海联影研发的世界首台 75cm 超大孔径 3.0 T MRI，荣获上海市第十六届"银鸽奖"（2021 年度）最佳设计。2022 年 4 月，其专利申请"一种伪影校正方法及系统""图像量化方法、计算机设备和存储介质"荣获第 23 届中国专利奖优秀奖。

（二）企业知识产权概况

上海联影高度重视对技术创新的保护，拥有完善的知识产权保护制度和知识产权管理体系，促进自主创新成果知识产权化，真正掌握一批核心自主知识产权。积累知识产权优势，持续提升市场竞争力，保障业务运营安全，使创新效益实现最大化，是上海联影知识产权工作的长期目标。

1. 知识产权部门架构

为保证知识产权工作有效运转，上海联影成立之初组建了一支高素质、专业化的知识产权团队，通过规范的知识产权管理工作、完备的知识产权部门架构、专业化的知识产权管理人员，为上海联影提供标准化、系统化的知识产权服务，其知识产权部门的架构如图 6-2-1 所示。

（1）知识产权领导小组

非实体机构，总领企业的知识产权工作，由分管知识产权的公司高层、事业部研发主管和知识产权主管组成。下设三大知识产权工作板块：创新成果评估委员会、知识产权部和重大知识产权纠纷处理应急工作小组。

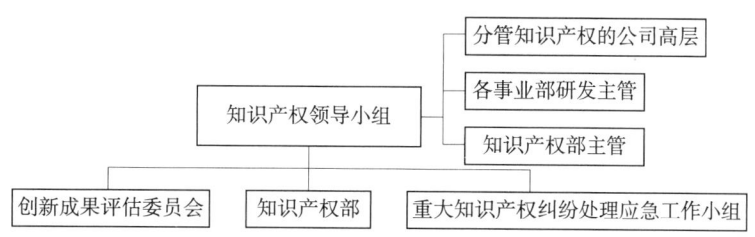

图 6-2-1　上海联影知识产权部门架构

（2）创新成果评估委员会

非实体机构，由需要评估的创新成果相关的事业部技术专家和知识产权部对接人员组成。负责评估员工的创新成果，激励员工创新。

（3）知识产权部

实体部门，负责知识产权管理工作，包括管理公司的专利、商标、著作权和技术秘密等。从知识产权布局、风险预警、运营三大方向着手，并配备质控体系，对知识产权工作过程和成果进行质量管理，同时建立完善的知识产权数据库和管理平台，实现无形资产全生命周期的平台化管理。

（4）重大知识产权纠纷处理应急工作小组

非实体机构，在公司发生重大知识产权纠纷时，由分管知识产权的公司高层、涉讼事项的技术人员和知识产权对接人员以及知识产权纠纷执行主管和法律事务部组成临时工作小组，结合外部知识产权法律顾问，共同处理知识产权纠纷事务。

团队成员各司其职，知识产权部门内部责权明确、协作配合和人尽其才，形成了梯度化、多元化的知识产权管理架构，保障了上海联影知识产权工作有序开展。

2. 专利布局策略

为了践行打造高端医疗设备专利高地的愿景，将创新成果专利化，上海联影制订了"全方位专利布局、高价值专利布局、战略性专利布局"的总策略，打造专利护城河。

（1）通过全方位专利布局实现全线产品的专利布局

专利挖掘机制贯穿整个技术研发的生命周期，专利申请、授权广泛覆盖全部产品线，达到全方位布局。

（2）通过高价值专利布局实现攻守兼备的目标

以市场为指导，针对核心技术和关键竞品展开系统性和战略性的专利布局，持续性指导企业的技术创新和产品开发，提高企业创新能力，提出突破性的解决方案，打造高价值专利体系。

（3）通过前沿专利布局实现开放与融合、引领与合众的长远目标

针对业内前沿技术展开预研和专利布局，预测未来产品发展趋势，制订相应产品创新开发战略，规避竞争对手专利，增强自身专利实力，抢占先机的同时战略性

降低研发活动中的专利风险。

与此同时,为贯彻上述专利布局策略,上海联影始终以"专利挖掘机制贯穿研发项目始终"为原则,开展具体的专利布局工作,在研发项目的不同时期,采用不同的布局策略。例如,通过专利申请前的前置检索及风险规避、专利的分级分类管理等,培育出一批高价值专利;通过对技术创新的前瞻性布局、持续的专利预警及有效的风险防范措施,有效地保护核心技术、把握创新主动权并有效地规避创新中的专利风险。

通过完善的、多层次的专利布局,不仅能够保护核心市场和核心技术,破除市场壁垒;还能及时获取相关领域的知识产权情报,以确定研发的突破口和关键点,选择正确的研发方向;此外,还可以及时了解国内外同行业的技术发展动态和发展趋势,以确定上海联影的专利布局。

3. 专利分级分类管理模式

为了全方位管理已有授权专利并不断培育新的高价值专利,上海联影定期针对已有知识产权进行梳理和盘点,并进行精细化分级分类管理,通过统一设定标签将专利按照项目、产品及技术等进行分类,以全面掌握企业整体专利分布情况。

第一,将专利按照项目进行分类,可以呈现各项目的专利布局情况,并确保分类信息与企业项目体系同步更新。

第二,将专利按照产品/技术进行分类,可以呈现产品/技术布局情况,便于查漏补缺及统计分析。

第三,通过在不同的专利申请阶段配备不同的撰写资源,专利运营阶段采用不同运营方式的专利分级策略,以达到掌握企业专利价值分布的目的。

第四,对自有专利进行系统的评估与分级分类,构建自主知识产权状况评价体系,突破以往单纯从知识产权的数量评价知识产权状况的模式,选取法律状况、创新状况、应用状况、管理和保护状况等指标,运用各因素的加权评分全方位、综合评价自主知识产权状况,以使评价体系更加合理和具有指导意义。

4. 关键设备的功效、主要部件与专利的匹配度

在分子影像领域,上海联影掌握多项关键核心技术,包括:①高清数字探测器核心技术及其核心原材料闪烁晶体的研发及生产技术。上海联影探测器通过基于硅光电倍增管(SiPM)的数字化探测器模块和大轴向视野整体设计,达到高灵敏度,可有效提升图像质量、扫描速度并降低扫描剂量。②与高分辨探测器配合的高带宽数据采集和传输技术。上海联影上述技术可以无损记录和处理高清数字探测器得到的数据。③上海联影是目前行业内少数几家能够设计和制造长轴PET产品的企业。上海联影的uEXPLORER产品采用分布式采集与图像重建技术、10倍数量级前端探测器模块符合同步技术、轴向无缝探测器及机架结构、超长视野PET系统物理校正

技术以及超大行程、高刚度、形变一致的病床，可进行精准、定量的全身动态扫描。

截至2022年5月，上海联影已经在分子影像领域累计提交专利申请470余件，其中，发明专利申请440余件，境内发明专利申请260余件，海外发明专利及PCT专利申请170余件。已获得授权发明专利170余件，其中，境内发明专利90余件，海外发明专利80余件。实现了对上述核心技术成果完善、全方位的知识产权保护。

（三）医工交叉、产学研合作典型案例

科技创新是上海联影发展之本。多年以来，上海联影利用"产、学、研、医"融合创新，合力实现科技创新能级跃升，与国内外一批高校、科研单位和高水平医院携手探索"产、学、研、医"合作之路，围绕一系列"卡脖子"核心技术开展联合攻坚，打破学科间的创新孤岛，推动多学科创新联动的融合创新发展模式，有效打通"基础研究－临床应用－医学转化－产业转化"全链条，突破了产业安全、国家安全的重大技术瓶颈制约，加快实现了我国在部分领域和技术的弯道超车，形成了良好的持续融合发展创新生态。

例如，上海联影携手中国科学院深圳先进技术研究院、中国人民解放军总医院、复旦大学附属中山医院共同完成的"高场磁共振医学影像设备自主研制与产业化"项目荣获"2020国家科学技术进步一等奖"，这是高端医疗装备行业首次斩获这一科技领域最高荣誉，不仅是一场技术源头的"创新攻关"，也是"产、学、研、医"融合创新的行业标杆。

该项目的成功经历了吸收、消化、开发、创造、引领的过程，上海联影与新型研发机构、医院的深度合作是这个项目成功的一个关键因素。项目启动伊始，上海联影便坚定深度融合产、学、研、医各界力量，对标国际最先进水平，实现所有关键技术和核心部件自主研发的创新目标。与中国科学院深圳先进技术研究院开展联合攻坚，双方以产业转化为目标，通过战略合作实现顶层设计，随后通过共同申请项目确保密切技术合作，联合培养人才，实现人才与资本的双向流动。除了联合科研机构，临床医院也是医疗科技创新的重要来源，上海联影同中国人民解放军总医院工程师、科学家团队密切合作，在磁共振设备进驻医院后，通过医生在医院临床应用过程中不断反馈建议，不断调整和打磨设备，优化磁共振的序列、参数、系统的整体性能，共同进行源头型创新，参与孵化前瞻性的科研成果，让设备更加贴合医院的临床需求，有效推动产医转化。

该项目攻关突破了谱仪、射频功放、梯度功放、梯度线圈、射频发射线圈、超导磁体等一系列核心关键技术，成功研发出我国首台3.0 T高场磁共振并实现整机制造与应用，填补了国内空白。我国成为继美国、德国之后，第三个实现高场磁共振全部核心部件自主研发的国家。上海联影也成为高端医疗装备行业首个以第一完成单位斩获科技领域最高荣誉的企业。该项目获发明专利124件，构建了完备的自主

知识产权体系。

上海联影打通了"基础研究－临床应用－转化医学－产业转化"全链条，是企业、科研机构、医院深度融合创新的典范。具体合作项目如表6-2-1所示，今后，上海联影还将持续不断深入开展"产、学、研、医"融合创新，协同产、学、研、医各界力量，全力推进高端医疗装备领域一系列核心技术的突破，加速原创性、引领性临床科研与创新转化。

表6-2-1 上海联影产学研合作项目情况

序号	合作单位	专利名称	专利号
1	复旦大学附属中山医院	高场下磁共振成像方法	202210298920.0
2	复旦大学附属中山医院	用于磁共振非造影剂的目标血管成像方法	202210299158.8
3	复旦大学附属肿瘤医院	一种目标处置方法和系统	202180001254.3
4	四川大学华西医院	一种医学扫描方法和系统	202110680250.4
5	四川大学华西医院	CT扫描方法、装置、电子装置和存储介质	202111392498.7

第七章　医疗卫生机构知识产权管理和运营案例

一、复旦大学附属中山医院[*]

(一) 医院概况

复旦大学附属中山医院(以下简称"中山医院")是国家卫生健康委员会委属事业单位,是复旦大学附属综合性教学医院。

中山医院科室齐全、综合实力雄厚。心脏疾病、肝脏肿瘤、肾脏疾病、肺部疾病、消化道肿瘤等的诊治是中山医院的重点和特色,设有消化内镜、重症医学、影像医学、检验医学、麻醉学、护理学等众多优势学科。中山医院拥有国家临床医学研究中心1个,即放射与治疗(介入治疗)中心;拥有国家疑难病症诊治能力提升工程1个(心脑血管方向)。获得国家临床重点专科建设项目20项,国家重大疾病多学科合作诊疗能力建设项目4项,上海市临床重点专科建设项目22项,另设有上海市"重中之重"临床医学中心3个。有10个上海市临床质量控制中心挂靠中山医院。2021年,中山医院门急诊人次521万,出院人次19.4万,手术人次13.5万,平均住院天数5.15天,病例组合指数(CMI)值1.49。

中山医院历来奋力推进科技创新工作,支持培育高价值知识产权,通过完善各项举措,专利申请量逐年递增,连续多年蝉联上海市三甲医院科研产出排名第一。

2019—2021年,中山医院累计申请专利907件,其中,发明专利申请426件,占比46.97%;实用新型专利申请478件,占比52.7%;外观设计专利申请3件,占比0.33%。累计授权专利398件,其中,发明专利授权61件,占比15.33%;实用新型专利授权334件,占比83.92%;外观设计专利授权3件,占比0.75%。计算机软件著作权登记30件,PCT专利申请4件。

尤其在2021年,中山医院共申请专利579件,其中,发明专利263件、实用新型专利314件、外观设计专利2件;获得授权专利221件,其中,发明专利28件、实用新型专利192件、外观设计专利1件;计算机软件著作权登记22件;PCT专利

---

[*] 该案例由复旦大学附属中山医院供稿。

授权 2 件。2022 年，中山医院积极开展相关工作，进一步积累知识产权申请和授权数量，截至 5 月 30 日，已申请专利 435 件，授权专利 110 件。

同时，中山医院高度重视转化医学，支持聚焦转化高质量技术成果，转化数量约占上海市三甲医院 50%。2019—2021 年，中山医院知识产权转化 116 项，转化金额达 5289.3 万元，其中 54 个转化项目有后续支付或产品销售额提成，落地项目比例达到 46.5%。经过历年的开拓进取，中山医院医学创新与转化成绩斐然，先后荣获 2012 年上海市卫生系统知识产权示范单位工作绩效考核先进集体；2016 年上海市专利工作示范单位；2018 年第六届中国管理科学学会管理科学奖入围奖（成果：多渠道促进科研成果转化）；2019 年和 2020 年上海市医学创新转化（pMIT–40）指数十强医疗单位等荣誉。

2021 年，在由国家知识产权局、世界知识产权组织、上海市人民政府共同主办，上海市知识产权局承办的第三届上海知识产权创新奖评选中，中山医院获得上海知识产权创新奖"运用奖"，是上海地区唯一获该奖项的医疗单位。该专业奖项在知识产权领域含金量高、影响力大、示范作用显著，该奖项是对中山医院通过知识产权转化取得显著经济和社会效益的肯定和激励，也是中山医院不断创新的动力。

（二）医院知识产权概况

1. 科技成果全周期管理流程已趋成熟

中山医院于 2008 年在科研处成立了成果管理科，对知识产权项目申报、管理、转化做到专人负责。

中山医院科研成果采取一体化管理模式，一体化管理覆盖全程管理、专利申报、专利推介、专利转化四个阶段。全程管理阶段突出重点，及时发现有价值的专利申报点；专利申报阶段借助知识产权代理公司专业力量，优化专利材料；专利推介阶段借助多渠道、全方位推介专利项目；专利转化阶段协助谈判、拟定合同、转化签约、免税登记、舆情宣传。创新医学专利管理制度，构建专利转化标准化流程，即科研处—国有无形资产评估管理—法务—财务—总会计师—分管副院长—总审计—科研处，形成闭环管理。

2. 知识产权管理制度、人才激励机制已趋完善

中山医院先后制订了《复旦大学附属中山医院知识产权管理办法》《复旦大学附属中山医院专利工作管理条例》等规章制度，推进全院医务人员积极主动申报知识产权，进一步完善相应配套政策，例如以创新基金引导加持科技创新；部署人才激励机制，并制订《复旦大学附属中山医院院级创新基金》《关于中山医院知识产权转化之后对研发人员奖励比例的规定》。其中，《复旦大学附属中山医院院级创新基金》主要用于资助各种创新性强并富有挑战性的基础研究和应用研究课题，资助对象面

向全院职工。《关于中山医院知识产权转化之后对研发人员奖励比例的规定》亦是为了充分调动研发人员积极性。基于上海市出台《关于进一步深化科技体制机制改革 增强科技创新中心策源能力的意见》第25条，医院职务发明知识产权成功转化后，可从医院实际到账的收益中提取80%作为对项目组研发人员的奖励，夯实对知识产权人才的支撑。

3. 科创成果推广渠道不断拓展

2008年12月15日，国务院办公厅转发了科学技术部、国家发展和改革委员会、财政部等9部委联合制定的《关于促进自主创新成果产业化的若干政策》，要求科研机构要利用网络、报纸等媒体将科研成果对外发布，促进科技成果的转化。充分强调加强媒体对科技成果宣传，促进科技成果转化的重要性。现代网络信息技术飞速发展，多平台多元化多样式推广已成为主流，利用网络信息平台已成为知识产权推广新趋势之一。知识产权项目讲究创新性、新颖性；网络信息平台（如微信公众平台）流量大、覆盖面广、传播速度快、传播形式简单、民众反馈快，两者密切结合，顺应潮流发展，有效提升了推广效率。

中山医院于2020年启动"复旦中山专利沙龙"系列活动，利用新媒体形式开辟了宣传专利转化全新路径，成为中山医院成果转化创新管理的典范之举。该专利沙龙邀请天使投资人，手把手教授科研转化方法，助力临床创新的"最初一公里"，引导医生将临床中的奇思妙想转化为临床创新，为"科研苗子"提供成长土壤，并现场"孵化"金点子，其在线浏览量超过13万人次。该专利沙龙每年定期举办，每次全程由超过50家主流媒体报道，多家平台全程直播及后续回放，传播力度强。每次沙龙均吸引了来自上海及兄弟省市的超过30家投资机构、医药及器械企业以及知识产权专业服务平台负责人前来参会，为发明人和企业积极搭建沟通对接桥梁，面对面交流协助企业更直观地了解各专利项目，为专利转化提供更大可能，促进医学科技创新转化。

为进一步拓展宣传渠道和手段，中山医院依托官方微信公众号和官方微博等平台通过"中山专利英雄帖"推广专利，其由科研处和宣传科联合推出，遴选从临床实践中发现问题、思考创新的"中山金点子"，广邀医务人员积极申报专利。以发明人视频讲解和专利信息简介图片的形式发布内容，以增强成果推广的吸引力。其中，专利信息简介图片包含三部分内容：第一部分为专利项目简介，包括专利名称、专利号、专利项目的相关发明人员、专利的核心简介、项目的转化需求，以一张图片融汇如上信息，言简意赅；第二部分为专利相关专家和团队介绍，着重介绍专利项目的相关负责人或团队的雄厚专业背景，展示与该项目组合作的巨大空间；第三部分为"产业转型风起云涌，联手中山协同创新"的名片，提供与中山医院专利创新项目对接的联系方式，引导企业与中山医院对接专利创新项目产业化，同时发挥知识产权代理机构及平台广泛推介的积极作用。

(三) 医工交叉、产学研合作的典型案例

中山医院作为同时具备医疗、教学、科研三大功能的综合性医疗中心，是创新性成果的主要汇集地之一，不断催生高层次创新人才和科技成果。中山医院坚持营造适应成果转化的良好环境，持续为创新发展提供重要保障，促进科技成果转化。

助力"产医融合"是破解公立医院科技成果转化难题的突破方向之一，可以最大限度激活科技成果产业化落地的潜力。中山医院在科技成果转化工作方面拥有一定经验，2021年成果转化83项，转化金额近4000万元，另外，其多项产品有后续2%~10%的销售提成。例如中山医院樊嘉院士团队研发的国际首个微小核糖核酸（miRNA）诊断肝癌试剂盒已经在浙江和上海等地纳入医保项目，在全国有数十万人次应用，年销售额超过3亿元，并呈逐年增长趋势；葛均波院士团队研发的可降解支架和心脏瓣膜系统开启了我国心脏介入治疗的第四次革命，年销售额达数十亿元；符伟国教授研发的Fustar血管支架，已远销欧美等发达地区；用于呼吸衰竭抢救的钮氏面罩，销售额已达10亿元；中山医院与上海联影合作的"高场磁共振医学影像设备自主研制与产业化"项目荣获2020年度国家科学技术进步一等奖。中山医院在"产医融合"方面积累的成功经验和优秀团队助推上海公立医院科技成果转化新模式的探索。

1. "产医融合"总体规划

产研联动，深度融合。中山医院发挥临床优势，从一线临床实践中发现问题，并进行应用基础研究，产业随同研发联动，研发与产业化融合发展，着力打通产业融合过程中的资金、政策、人才、知识产权保护等多方面环节，促进公立医院与生物医药实体产业相互融合、相互支撑。

突出重点，提升质量。紧抓生物医药产业创新发展战略机遇，找准重点研发方向和市场需求，突出特色、协同发力，打造精品项目，提高科技成果转化质量，放眼全球视野，为上海市生物医药产业注入"源头活水"。

政策引导，保护先行。加强"产研融合"工作中的知识产权保护工作，加强科技成果产生、保护、转让、运营等方面的管理，统筹规划，合法合规安排科技成果转化过程中的知识产权归属和各方利益，创新科技成果转化模式，明确科技成果转化中各方责任，探索科技成果转化后返回临床的合理路径。

2. 产学研成效显著，重大项目得到转化

中山医院前期与其他单位密切合作，产学研成效显著，多项重大项目得到转化，表7-1-1列出了中山医院"产医融合"项目合作情况。

表 7-1-1　中山医院"产医融合"项目合作情况

序号	合作单位	合作项目	转化情况
1	上海捍宇医疗科技股份有限公司	一种瓣膜夹合器	转化额520万元，产品近期上市
2	上海顿慧医疗科技发展有限公司	循环肿瘤细胞捕获、分选、检测系列	转化额3000万元，产品上市
3	厦门通灵生物医药科技有限公司	一种石蜡组织芯片包埋、接种方法	转化额280万元，产品拟上市
4	上海捍宇医疗科技股份有限公司	一种心尖封闭器和瓣膜支架	转化额1020万元，产品拟上市
5	苏州吉因加生物医学工程有限公司	用于与成纤维细胞生长因子受体（FGFR）1、2或3基因杂交的脱氧核糖核酸（DNA）探针库及应用	转化额200万元，产品拟上市
6	上海傲流医疗科技有限公司	大伤口血管缝合装置	转化额310万元，产品拟上市
7	上海超非凡企业管理合伙企业（有限合伙）	一种检测BK病毒和JC病毒的试剂及应用	转化额60万元，产品拟上市
8	上海捍宇医疗科技股份有限公司	应用于主动脉瓣反流的瓣膜支架	转化额310万元，产品拟上市
9	上海傲流医疗科技有限公司	血栓过滤装置	转化额210万元，产品拟上市
10	上海乔大医疗科技中心	病理组织取材机	转化额150万元，另有销售提成，产品拟上市

除了以上合作项目，中山医院还与上海联影、上海徐汇策源健康智能科技成果转化发展中心等多家企业或平台合作，加速创新研发和成果转化。

（四）学术交流与能力提升方面

中山医院定期举办临床研究国际峰会，共同探讨、分享临床研究前沿性成果，交流最新临床研究方法。采用引育并举的方式和多层次的临床研究培训方案，培养和储备各类临床研究专业人才；建立分层培养机制，采用院校联合培养、留学交流深造等方式培育临床科研青年人才；采用自主科研管理、重点项目扶持等方式为优势科室及学科带头人等创造良性的科技创新空间。

临床研究能力提升是系统工程，为培养高水平临床研究队伍，提升医院临床研究整体水平，中山医院每年针对不同层次的临床研究人员组织开设分级分类培训课程。包括：①与哈佛大学等国外著名大学合作开展海外研修项目，培养高端临床研究人员；②召开临床研究能力培训班和临床知识提高班，其采用的全封闭式教学方式可以全面系统地培养高水平临床研究人员能力，增强人才效能；③举办临床研究学术系列沙龙（每2周一次），每期聚焦一个热点问题进行实例讲解和现场互动交流，注重前沿进展与实战启发；④新冠肺炎疫情期间，中山医院定期于每周四举办中山医院专利沙龙，为知识产权工作提供有效服务，沙龙邀请专业的专利代理师或中山医院转化项目多、经验丰富的发明人围绕知识产权痛点问题进行讲解和互动交流，反响热烈且效果显著，除了正常申请，较多积极投身于抗疫一线的临床工作者也积极发现创新点并进行专利申请。

（五）展　望

经过多年快速发展，尽管中山医院知识产权"装备"发展已初具规模，但未来成长空间仍然很大，中山医院将持续促进科技创新研究，提升科技成果转化效能及活跃度，使科技成果早日造福广大患者。

二、浙江大学医学院附属邵逸夫医院[*]

（一）医院概况

1. 稳步推动医院高质量发展

浙江大学医学院附属邵逸夫医院（以下简称"邵逸夫医院"）于1994年正式开业运行，是集医疗、教学和科研为一体的公立综合性三甲医院。2018年、2019年在全国三级公立医院绩效考核中，连续两年位列全国第11名，稳居A＋＋序列，是复旦版中国医院排行榜中进步最快的医院。邵逸夫医院拥有1个国家工程研究中心、4个国家临床重点专科、12个浙江省医学重点学科，牵头建设国家呼吸区域医疗中心并参与建设综合类别国家区域医疗中心，建有浙江省腔镜技术研究重点实验室、浙江省重症肝胆疾病（微创）诊治技术研究中心、浙江省腹腔脏器微创诊治临床医学研究中心、浙江省国际科技合作基地等多个类别的省级科研平台15个。

邵逸夫医院探索了与国际接轨的"邵医模式"，在国内率先推行门诊不输液、全院不加床、一人一诊室、无痛医院、主诊医生负责制（Attending in Charge）、委员会制度等，首家设置入院准备中心、中心化静脉输液配置中心等，成为业内公认的医院管理典范。

邵逸夫医院以创新领跑"互联网＋医疗健康"模式，通过全流程智慧医疗服务

---

[*] 该案例由浙江大学医学院附属邵逸夫医院供稿。

完全覆盖院前、院中、院后，打造"最多跑一次"国内样板。根据浙江大学发展规划总体目标和医院实际发展情况，全面把握新时代、新机遇、新挑战，高标准统筹规划，聚焦高质量、可持续发展，全面提升服务能力。2021 年门诊量（不包括核酸检测）4395336 人次，同比 2020 年增长 21.3%。2021 年门诊病人手术量 61725 例，同比 2020 年增长 28.84%。

邵逸夫医院引领腔镜外科发展，微创手术量占总手术量的 80%，多项技术和手术方式属国际首创；创建国内首个微创医学学科，首创完全腔镜绕肝带法二步肝切除术等多项技术和手术术式；微创肝胆胰手术、角膜移植、下腰痛诊治、辅助生殖、复杂冠心病和房颤诊治等领域达到国内领先、国际先进水平。2017 年，浙江大学 120 周年校庆之际，该医院普外科蔡秀军教授的"完全腹腔镜下绕肝带法二步肝切除术"及骨科范顺武教授的"腰椎后路小切口技术"被国际顶级学术杂志《自然》（Nature）专题报道。

邵逸夫医院在国内率先实现了医疗服务全流程移动智慧化改造，建成国内首个以分级诊疗为核心、以实体医院为主体的智慧医疗云平台，首家探索区块链医疗应用。多次参与国务院相关文件的起草制定，获 2019 年国务院深化医药卫生体制改革领导小组简报（第 59 期）刊文向全国推广。

邵逸夫医院于 2021 年获批组建微创器械创新及应用国家工程研究中心，该中心秉持引领微创医学及装备协同发展的理念，致力于新型微创医学技术研究及新型微创器械装备研发，提高微创诊疗水平，实现"微创医学"学科全面发展。以问题为导向，注重"医工信""产学研"结合及成果转化落地，对接国家战略部署，在微创诊治技术、高端内镜、医学人工智能、手术导航、手术机器人等领域不断创新，为我国"微创医学"的跨越式发展及医疗器械行业技术革新作出贡献。

2. 坚持临床问题导向的科技创新

邵逸夫医院鼓励员工从事发明创造、多学科协同合作以及研究成果向临床转化，同时坚持"错位发展、精准微创、问题导向、交叉融合"的学科发展方针，有效促进成果转化与学科建设的互动，以科技创新全面提升医院核心竞争力。先后出台系列举措，极大促进员工科技创新的积极性。目前，累计授权发明专利 62 件，授权实用新型专利 320 件，授权外观设计专利 7 件。PCT 专利申请 11 件，授权 PCT 专利 4 件。

3. 坚持"从临床中来，到临床中去"的科技创新理念，标志性硕果累累

邵逸夫医院以微创医学为特色，聚焦前沿研究，近 5 年来，多个学科的科技发明获得各级科技成果奖。

2021 年 4 月，在浙江大学等单位主办的"第六届全国临床创新与发明大赛"上，该医院普外科蔡秀军教授的参赛项目"结肠捆扎式吻合支架"荣获大赛一等奖。该支架根据消化道结构特点，设计结构及物理参数，通过反复生物力学验证，同时

具备易固定肠管且与肠壁紧密贴合、防止内容物接触吻合口的特点。

针对目前空腔脏器吻合中存在的方法复杂、吻合后体内异物残留及腔镜下实施困难等难题，蔡秀军教授创造性地提出"支架法空腔脏器吻合技术""支架法肠转流术"等全新理念，发明了一系列可降解空腔脏器可植入支架，在国内多家三甲医院中实现了成果转化和临床应用。其核心成果"可降解支架的研制与支架法空腔脏器吻合术的创建及应用"入围2021年浙江省技术发明奖一等奖，同时荣获"浙江大学2020年度十大学术进展"。

范顺武教授领衔完成的"腰椎退变性疾患微创化治疗的技术和应用"、俞云松教授领衔的"多重耐药菌耐药机制及防治策略研究"、张松英教授带领团队完成的"提高辅助生殖治疗效率、改善出生结局的系列技术研究和应用"分别荣获2016年、2018年、2020年浙江省科学技术进步奖一等奖。

（二）医院知识产权概况

1. 组织创新，面向医学创新发展的重大需求，打造协同创新生态系统

2017年依托浙江大学，邵逸夫医院成立了医工信创新中心"浙江大学微创技术与器械临床医学创新中心"，一是把临床医生在诊疗过程中产生的原始想法转化为可执行的科研项目；二是建立有效机制，打通临床研究通道，将科研成果转化为临床应用的技术和产品；三是把个人或小团队的科研行为转化为有组织的协同创新。

该中心的成立标志着医工信结合已经上升为学校战略，进一步增强学校临床科研能力，为"双一流"学科建设贡献医学力量。

邵逸夫医院依托科研办公室作为执行和协调中枢，配备专业人员对知识产权从形成、申报、转化等各环节进行指导和管理，同时联合浙江大学主管部门、校内院系、相关企业，建立了跨学科、多领域的组织体制，为各学科、各项目负责人提供政策咨询解读、技术评估、技术成果及专利估价、专家论证等多元化服务，并与行业形成良好的互动关系（见图7-2-1）。

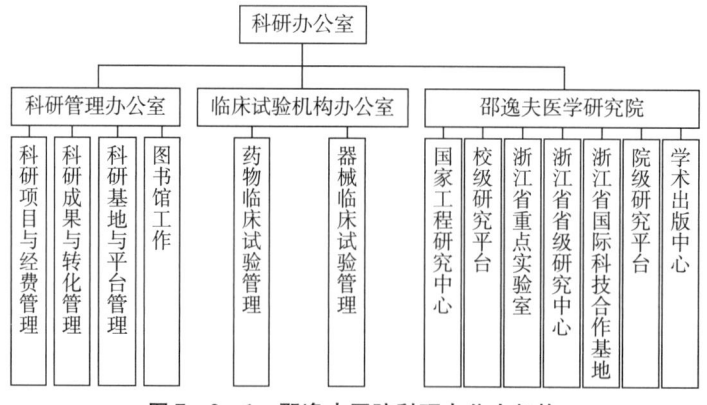

图7-2-1 邵逸夫医院科研办公室架构

2. 制度创新，实施新政策，提供全方位保障

邵逸夫医院为保护员工科技成果知识产权，鼓励发明创造，推动科技与经济结合，加速科技进步，实现创新驱动发展，根据国家知识产权相关法律以及浙江大学知识产权有关文件规定，结合医院实际，制订了《浙江大学医学院附属邵逸夫医院知识产权管理办法》。对知识产权的权利归属、申请维护、使用处置以及保密要求作了明确规定。知识产权的管理通过科研服务系统实现了全过程的信息化管理，从申报、受理到授权、转化，均通过系统进行申请和审批，实现了各节点的可溯源流转程序。同时，邵逸夫医院依托浙江大学知识产权基金，推进《浙江大学医学院附属邵逸夫医院知识产权基金管理办法》的建立，后期可用于资助知识产权的申请和维护。

相关管理办法也充分体现了专利的分级分类管理，医院为鼓励多元化的发明创造，对于各种专利类型都予以支持，且对有潜力转化为实际生产力的专利，给予激励上的侧重。

3. 多措并举，全力推进创新成果的转移转化

除了依托综合性的科研管理条例和经费配套奖励措施对知识产权所有人和发明人给予激励和保障，邵逸夫医院还制订了专门针对知识产权转化的管理条例，包括科技成果转化分配激励政策、专利报销及奖励政策等，包括《浙江大学医学院附属邵逸夫医院专利管理流程（申请与转化）》《浙江大学医学院附属邵逸夫医院专利等科技成果转让有关规定》《科技成果转化收益政策》，旨在提高知识产权管理的专业度，优化申请流程，完善支撑材料，促进成果转化积极性。

为贯彻落实中共中央、国务院关于科技成果使用权、处置权和收益权改革的决策部署，进一步激发科研人员创新热情，促进科技成果转化，医院将对部分专利开展赋权试点，即将职务科技成果部分所有权赋予科技成果完成人，单位与完成人为共同所有权人或长期使用权，制订《赋予科研人员职务科技成果所有权或长期使用权试点工作实施方案》。

此外，邵逸夫医院设立了独立的专利成果转化机构，依托科研办公室，定期举办专业讲座，培养员工的发明创造意识，鼓励员工从临床工作中发掘有效的点子形成技术成果，并帮助员工梳理专利申报的流程。对于优秀的成果科研办积极宣传，与卫生健康科技研发与转化平台对接，发布转化需求。组织科研团队参加路演、推介会，扩展科研人员与各类科技成果商业孵化平台的沟通渠道，加强科研人员和企业的技术交流和成果展示。同时，邵逸夫医院还积极与国内外研究机构及企业开展产学研合作，通过搭建产学研创新平台，加强发明人以及企业的协同运作，充分发挥各自优势，建立完善的专利信息池，针对项目需求，全方位、多维度提供技术转移服务。

（三）医工交叉、产学研合作的典型案例

面向医疗器械领域的"卡脖子"问题和国家重大战略需求，邵逸夫医院实施以"制度、机制、模式、人才、平台"五大保障举措协同推进，以临床需求为导向，将医工信交叉合作推向实处，打造国际领先、自主创新、医工信结合创新高地（见表7-2-1和表7-2-2）。

表7-2-1 邵逸夫医院产学研合作的代表性医院、企业和高校/科研院所汇总

医院	企业	高校/科研机构
浙江大学医学院附属第一医院	杭州先奥科技有限公司	北京大学
浙江大学医学院附属第二医院	杭州圣石科技股份有限公司	复旦大学
浙江大学医学院附属妇产科医院	浙江舒友仪器设备股份有限公司	南通大学
浙江大学医学院附属儿童医院	绍兴市联合医疗器械有限公司	东南大学
浙江省人民医院	杭州兆观传感科技有限公司	浙江工业大学
浙江省肿瘤医院	上海兆观信息科技有限公司	暨南大学
温州医科大学附属第二医院	江苏康众数字医疗科技股份有限公司	中国科学院上海营养与健康研究所
……		
复旦大学附属中山医院	浙江狄赛生物科技有限公司	浙江中医药大学
上海交通大学附属瑞金医院	浙江鹏孚隆科技股份有限公司	国家纳米科学中心
上海交通大学医学院附属第九人民医院	杭州好克光电仪器有限公司	中国科学院分子细胞科学卓越创新中心
首都医科大学附属北京友谊医院	山东威高手术机器人有限公司	中国科学院合肥物质科学研究院
……	……	
北京大学第三医院	北京术锐技术有限公司	大连大学
北京大学人民医院	东莞市凯融光学科技有限公司	四川大学
徐州医科大学附属医院	明峰医疗系统股份有限公司	温州医科大学
重庆医科大学附属第一医院	杭州三坛医疗科技有限公司	杭州电子科技大学
……	微创优通医疗科技有限公司	……

表7-2-2 邵逸夫医院医工合作的代表性成果及转让情况

序号	成果名称	合作单位	是否转让
1	三维高清电子腹腔镜	浙江大学生物医学工程与仪器科学学院、杭州先奥科技有限公司	是
2	可降解空腔脏器吻合支架	杭州圣石科技股份有限公司	是
3	腹腔镜多功能手术解剖器	浙江舒友仪器设备股份有限公司	是
4	肠道转流支架	杭州圣石科技股份有限公司	是

续表

序号	成果名称	合作单位	是否转让
5	表面肌电生物反馈治疗仪	浙江大学生物医学工程与仪器科学学院、绍兴市联合医疗器械有限公司	是
6	无线睡眠呼吸暂停综合征监护仪	杭州兆观传感科技有限公司	是
7	连续动态血糖监测仪	浙江大学生物医学工程与仪器科学学院、上海兆观信息科技有限公司	是
8	多自由度术中锥束CT医学图像引导系统	江苏康众数字医疗科技股份有限公司	是
9	医用聚芳醚酮材料	浙江狄赛生物科技有限公司、复旦大学、上海交通大学医学院附属第九人民医院、浙江工业大学、浙江科惠医疗、浙江鹏孚隆科技股份有限公司	是
10	左心耳封堵器快速内皮化涂层	浙江大学高分子科学与工程学院	是
11	表面增强拉曼光谱（SERS）技术和金标检测试纸（LFA）	南通大学、东南大学	是
12	腔内碎石术后感染性休克早期诊断芯片	浙江大学光电科学与工程学院	是

邵逸夫医院主要聚焦五大领域：①高端电子内镜和器械；②医学影像人工智能辅助诊断软件；③多模态医学影像融合手术导航系统；④手术机器人系统；⑤基于自主研发器械探索微创新技术。

1. 面向人民生命健康，原始创新解百年难题——可降解支架的研制及临床应用

牵头人及学科：蔡秀军教授/外科学

主要合作单位：杭州市圣石科技股份有限公司、浙江大学材料学院、浙江大学生物医学工程与仪器科学学院

针对现有空腔脏器吻合存在的手工缝合操作烦琐、吻合时间长等问题，蔡秀军教授牵头发明多种可降解支架，支架在吻合口愈合后崩解并通过消化道排出体外，体内不留异物；支架可定位追踪，可调控降解时间。蔡秀军教授创建"支架法空腔脏器吻合术"，该技术操作简单，吻合时间短，容易掌握，避免了吻合口黏膜下血管的破坏，有利于愈合，减少吻合口漏的发生；该术式还可用于吻合口漏、肠穿孔一期修补及战地肠道破裂的修复，避免传统的肠造口及二次手术，显著缩短治疗周期。蔡秀军教授创建"支架法肠转流术"，既能保护低位直肠吻合口的愈合，又可避免回纳手术，杜绝了肠造口及二次回纳手术可能导致的并发症，使治疗周期由3—6个月缩短至3周，该技术已获得授权发明专利23件（含PCT专利14件），获得医疗器械注册证，可降解支架已被纳入浙江省医保范围。支架法空腔脏器吻合术、支架法肠转流术已在全国多家三甲医院临床应用，效果显著。中央电视台财经频道《经济半小时》《生活圈》等权威媒体对此进行了专题报道。

2. 中国方案，浙江大学创新重大疫情防控新体系——"平疫结合"病房创建

牵头人及学科：蔡秀军教授/外科学

2020年2月，习近平总书记强调"要平战结合、补齐短板，健全优化重大疫情救治体系，建立健全分级、分层、分流的传染病等重大疫情救治机制"。医院作为发现和救治传染病的关键场所和前哨阵地，其在应对和控制传染病疫情上起着重要作用。因此，基于综合医院应对传染病防治的必要性及重要性，创新疫情防控新体系，不断提升综合医院应急能力以适应当前疫情常态化防控新形势至关重要。

结合传统标准普通病区和规范的传染病病区的特点，该方案规避现有普通病房应对重大传染性疾病救治防控的薄弱环节，坚持快速、最小限度改造的"平疫切换"设计理念及策略，仅以每个楼层走廊上安装一扇门即可快速达到的传染病房"三区两通道"要求，提供了一种在疫情暴发时迅速切换成标准传染病病房，疫情控制后快速回归普通病房的布局结构。既能实现普通病房到传染性病房的快速转变，有效缓解"疫时床位供不应求、平时资源无辜浪费"的尴尬局面，又能降低患者及医护人员交叉感染发生率，实现公共卫生服务与医疗服务的高效协同、无缝衔接。

"平疫结合"病房创建新模式不仅受邀亮相2020年7月24日全国政协召开的双周协商座谈会，得到全国政协委员们的高度认可；同时还得到了国家卫生健康委员会及行业内同行认可，"平疫结合"病房模型已在"中国疫情应急分级诊疗模式沙盘馆"展出，并多次获中央电视台、《光明日报》、《科技日报》、《健康报》等中央级媒体的重点报道。

3. 干细胞衍生物及复合材料重塑受损内膜患者生育力研究

牵头人及学科：张松英教授/妇产科

合作单位：浙江金时代生物技术有限公司、浙江大学高分子科学与工程学院

邵逸夫医院妇产科依托浙江省生殖障碍诊治研究重点实验室，在张松英教授的带领下，与浙江金时代生物技术有限公司、浙江大学高分子科学与工程学院开展了深入合作，就子宫内膜再生材料的关键科学问题，开展了系列协同创新工作。利用临床级干细胞，构建了脐带间充质干细胞复合胶原支架、脐带间充质干细胞外泌体复合胶原支架和脐带间充质干细胞凋亡小体透明质酸复合物，有效促进子宫内膜再

生修复和生育功能的恢复；完成脐带间充质干细胞复合胶原支架治疗薄型子宫内膜的临床试验研究，使16例难治性薄型子宫内膜患者4例妊娠，其中3例活产；发表高质量文章4篇，获授权发明专利1件。

4. 人工智能辅助角膜病诊断系统开发

牵头人及学科：姚玉峰教授/眼科

合作单位：浙江大学计算机科学与技术学院、虹软科技股份有限公司

邵逸夫医院眼科姚玉峰教授与浙江大学计算机科学与技术学院以及虹软科技股份有限公司合作，在国际上率先开发出人工智能角膜病诊断系统，诊断准确率超过了421位受测医生中的96%，使角膜病整体诊断准确率提高了42个百分点。在此基础上成功开发了具有自主知识产权的智能算法的国产裂隙灯显微镜，并已初步在临床中应用。成果发表在中国工程院院刊，发表中国计算机学会（CCF）A类会议论文一篇，获授权专利1件；获批国家自然科学基金重点支持项目、浙江省卫生健康委员会省部共建重大项目等。

5. 医用聚芳醚酮材料的量产关键技术及其骨科植入器械表面仿生改性技术研发

牵头人及学科：范顺武教授/骨外科

合作单位：浙江狄赛生物科技有限公司、复旦大学、上海交通大学附属第九人民医院、浙江工业大学、浙江科惠医疗器械股份有限公司、浙江鹏孚隆科技股份有限公司

邵逸夫医院骨科范顺武、林贤丰团队牵头与国内多家高校、医院及公司合作，开发聚醚醚酮（PEEK）、M-PAEK和聚醚酮（PEK）3种医用聚芳醚酮，符合《医疗器械生物学评价》（GB/T 16886）和《外科植入物用聚醚醚酮（PEEK）聚合物的标准规范》（YY/T 0660—2008）标准；建成年产2000kg医用级PEEK生产线；研发符合3种PEEK骨科植入产品，至少1种进入临床试验。

该团队从事脱细胞再生修复技术的研究已有十余年之久，目前已积极推动成果进入临床试验。已成功打破国外骨骼肌肉系统脱细胞组织再生产品的技术垄断，国内首次实现动物源性脱细胞生物材料智能一体化的全流程药品生产质量管理规范（GMP）中试生产，骨骼肌肉系统产品性能达到美敦力等跨国公司同类竞品水平。团队成员林贤丰医生也由此获得2021年第11届"中国青年创业奖"。

6. 无线睡眠呼吸监测系统与睡眠监测管理平台开发

牵头人及学科：陈恩国教授/呼吸与危重症医学科

合作单位：浙江大学、杭州兆观传感科技有限公司

邵逸夫医院陈恩国教授在国际上率先开发出非接触式无线睡眠呼吸监测仪以及连续血氧饱和度监测指环，首次实现了对呼吸和血氧的无线连续监测。为进一步实现对鼾症人群的健康管理和干预，项目团队以该产品为基础，利用移动互联技术，

整合医疗和健康产业资源，建设了一个集检测、评估、干预及监管于一体的睡眠呼吸慢病健康管理平台。该产品已获批国家医疗器械注册证 2 个，并在国内近百家医院实现临床应用，曾获得"TechCrunch 创业大赛"五强、浙江省健康产业创新创业大赛总冠军。雷达睡眠呼吸监测仪和连续血氧饱和度监测指环已经累计获得发明专利 3 件、实用新型专利 11 件、外观设计专利 3 件、计算机软件著作权 6 件。

三、吉林大学白求恩第一医院[*]

（一）医院概况

吉林大学白求恩第一医院（以下简称"吉大一院"）始建于 1949 年，是集医疗、教学、科研、预防、保健、康复为一体的大型综合三级甲等医院，共有 3 个院区，职工一万余人。现有正高级职称 510 人，副高级职称 554 人，博士生导师 132 人，拥有双聘院士、海外高端专家、长白山学者特聘教授、吉林大学唐敖庆特聘教授等。2009 年吉大一院组建医联体，现已拥有 107 个成员单位，打造了以吉大一院为核心、纵跨省内外的医疗协作网络医院，位列 2019 年复旦版中国医院排行榜第 15 名，2019 年国家卫生健康委员会公布的"医患双满意"排行榜第 1 名，2020 年国家卫生健康委员会公布的"医患双满意"排行榜第 2 名。

在支持创新方面，吉大一院搭建了创新转化平台吉林省技术转移示范机构、吉林省医疗健康科技创新联合体、吉林省先进医疗器械产业创新中心、吉林省先进医疗器械制造业创新中心、吉林大学医工协同创新研究院、吉林大学智能医疗研究中心。吉大一医还拥有人类疾病动物模型国家地方联合工程实验室、国家基因检测技术应用示范中心、表观遗传药物与人类疾病动物模型国际联合研究中心、器官再造与移植教育部重点实验室、疫苗与细胞治疗产品人源化动物模型评价重点实验室、生物治疗科技创新中心、分子病毒学重点实验室、人源化动物模型重点实验室、肺部肿瘤个体化诊断重点实验室、胃肠道肿瘤生物信息学重点实验室、组织修复重建与再生重点实验室、器官移植重点实验室、转化医学国际科技合作基地、肝胆胰外科国际科技合作基地。

截至 2021 年底，吉大一院的知识产权授权数量为 1293 件，发明专利 213 件，专利转化数量 15 项，转化金额 4965.16 万元。在第四届"中国医院知库排行榜"中排名第 17 位。

---

[*] 该案例由吉林大学白求恩第一医院供稿。

（二）医院知识产权概况

1. 组织和制度建设

2016年，吉大一院设立了技术转移办公室，组建了高素质专业团队，共有8名专职人员，均取得技术经纪人资格。办公室主要负责医院的医工结合、知识产权管理、成果转化工作等7个模块的17项工作内容。

第一，知识产权的开发管理。鼓励发明创造为目的，制订相应策略，促进知识产权的开发，做好知识产权的登记统计。

第二，知识产权的经营使用管理。主要对知识产权的使用进行规范。

第三，知识产权的收益管理。对知识产权使用效益情况应统计，合理分配。

此外，2021年下半年，吉大一院修订了《吉林大学第一医院促进科技成果转化管理办法》，大幅提高成果转化完成人收益比例，成果转化后给予成果完成人的奖励最高可达收益的90%。把成果转化金额作为职称评价、学科评估的重要指标之一，为提升医护人员创新转化积极性奠定了坚实基础。

2. 促进专利转化和推广

第一，通过自编《创新转化助力医院高质量发展》短视频、微信公众号、创新转化微信群等方式，宣传创新转化新产品，多角度激励医护人员创新转化的积极性。

第二，集中力量推介知识产权，以知识产权运营推动转化。进一步提高医护人员的专利申请意识，大幅提升授权专利数量和质量。对接若干知识产权专业服务机构，畅通并拓宽申报渠道。

第三，组织开展项目推介。2019年，吉大一院牵头组织创新产品23件，参展第12届东北亚投资贸易博览会。吉大一院抓住70周年院庆时机，组织展出创新产品66件，现场参观人数近2万人次。举办"医学+X"创新转化沙龙，多渠道推进成果转化。

第四，参加路演大赛。"滤泡辅助性T细胞和B细胞在感染性及自身免疫性疾病中的作用及机制研究"项目荣获2019年中国医院协会医院科技创新奖二等奖。在2020年的第五届全国临床创新与发明大赛总决赛中，"多功能创面治疗仪"项目和"小儿支气管镜"项目荣获一等奖，"光脉冲干眼治疗仪"项目荣获二等奖。在2020年的第九届中国创新创业大赛（吉林赛区）决赛中，"气管插管用双光源可视光棒"参赛项目荣获三等奖。荣获2021年全国健康物联创新路演大会二等奖6项。

（三）医工交叉、产学研合作的典型案例

吉大一院始终把发展的基点放在创新上，坚持以临床需求为导向，发挥医院和医护人员的主体作用，全面激活创新要素，以成果供给、平台搭建、人才队伍、资

金支持、政策环境等要素为关键节点，构建了"临床需求—技术研发—工程化—临床应用"全链条医疗产品创新研发和产业化体系，有效推动了临床医学科技创新和成果转化，探索出具有吉大一院特色的创新转化崭新路径。具体措施如下。

第一，与高校院所联合培养交叉人才，建立"双导师"制度。

第二，搭建创新转化平台，保障科技成果顺利产出。2019 年，吉大一院牵头整合 60 家高校院所和高新技术企业，共建"吉林大学医工协同创新中心"。2020 年吉林大学校长办公会决议，将"吉林大学医工协同创新中心"更名为"吉林大学医工协同创新研究院"。该研究院下设 11 个协同创新中心，现已集聚院士 6 名、省内外工学技术专家 100 多名、临床医护人员 300 多名，被吉林省科学技术厅批准为"吉林省医工协同跨区域合作科技创新中心"，被吉林省发展和改革委员会批准为"吉林省医疗健康科技创新联合体"。

第三，广泛开展产学研合作。与中国科学院苏州生物医学工程技术研究所、中国科学院长春应用化学研究所、中国科学院长春光学精密机械与物理研究所、吉林大学、长春理工大学、长春圣博玛生物材料有限公司、长春新产业光电技术有限公司、吉林弗朗医疗科技有限公司、长春国科医工科技发展有限公司、吉林省诚瑞生物医药科技有限公司、吉林蓝兴科技发展有限公司、北京嘉宝仁和医疗科技有限公司、山东新士际医疗科技有限公司、辽源汽车改装有限公司等 61 家合作机构在医疗仪器设备、医用材料、人工智能、体外诊断等领域开展技术开发项目 283 个、立项经费 2240.3 万元。

【典型案例一】乳腺增生是中青年女性的一种常见病和多发病，据国内报道，其发病率为 10% 左右，若不及时治疗，有 2%~4% 的患者可发生囊性增生而癌变。鹿香消肿散结胶囊为原研创新中药，属于国内首创，其获得授权发明专利 1 项。鹿香消肿散结胶囊成功申报院内制剂，2020 年销售 3832 盒，实现销售收入 18.1 万元。鹿香消肿散结胶囊有效率为 95% 以上，缓解率为 85% 以上，有效提高了临床治疗水平。每年有 500 名以上患者来吉大一院诊治，缩短了治疗时间，减少了患者痛苦，降低了癌变风险，深受患者好评。

【典型案例二】吉大一院专利技术"组合式胫骨平台后外侧解剖钢板"作价投资，与苏州双恩智能科技有限公司等合资成立吉林迪迈智能科技有限公司，2020 年进行增资扩股后该公司的资产额为 800 万元。

【典型案例三】以往，内镜下治疗钳道空间狭小，所能应用器械的规格受到极大限制，现有器械具有一定的"直径跨限"，无法完成巨大创面的直接闭合；对于发生在大肠的医源性穿孔和内镜下手术创面，肠管创面口侧端皱襞无法进行快速准确的内镜下闭合；由于内镜长度达 1.5m 以上，人手无法伸入，内镜镜身柔软而弯曲，力量的长途传导可能导致受力不均或力矩改变，其闭合深度、松紧度等都极难控制，目前国际上没有适合腔内结构的内镜下应用缝合方法。

吉大一院专利技术"消化道病变内镜定位装置""消化道病变创面封闭伸缩夹"以74万元转让给长春市鑫睿商贸有限公司,该专利技术打破原有的内镜下创面闭合的缺点和弊端,为临床患者提供便利。

【典型案例四】 口腔咽拭子采集临床标本是新型肺炎病毒诊断中常见的方式,医护人员为呼吸道传染性疾病的患者进行口腔咽拭子检查时,部分患者可能出现咳嗽、喷嚏、恶心等不适表现,导致操作瞬间大量飞沫喷出,增加医护人员感染的风险。因此,如何能够提供一种在口腔咽拭子采集过程中隔绝患者与医护人员,以避免飞沫喷溅导致医护人员感染、为医护人员提供有效防护的咽拭子采集装置是本领域技术人员亟须解决的技术问题。具有防护功能的新型咽拭子采集装置具有十分重要的社会意义。

吉大一院申请的"一种咽拭子采集装置"为实用新型专利,以专利权实施许可方式许可给长春市锐德医疗器械有限公司,专利实施许可费550万元。

【典型案例五】 吉大一院专利技术"一种大量诱导扩增具有ADCC效应的NK细胞的方法"作价投资,与长春市科技发展中心有限公司合资成立吉林省吉恩致合生物治疗技术有限公司,争取外部投资3000万元。2020年增资扩股后,该公司的资产额为8000万元。该公司按照实现3万例次患者的细胞产品规模,正在加紧筹建厂房和GMP实验室。免疫细胞疗法已在美国上市的两款嵌合抗原受体T细胞免疫疗法(CAR-T)产品分别售价47.5万美元、37.3万美元。如果实现3万例次患者的细胞产品,每年的营业额将有可能突破9亿元,可在我国东北地区占据大部分市场份额,将给吉林省带来可观的经济效益和社会效益,提高吉林省免疫细胞治疗在全国生物医药领域的地位,也将为我国医药健康产业弯道赶超发达国家作出积极贡献。

第八章 医学装备领域专利诉讼典型案例

一、专利权侵权纠纷

思考：如果你拥有一项医疗器械专利，除了他人未经允许，生产制造相同的产品之外，还有哪些行为可能侵犯到你的专利权？

（一）案情介绍——A公司诉B公司侵犯专利权案

A公司拥有一项"预制导管导引的闭塞器械"发明专利。

B公司在参加"第×届全国介入心脏病学论坛"期间，在展会的展板上、宣传册以及动脉导管未闭及房间隔缺损封堵器使用说明书中，对两种封堵器产品进行了介绍，附有两种产品的结构示意图，展示了封堵器产品的照片，并列明价格以及质量承诺。上述封堵器的结构示意图和照片与A公司专利中的示意图和照片完全相同。此后，被告B公司还实际制造并销售了封堵器，但是在结构上进行了改变，未落入A公司专利的保护范围。

原告A公司在法庭上主张：被告B制造、许诺销售、销售行为构成侵犯专利权。

被告B公司主张：其制造、销售的产品在结构上进行了改变，未落入原告专利的保护范围，不构成侵权。

（二）法院判决

《专利法》第十一条规定："发明和实用新型专利权被授予后，除本法另有规定的以外，任何单位或者个人未经专利权人许可，都不得实施其专利，即不得为生产经营目的制造、使用、许诺销售、销售、进口其专利产品……"。

《专利法》规定的许诺销售行为以行为人作出销售的意思表示为前提，并具体表现为通过广告宣传产品、在商店橱窗中陈列产品，或在网络店铺、展销会上展示产品等。

许诺销售是一种独立的侵犯专利权行为，其并不以最终生产销售的产品落入专利保护范围为前提，虽未实际售出产品，但已明确作出销售的意思表示，属于许诺销售行为。

对于 B 公司的许诺销售行为，被告 B 公司在论坛期间所使用的说明书中列明了产品的价格及质量保证等内容，其试图达成销售协议的目的是明显的。许诺销售作为独立于制造、销售的行为，只要被告所展示的内容揭示了产品的结构，而且能够表明该结构落入了原告 A 专利权的保护范围，许诺销售即成立。因此，被告 B 公司的许诺销售行为构成了对原告专利权的侵犯，应当承担包括停止侵权和损害赔偿的民事责任。

对于被告 B 公司的制造和销售行为，B 公司制造、销售的产品在结构上进行了改变，未落入原告专利的保护范围，不构成侵权。

二、职务发明专利权权属纠纷

思考：作为一名临床医生，为提高治疗效果，对某医疗器械进行了改进，该改进属于职务发明吗？申请专利的权利属于医院还是医生本人呢？

（一）案情介绍——A 医生诉 C 医院专利权归属案[1]

上诉人：A 医生

被上诉人：C 医院

上诉请求：请求认定专利号为 ZL20141004×××.1 的发明专利"医用灌注吸引平台"（以下简称"涉案专利"）为非职务发明，具体理由如下。

第一，没有充分证据可证明涉案专利属于 A 医生"本职工作范围内"的发明创造。涉案专利是一项医疗器械的技术发明，而医生的日常本职工作是利用现有药物、器械为患者实施临床诊疗，发明医疗器械并非医生的分内工作。C 医院聘用 A 医生的目的也是基于 A 医生拥有医学临床诊疗的技术，而不是作为开发、研究医疗器械的科技人员来录用。

第二，涉案专利技术并非 A 医生在承担 C 医院"交付的本职工作之外的任务"的发明创造。虽然在本职工作之外，A 医生确实承担了 C 医院立项的 5 个课题研究项目，但这些项目的研究目的都是为积累、推广医学临床诊疗技术和诊疗经验，并非为了发明创造医疗器械。C 医院举证的 5 个课题研究项目中，没有涉及与专利技术类似的研究。

第三，没有证据证明涉案专利发明属于 A 医生"主要利用单位的资金、设备、零部件、原材料或者不对外公开的技术资料等物质技术条件所完成"的发明创造。涉案专利是一个自动化的机械装置，它解决的是智能控压的问题，该发明创造并不依赖临床数据，即并不需要建立在对泌尿外科手术有足够的临床经验基础上就能完

---

[1] 该案为上诉到最高人民法院的案件。

成。而且涉案专利是 A 医生利用休息时间以个人名义、资金与 D 教授合作研发的，D 教授亦亲自到原审庭审现场向法庭进行了事实确认。D 教授的专业方向是机械设计、自动化，如果没有 D 教授的合作，A 医生无法完成涉案专利的发明创造。

C 医院争辩理由如下。

第一，涉案专利是 A 医生执行 C 医院指派的任务和主要利用 C 医院的物质技术条件所完成的发明创造。C 医院承担并由 A 医生负责完成的课题，完成了对涉案专利的研发。为研发涉案专利，C 医院除了指派 A 医生负责以上课题，还配备了医院其他医务人员协助完成以上课题，并且出资聘请 D 教授协助完成课题。C 医院为完成以上课题和涉案专利的研发直接投入了 80.3 万元的经费。因此，涉案专利是 A 医生执行 C 医院指派的任务和主要利用 C 医院的物质技术条件所完成的发明创造，属于职务发明创造。

第二，D 教授参与涉案专利的研发是其代理 E 大学完成课题研发的职责。C 医院与 E 大学签订了合同，委托 E 大学设计、制作智能控制医用灌注吸引平台设备、样机，并完成调试工作，向 E 大学支付了 15 万元经费。D 教授作为 E 大学的课题组成员，参与课题是履行课题组成员的职责。

C 医院认为，综上，涉案专利是 A 医生执行 C 医院指派的任务和主要利用 C 医院物质技术条件所完成的发明创造，属于职务发明创造，申请专利的权利属于 C 医院，申请批准后 C 医院为专利权人。

（二）法院判决

首先，关于涉案专利的申请及授权时间：涉案专利是 A 医生在 C 医院任职期间申请并获得授权的，属于 A 医生在 C 医院任职期间内作出的发明创造。

其次，关于涉案专利是否为执行本单位的任务所完成的发明创造：最高人民法院认为，发明创造作为一项智力劳动成果，其创造过程具有一定连续性和关联性，在判断员工所完成的发明创造与其本职工作或单位交付的本职工作之外的任务的关系时，应当全面分析该发明创造的研发背景、所要解决的技术问题以及技术方案完成的过程，并综合考虑该专利所涉及的技术领域和应用场合。

具体到该案，涉案专利"医用灌注吸引平台"是一种应用于泌尿外科经皮肾镜术和输尿管镜术等专业手术中的医疗设备，可以控制肾盂等器官内的压力，主要解决经皮肾镜取石术中肾盂内高压问题。

经查，A 医生入职 C 医院后一直从事泌尿外科临床诊疗工作，在担任泌尿外科主任后，全面负责泌尿外科的医疗、科研及行政管理等工作。2010—2017 年，A 医生作为课题负责人完成了 C 医院承担的多项与泌尿外科取石手术相关的科研课题，因此，A 医生在 C 医院的本职工作包括泌尿外科临床诊疗工作，以及对泌尿外科的医疗、科研的管理工作。A 医生作为课题负责人完成的科研课题研究，应视为单位交付的本职工作之外的任务。

并且，A医生承担的课题均涉及如何在取石手术中降低肾盂内压力等问题，涉案专利所要解决的技术问题涵盖上述科研课题的研究目标，涉案专利提出的技术方案"医用灌注吸引平台"与上述科研课题的成果相关联。

结合涉案专利涉及一种器官手术的附属设备，主要应用于泌尿外科手术中，最高人民法院认为，涉案专利与A医生在C医院承担的本职工作密切相关，是其履行C医院交付的本职工作之外的任务所作出的发明创造。

另外，涉案专利的研发过程中，C医院不仅提供项目配套资金、采购相应设备，还指派C医院多名员工共同参与研究。因此，涉案专利属于主要是利用本单位的物质技术条件所完成的发明创造。

最后，经查，D教授为E大学的员工，E大学是课题项目的参与单位，D教授作为课题组成员和E大学项目负责人参与课题研究。

综上所述，最高人民法院判定：一审法院认定涉案专利为A医生在C医院工作期间的职务发明创造，确认涉案专利权归C医院所有，具有法律和事实依据，法院予以支持。

（三）关于职务发明的相关法律规定

1. 关于职务发明的认定

《专利法》第六条第一款规定："执行本单位的任务或者主要是利用本单位的物质技术条件所完成的发明创造为职务发明创造。职务发明创造申请专利的权利属于该单位；申请被批准后，该单位为专利权人。"

《中华人民共和国专利法实施细则》（以下简称《专利法实施细则》）第十二条第一款规定，在本职工作中作出的发明创造以及履行本单位交付的本职工作之外的任务所作出的发明创造均属于执行本单位的任务所完成的职务发明创造。第十二条第二款规定，所称本单位的物质技术条件，是指本单位的资金、设备、零部件、原材料或者不对外公开的技术资料等。

最高人民法院在指导案例158号中指出：判断是否属于《专利法实施细则》第十二条第一款第三项规定的与在原单位承担的本职工作或者原单位分配的任务"有关的发明创造"时，应注重维护原单位、离职员工以及离职员工新任职单位之间的利益平衡，综合考虑以下四点因素作出认定：一是离职员工在原单位承担的本职工作或原单位分配的任务的具体内容；二是涉案专利的具体情况及其与本职工作或原单位分配的任务的相互关系；三是原单位是否开展了与涉案专利有关的技术研发活动，或者有关的技术是否具有其他合法来源；四是涉案专利（申请）的权利人、发明人能否对专利技术的研发过程或者来源作出合理解释。

2. 关于职务发明的奖励、报酬和产权激励

《专利法》第十五条规定："被授予专利权的单位应当对职务发明创造的发明人或者设计人给予奖励；发明创造专利实施后，根据其推广应用的范围和取得的经济效益，对发明人或者设计人给予合理的报酬。国家鼓励被授予专利权的单位实行产权激励，采取股权、期权、分红等方式，使发明人或者设计人合理分享创新收益。"

3. 关于职务科技成果转化获得的现金奖励可享受税收优惠

2018年4月18日召开的国务院常务会议决定，在落实好科技人员股权奖励递延纳税优惠政策的同时，对因职务科技成果转化获得的现金奖励给予税收优惠。具体是：对依法批准设立的非营利性科研机构、高校等单位的科技人员，通过科研与技术开发所创造的专利技术、计算机软件著作权、生物医药新品种等职务创新成果，采取转让、许可方式进行成果转化的，在相关单位取得转化收入后3年内发放的现金奖励，减半计入科技人员当月个人工资薪金所得计征个人所得税，减轻税收负担，促进科技成果转化提速。

三、专利权许可侵权纠纷

思考1：如果您从专利权人那里获得了一项专利权的许可使用，面对侵权行为发生时，您如何证明自己拥有诉讼权利？

思考2：如果您拥有一项医疗器械，例如生物检测试剂盒的专利，生物材料具有保质期，当获得的侵权产品（已过保质期），如何证明侵权产品的效果以及产品是否落入专利保护范围？

（一）案情介绍——A公司诉B公司侵犯专利权案

C公司拥有一件名称为"用于免疫治疗和诊断××病的组合物和方法"的发明专利，C公司与A公司签订许可协议，将该协议附属附件中列明的专利和专利申请授予A公司全世界范围内的排他许可。

B公司产品"××检测试剂盒"在原国家食品药品监督管理总局获得注册并进行销售。

专利权人C公司出具授权声明，确认"在通知C公司侵权事宜后C公司不起诉的情况下，A公司有权在中华人民共和国境内的任何法院或行政机关单独对B公司及任何与其相关联的主体（包括但不限于其经销商）采取法律行动并请求救济"。

原告A公司（被许可人）诉被告B公司侵犯C公司（专利权人）的涉案专利。

（二）焦点分析

1. A 公司是否属于该案的适格原告

B 公司诉称 A 公司无权提起该案诉讼，不是该案适格原告。

法院认为，《中华人民共和国民事诉讼法》第一百一十九条规定，提起诉讼的原告必须是与该案有直接利害关系的公民、法人和其他组织；2000 年修正的《专利法》第六十一条规定，未经专利权人许可，实施其专利，即侵犯其专利权，引起纠纷，专利权人或者利害关系人可以向人民法院起诉。

专利权的被许可人显然是与所涉专利权被侵害案件的利害关系人，但其利害关系的紧密程度，与许可性质密切相关。由于独占许可已经排除专利权人实施专利的权利，专利权一旦被侵害，其对专利享有的权利和应得的利益直接受到威胁和损害，独占被许可人显然与侵权诉讼是直接利害关系人；由于排他许可保留了专利权人实施专利的权利，相应确定许可的对价，在许可人不行使诉权的情况下，其对专利享有的权利和应得的利益直接受到威胁和损害，与侵权诉讼是直接利害关系人；普通被许可人仅仅自己获得实施专利的权利，不能排除专利权人和其他普通被许可人实施专利的权利，并据此支付相应的许可对价，普通被许可人只有在许可人明确授权的情况下，才可作为与侵权诉讼直接利害关系人，单独提起诉讼。因此，独占被许可人、排他被许可人在许可人不行使诉权的情况下，可以单独提起诉讼，排他被许可人还可以在已告知许可人或者许可人已知道有侵权行为发生而不起诉的情况下单独提起诉讼，也即，排他被许可人在许可人明示和默示放弃诉权的情况下，作为与侵权纠纷有直接利害关系的人，可单独提起诉讼。

具体到该案，专利权人 C 公司与原告（被许可人）A 公司的许可协议和专利权人出具的授权声明，均明确 A 公司为该案专利排他被许可人，确认在专利权人自己不行使诉权的情况下，A 公司可以单独提起诉讼。虽然 A 公司没有提交其通知了专利权人该案侵权事宜的直接证据，但是，授权声明表明 C 公司已知被告 B 公司涉嫌侵害其该案专利权。在专利权人 C 公司不行使诉权的情况下，A 公司有权单独提起诉讼。B 公司主张 A 公司无权提起诉讼，应当就该主张提交证据证明专利权人 C 公司已就该案所涉事实另行对其提起诉讼。对该反驳证据的积极举证责任是被告 B 公司很容易做到的。否则，B 公司应承担举证不能的法律后果。因此，被告 B 公司提出 A 公司无权提起该案诉讼，不是该案适格原告的上诉主张没有依据，一审与二审法院均不予支持。

2. 被诉侵权产品的特殊性与注册资料相关

该案被诉侵权产品有严格的保存要求，只能在冷藏条件下 2—8℃才可保存 12 个月。该案侵权产品的鉴定几经周折，确定鉴定机构后的送鉴时间距公证购买被诉侵权产品时间近一年半,已经超过该年限。

法院认为,在此情况下,原告 A 公司请求将从药品监督管理部门调取的被诉侵权产品的申报资料进行鉴定,有其合理性和必要性。药品及医疗器械产品的安全生产事关人民群众的生命健康,我国对医疗器械产品的生产实行严格的监管制度。从原国家食品药品监督管理总局调取的被告 C 公司提交的被诉侵权产品报批材料可知,被诉侵权产品须符合医疗器械注册产品标准。《医疗器械注册管理办法》规定,在我国境内销售、使用的医疗器械均应当按照该办法规定申请注册,未获准注册的医疗器械,不得销售、使用。对拟上市销售、使用的医疗器械的安全性、有效性必须进行系统评价,才能决定是否同意其销售、使用。企业生产、销售的医疗器械,应当与批准的一致,否则,是违法行为。被告 C 公司是被诉侵权产品的生产者,如果被诉侵权产品的技术特征与申报材料不一致,其完全有能力提交反证予以证明,从证据角度反驳鉴定意见的关联性,但其未能就其反驳理由提交依据,应承担举证不能的法律后果。

在被诉侵权产品已过有效期,被告 C 公司又未能提交有效的被诉侵权产品以供鉴定的情况下,一审法院以被诉侵权产品的注册标准确定被诉侵权产品的技术特征,并以此为鉴定材料,委托鉴定机构将之与该案专利权利要求 1 的技术特征异同进行鉴定,有事实和法律依据。该案鉴定材料真实、完整、充分,鉴定用途合法;鉴定材料能够满足鉴定需要,鉴定程序合法,鉴定意见应予采信为定案依据。根据该案鉴定意见,被诉侵权产品落入该案专利修改后的权利要求 1 的保护范围,构成字面侵权,被告 C 公司应承担侵害该案专利权的民事责任。

四、专利无效宣告请求纠纷

思考:如果您是一项发明创造的发明人或者潜在专利申请的权利人,他人未经您的同意而泄露了发明创造内容,您知晓后应如何保护自己的权利?

(一) 案情介绍——专利申请的新颖性宽限期认定

涉案专利发明名称为"左心耳封堵器",专利权人为 A 公司,无效宣告请求人为 B 自然人。该案专利涉及左心耳封堵器,其是心脏手术中需求量较大的植入器械。请求人对专利权人 B 公司的多件专利权提起无效宣告请求,该案是左心耳封堵器系列专利无效宣告案件中的一件。

请求人向国家知识产权局提出了无效宣告请求,其理由是涉案专利权利要求 1、3、4 相对于证据 1(公开日早于涉案专利申请的申请日)不具备 2008 修正的《专利法》第二十二条第二款规定的新颖性,权利要求 1—10 相对于证据 1 或证据 6 作为最接近现有技术结合其他证据或公知常识不具备 2008 修正的《专利法》第二十二条第三款规定的创造性,请求宣告该专利权利要求 1—10 全部无效。

专利权人则主张请求人提出的主要证据 1 属于在申请日以前 6 个月内"他人未经申请人同意而泄露其内容的"情形,因而涉案专利应享有"新颖性宽限期",请求人提交的证据不能破坏其新颖性和创造性。

(二) 焦点分析——证据 1 的公开能否使该专利享有新颖性宽限

2008 年修正的《专利法》第二十四条规定:"申请专利的发明创造在申请日以前六个月内,有下列情况之一的,不丧失新颖性:(一) 在中国政府主办或者承认的国际展览会上首次展出的;(二) 在规定的学术会议或者技术会议上首次发表的;(三) 他人未经申请人同意而泄露其内容的。"

2019 年修订的《专利审查指南(2010)》第一部分第一章第 6.3.3 节对于 2008 年修正的《专利法》第二十四条第三款"他人未经申请人同意而泄露其内容"规定:"他人未经申请人同意而泄露其内容所造成的公开,包括他人未遵守明示或者默示的保密信约而将发明创造的内容公开,也包括他人用威胁、欺诈或者间谍活动等手段从发明人或者申请人那里得知发明创造的内容而后造成的公开。申请专利的发明创造在申请日以前六个月内他人未经申请人同意而泄露了其内容,若申请人在申请日前已获知,应当在提出专利申请时在请求书中声明,并在自申请日起两个月内提交证明材料。若申请人在申请日以后得知的,应当在得知情况后两个月内提出要求不丧失新颖性宽限期的声明,并附具证明材料。"

专利权人虽然认可证据 1 的公开时间早于涉案专利的优先权日,但认为证据 1 属于 2008 年修正的《专利法》第二十四条第三款的情况,不可作为评价涉案专利的现有技术。请求人则认为证据 1 的公开不能够使涉案专利享有不丧失新颖性宽限期,因为至少在专利权人用证据 1 作为多个奖项的申报材料时,已知晓证据 1 的存在。

根据 2008 年修正的《专利法》和 2019 年修订的《专利审查指南(2010)》的相关规定,证据 1 的公开要使涉案专利享有"不丧失新颖性宽限期",不仅需要确认他人确为未申请人同意而泄露其内容,并且要符合"应当在得知情况后两个月内提出"要求不丧失新颖性宽限期的声明。因而专利权人于 2021 年 2 月 7 日提交了"不丧失新颖性宽限期的声明",是否为专利权人在得知证据 1 的情况后的"两个月内"提出成为判定证据 1 的公开是否得以使涉案专利享有不丧失新颖性宽限期的要件,也是该案的焦点问题之一。

该案中,证据 1 何时为专利权人(专利申请人与专利权人)所获知,则是判断专利权人"两个月"的起算点。经合议组审查确定,根据请求人提交的证据,无论是 2020 年 8 月 20 日之前申报的某省科学技术项目,还是 2020 年 7 月 15 日起公示的某学会科学技术奖在申报的要求中,都规定了申报项目或奖项的完成单位或主要完成人知晓并确认申报的材料,即作为科技成果的证据 1 在 2020 年 8 月 20 日之前已为专利权人所知晓。另根据请求人提交的证据，可确认的是专利权人作为申报单位之一向某学会申报奖项时，证据 1 作为提交的申报材料之一，可见在 2020 年 7 月 15 日之前，证据 1 已为专利权人所知晓。

由于专利权人未在知晓证据 1 公开后两个月内提出要求不丧失新颖性宽限期的声明，并附具证明材料，涉案专利不应享有 2008 年修正的《专利法》第二十四条第三款规定的新颖性宽限期，证据 1 公开日期早于涉案专利的优先权日，因此可作为评价涉案专利新颖性和创造性的现有技术。经审理，国家知识产权局作出无效宣告请求审查决定，宣告涉案专利权无效。

该案从 2019 年修订的《专利审查指南（2010）》对"新颖性宽限期"的规定和要求出发，充分论述了对"他人未经申请人同意而泄露其内容"能否享受现有技术豁免的认定思路，明确对于他人未经同意而泄露发明创造内容的情形，如果证据能够表明专利权人在已经知晓情况后两个月内仍未提出声明和提交证明文件，则不能享有新颖性的宽限期。该案启示创新主体，在享有"新颖性宽限期"惠益时，应及时履行必要的声明义务，既给社会以安定的预期，又可以避免自身的损失。

第九章 医学装备细分领域专利分析

一、植介入医疗器械专利热点浅析

(一) 植介入医疗器械概况

植介入医疗器械以其微创、快速、安全和有效的显著优势,成为医学工程近年来迅速发展和应用的领域之一,其涉及的器械包括心血管支架、药物洗脱球囊、骨科植入物、生物瓣膜等医用高值耗材。植介入医疗器械涉及的介入诊疗与传统的内科、外科并列为临床三大支柱性学科,介入诊疗在心血管、脑血管、肿瘤学、骨科等医学基础、临床专业中广泛应用。根据应用部位,植介入器械可以分为血管介入器械、骨科植入器械和其他植介入器械。

1. 血管介入器械

血管介入医学在国外已有 50 多年的发展历程,20 世纪 80 年代,血管介入学在我国开始兴起。我国介入医学虽然起步晚,但发展迅速。20 世纪 80 年代,经皮冠状动脉介入(PCI)技术被引入国内,2004 年,第一个药物洗脱支架在国内上市,目前,第四代支架已进入研发阶段,且获得了技术上的不断突破。根据血管的位置不同,血管介入器械主要包括以下三类:①心血管介入器械:冠状动脉药物洗脱支架、经皮腔内冠状动脉成形术(PTCA)球囊扩张导管、导引导管、照影导管、导引导丝等;②脑血管介入器械:颈动脉支架、椎动脉支架、颅内血管支架、微导管、微导丝、远端保护器械、弹簧圈、液态栓塞材料等;③外周血管介入器械:大动脉覆膜支架、髂动脉支架、锁骨下动脉支架及肾动脉支架等。

2. 骨科植入器械

骨科植入器械是用于人体骨骼替代、支撑、修补、填充的临床骨科用医疗材料。骨科植入器械发展较早,最早的骨科植入器械为 1886 年 Hansmann 发表的文献记载的第一块接骨板。随后国际内固定研究学会(Association for the Study of Internal Fixtion,AO/ASIF)于 1958 年成立,极大地推动了骨科内固定的发展。2000 年后,AO 理论在国际上逐步被 BO 理论(生理的—合理的接骨术)替代,其理论核心是骨折的治疗寻求骨折稳固和软组织完整之间的一种平衡，强调骨折治疗要注重骨的生物学特性，不破坏骨生长发育的正常生理环境。我国的骨科植入器械行业自20世纪50年代开始发展。1985—2000年，几乎所有欧美植入性医疗器械跨国公司纷纷到中国拓展业务。2000年以后，国内脊柱类医疗器械这一"朝阳产业"进入了蓬勃发展的新时期，其增长率远高于创伤修复类和关节重建类医疗器械产业门类。进入21世纪以来，骨科植入器械产业继续繁荣，整合和分化时代开始，跨国企业本土化的第一个10年中，我国骨科植入器械产业以年均约20%的速度增长。苏南和京津两大产业带业已形成，区域内生产企业超过50家。按照功能的不同，骨科植入医疗器械主要包括以下四类。❶

（1）创伤修复类产品

医疗器械中的创伤类产品依据对各类骨折损伤进行复位、固定并维持其稳定性，分为内固定系统和外固定系统。内固定植入物属于高值耗材，常见的内固定创伤修复类产品包括接骨板、螺钉、髓内钉、克氏针、重建板。

（2）脊柱骨科类

脊柱骨科类产品在临床上可以分为创伤类和退行性病变类，创伤类产品主要是针对外力比如车祸或高空坠落造成的骨折，而退行性病变类产品主要是针对日常所说的腰椎间盘突出，还针对一些先天畸形、肿瘤。脊柱骨科类产品还包括螺钉和颈前钢板，以及一些微创椎体成形的产品。

（3）关节置换类

关节置换类产品通常包含一些人工关节假体，用于置换或重建因关节炎、骨质增生、风湿、骨肿瘤或者过度运动损伤等造成损伤或周围骨缺损，同时保守治疗无效的关节，使患者恢复正常的关节功能和行动能力，减轻病变导致的关节疼痛。由于这类产品需要长期植入体内，产品要求尽可能模拟人体生理关节运动状态和功能，对稳定性和植入材料的生物组织相容性等性能要求较高。其中，髋关节类和膝关节类约占所有产品的一半以上，足踝类也是近几年新兴的领域。

（4）骨科植入材料

骨科植入材料指用于填充或修复骨缺损的填充材料，作用是加速骨缺损愈合或使骨植入器件固定。骨科植入材料按用途主要分为骨水泥（骨黏固剂）和植入假体材料。按材料分为天然骨、无机金属骨修复材料、无机非金属骨修复材料、复合骨代用材料/骨修复材料。无机非金属骨修复材料（包括磷酸钙陶瓷、磷酸钙水泥和生物玻璃）是目前应用最广泛的骨科植入材料。复合骨代用材料/骨修复材料（包括生物陶瓷）由于具有良好生物相容性、能促进细胞生长、维持生理环境，是当前研究热点。

---

❶ 刘凤祥，孙月华. 规避锁定接骨板内固定失效风险：术前计划与应用原则 [J]. 2019, 21 (2)：182 – 184.

3. 植介入手术

植介入手术广义上可包含大部分的微创手术，因此植介入医疗器械除了血管介入治疗器械、骨科植入器械，还包括其他类型的医疗器械，大致分为以下六类。❶

（1）非血管支架

非血管支架主要治疗各种腔道（食道、气道、胆道、尿道等）内狭窄等病变。

（2）人工心脏

人工心脏用生物机械手段部分或完全替代心脏的泵血机能，维持全身的血液循环。

（3）起搏器

起搏器是指整个起搏系统，起搏系统由起搏器、起搏电极导线和程控仪组成。其中，起搏器和起搏电极导线被植入人体。起搏器由安装在金属盒中的电路和电池组成。目前常用的起搏器包括心脏起搏器和脑起搏器。

（4）人工心脏瓣膜

人工心脏瓣膜是可植入心脏内代替心脏瓣膜（主动脉瓣、三尖瓣、二尖瓣），能使血液单向流动、具有天然心脏瓣膜功能的人工器官。

（5）人工耳蜗

人工耳蜗是一种电子装置，由体外言语处理器将声音转换为一定编码形式的电信号，通过植入体内的电极系统直接兴奋听神经来恢复或重建听力障碍者的听觉功能。

（6）消融设备

消融设备指通过射频、微波、高温、低温等手段进行人体局部组织（如肿瘤组织）处理的医疗器械设备，其能够根据不同组织对温度的敏感性，利用热能杀灭癌细胞，并且避免副作用，是肿瘤治疗中常用的医疗设备。

植介入医疗器械多维度的深入持续发展为外科手术提供了更多可以运用的替代产品，正是这些产品的不断研发使得人类受损的器官能够被恢复，促进更多的疾病能够被治愈，因此一直是国内外研究的热点，本节将结合专利申请情况对国内外研究热点进行初步的解析，以探寻我国植介入医疗器械的发展方向。

（二）植介入医疗器械国内外产业状态

随着医学技术的发展，介入治疗以其创伤小、简便、安全、有效、并发症少和住院时间短的显著优势成为21世纪飞速发展的微创外科前沿技术，如图9-1-1和图9-1-2所示，2007—2016年，心血管介入器械和骨科植入器械全球市场规模分别呈现逐年递增的趋势。不过也可以看到，虽然这十年我国心血管介入和骨科植入

---

❶ 胡亚婷，李尹岑. 植介入医疗器械的专利分析［J］. 专利代理，2020（4）：64-70.

器械的市场规模已经有了6倍的增长，但是总量在全球市场中的占比并不高。

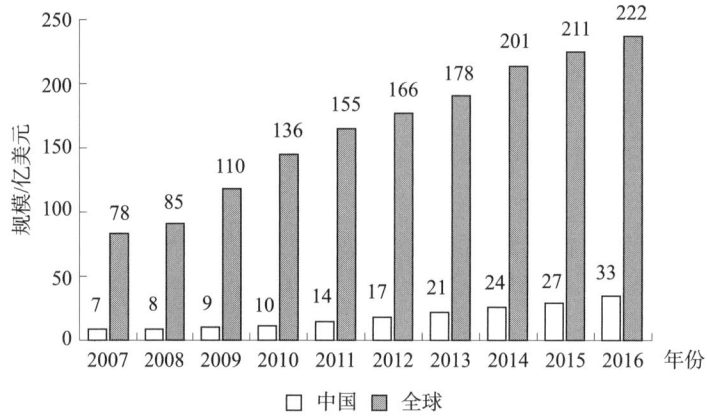

图 9-1-1　2007—2016年心血管介入器械市场规模变化趋势

图 9-1-2　2006—2017年骨科植入器械市场规模变化趋势

由于介入治疗对于器械的依赖程度较大，可以说介入器械是介入治疗的关键，绝大部分的介入治疗需要配合高技术路径的介入器械完成，而且在介入治疗手术的费用中，器械费用占比有时会达80%以上。植介入器械的价格高昂也与其技术壁垒较高有关，由于涉及植入人体，其安全性和稳定性都是必须保证的方面，这就意味着更高的技术要求和产品质量保证，因此，植介入器械早期均为进口产品。随着国家的大力提倡和国内企业不断加大研发力度，近十年来，我国医疗器械领域不断发展，如表9-1-1所示，在心血管介入领域，国产产品已经在加速进行替代。❶

---

❶ 赵珺，景在平. 血管内移植物的研究历史 [J]. 中国医学影像技术，2001（12）：1136-1137.

第九章 医学装备细分领域专利分析

表 9-1-1 血管介入器械的进口占比对比

介入产品及材料	进口占比/%	价格/元
冠状动脉药物支架	25	16000~21000
PTCA 球囊导管	60	3000~6000
颈动脉支架	80	21000~24000
远端保护器	80	23000~28000
外周血管支架（肾动脉支架、髂动脉支架）	80	18000~22000
血管腔内成形术（PTA）导管	60	3000~6000
主动脉瘤覆膜支架	60	60000~120000
颅内血管支架	80	18000~28000
支架材料	100	100~200/g
导管材料	100	100~150/g
微导丝	100	3000
微导管	100	3000~6000
栓塞材料	80	2000~80000

以创新鼓励发展，以专利保护创新，国内外企业越来越重视在产品创新的同时加强知识产权的保护，由表 9-1-2 可知，截至 2018 年 4 月 8 日，在德温特世界专利（DWPI）数据库中检索发现，涉及植介入医疗器械的全球专利排名前十申请人的申请量占比情况来看，排名前十申请人的申请量总和占据了植介入医疗器械全部申请量的 13.55%，可见植介入医疗器械领域中全球专利申请集中程度较高，并且除了彼赛特，排名前十申请人全部为美国申请人，说明在植介入医疗器械行业美国占据绝对领先优势。

表 9-1-2 植介入医疗器械产业专利申请排名前十企业和市场分布

序号	排名前十企业	申请量占比/%	2016年营业总额/亿美元	2016年营收排名	所属国家	主要涉及领域
1	美敦力	3.10	297.1	1	美国	血管介入、骨科植入
2	波士顿科学	2.50	83.86	13	美国	血管介入
3	德普伊（强生）*	1.40	251.19	2	美国	骨科植入
4	心脏起搏器	1.20	—	—	美国	血管介入
5	华沙整形	1.10	—	—	美国	骨科植入
6	雅培	0.91	52.33	20	美国	血管介入

续表

序号	排名前十企业	申请量占比/%	2016年营业总额/亿美元	2016年营收排名	所属国家	主要涉及领域
7	泰尔茂	0.90	47.32	21	美国	血管介入
8	圣犹达（雅培）**	0.83	52.33	20	美国	血管介入
9	彼赛特	0.81	—	—	瑞典	血管介入
10	先进心血管	0.80	—	—	美国	血管介入

注：*德普伊为强生下属公司，**圣犹达为雅培下属公司，该表中营业总额和营收排名分别指强生和雅培。

其中，美敦力、波士顿科学和德普伊（强生）3家公司2016年营业收入分别高达297.1亿美元、83.86亿美元、251.19亿美元，营业收入排名分别为第1位、第13位、第2位，可见上述公司在专利申请上的实力与其在全球医疗器械行业中的龙头地位相匹配。通过不断的收购、并购，美敦力成为目前全球最大的医疗器械公司，其在植介入医疗器械领域主要涉及血管介入器械。值得注意的是，2016年美敦力在研发上的投入高达21.93亿美元，占其营业收入的7%，而排名第二的波士顿科学的研发投入为9.2亿美元，虽然投入金额与美敦力差距较大，但投入金额在其营业收入占比高达11%，可见，龙头企业在专利申请上的优势很大程度上来自高额的研发投入，而在研发上的全力投入也带来了巨大的商业价值。排名第二至第十名的重要申请人中除了德普伊（强生）和华沙整形主要涉及骨科植入器械领域，其余主要涉及的领域均为血管介入器械。此外，不难注意到，申请量排名第八位的圣犹达已被雅培收购，通过收购心脏起搏器和心脏除颤器领域的全球领军企业圣犹达，雅培在血管介入器械领域的地位得到了进一步提升。

（三）热点技术分支专利分析

截至2018年4月8日，在DWPI数据库中检索发现，涉及植介入医疗器械的全球专利共有77145项。❶

1. 技术分解

综合考虑产业和技术的分类标准，根据目前植介入医疗器械产业各技术发展的现状以及未来趋势，本报告将植介入医疗器械分为心血管介入器械、脑血管介入器械、外周血管介入器械、骨科植入器械以及其他植介入器械5个一级分支和21个二级分支，如表9-1-3所示。

---

❶ 在不同国家/地区针对相同技术方案的多件同族申请合计为1项。

表 9-1-3 植介入医疗器械产业技术分解

	一级技术分支	二级技术分支
植介入医疗器械	心血管介入器械	心血管支架
		心血管球囊扩张导管
		心血管输送系统
		电生理导管
	脑血管介入器械	颈动脉及颅内支架
		远端保护器
		颅内动脉瘤血管内治疗器械
	外周血管介入器械	外周球囊扩张导管
		大动脉覆膜支架
		外周血管支架
		静脉滤器
	骨科植入器械	关节置换
		脊柱骨科
		创伤修复
		骨科植入材料
	其他植介入器械	非血管支架
		人工心脏
		起搏器
		人工瓣膜
		人工耳蜗
		消融设备

2. 专利发展趋势

由于在一级分支中，心血管介入器械、脑血管介入器械和外周血管介入器械同属于血管介入器械，其一般采用的支架、球囊等在技术上出于同源，且在产业上聚集，因此在分析产业的专利分布时，将心血管介入器械、脑血管介入器械和外周血管介入器械统一为血管介入器械进行合并分析。

图 9-1-3 为植介入医疗器械各一级技术分支申请占比及发展趋势，可以看出，骨科植入器械和血管介入器械占比较大，吸引着更多的创新主体，其中，骨科植入器械占比达到 45%。而从各分支的申请变化趋势可以看出，血管介入器械和其他植介入器械在 1995—2000 年的申请量稳步提高，骨科植入器械的申请量在 2001—2009

年出现显著增速,在近年来保持较高增长,是植介入医疗器械发展的热点方向。

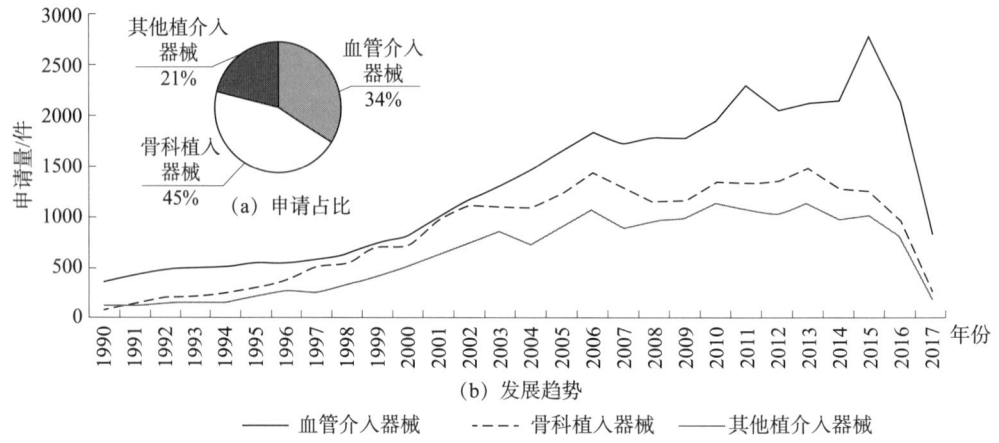

图 9-1-3　植介入医疗器械各技术分支申请占比及发展趋势

从图 9-1-4 中可知,在植介入医疗器械三个一级分支专利申请的申请量中,骨科植入器械起步略早,申请量相较其他分支更大。其中值得注意的是,血管介入器械在 2000 年有了一个较为明显的增长,2000—2010 年是专利申请最活跃的时间段,这与 20 世纪 80 年代末发明了血管内支架有关。骨科植入器械则随着市场扩大而平稳增长。

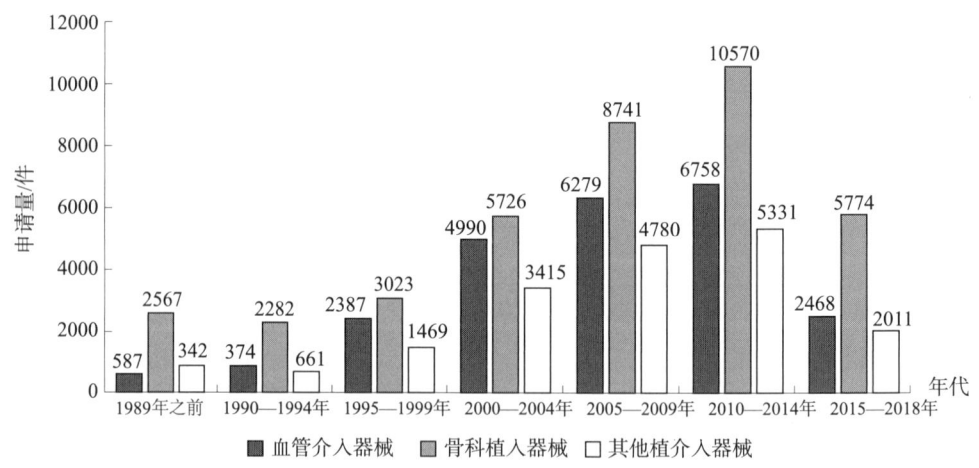

图 9-1-4　植介入医疗器械各分支专利申请年代趋势

3. 二级分支发展

图 9-1-5 列出了全球各技术二级分支的专利申请量以及其在各一级技术分支中的占比情况。

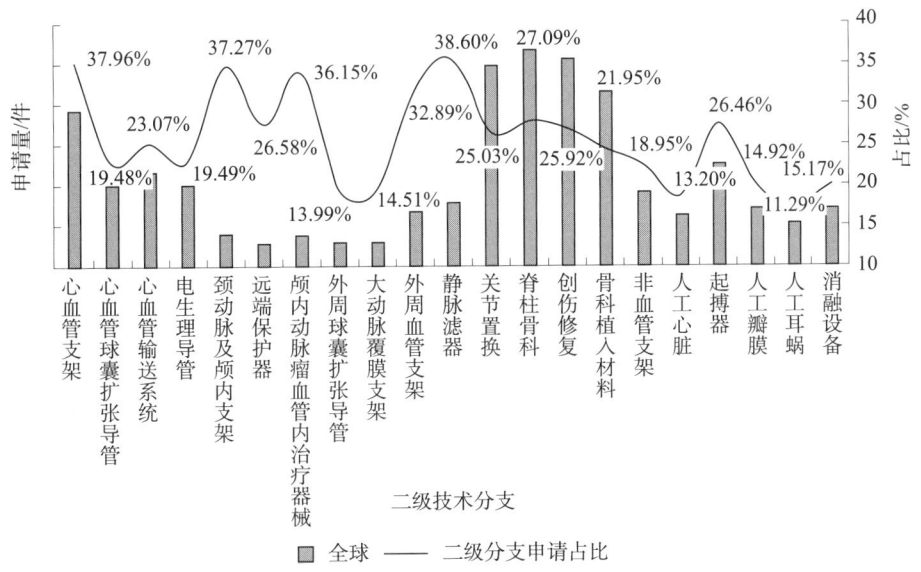

图9-1-5 全球植介入医疗器械二级技术分支专利申请量及其一级技术分支中占比情况

从全球范围来看,骨科植入器械和心血管介入器械的申请量最大,特别是骨科植入器械,相比于外周血管介入器械和脑血管介入器械,其具有绝对的数量优势,这也与骨折是常见疾病、易发于各个年龄段且骨科植入器械应用部位较广、手术易于实施相关。从全球骨科植入器械发展来看,四个二级技术分支发展比较均衡。随着全球老龄化的到来,以往作为突发疾病的心脏类疾病现在也能及早诊断、及早预防,心血管介入器械的技术发展态势也比较迅猛,特别是心血管支架领域,从数量来看,其具有相对较大的优势。外周血管介入器械、脑血管介入器械、其他植介入器械的申请数量虽然相对较少,但从各二级技术分支占比情况也能看到,外周血管支架、静脉滤器、非血管支架和起搏器都有相对高的占比,其代表了行业研究热点。

如图9-1-6所示的国内申请,可以看到,在申请量方面,我国在骨科植入器械领域的申请量同样很大。但是对比全球在该技术分支下的申请分布,中国创伤修复类申请在骨科植入器械申请中占比较大,而关节置换类申请占比较小,即中国在骨科植入器械领域的专利布局还处于较低端的水平。在心血管介入器械领域,中国在心血管支架分支具有较多申请,而其他分支的优势并不明显。

图9-1-7列出了全球和中国二级技术分支申请量在各一级分支中占比比较,可以看出,国内外在血管介入领域的发展较为一致,而骨科植入器械和其他植介入器械领域的发展方向有一定的区别。

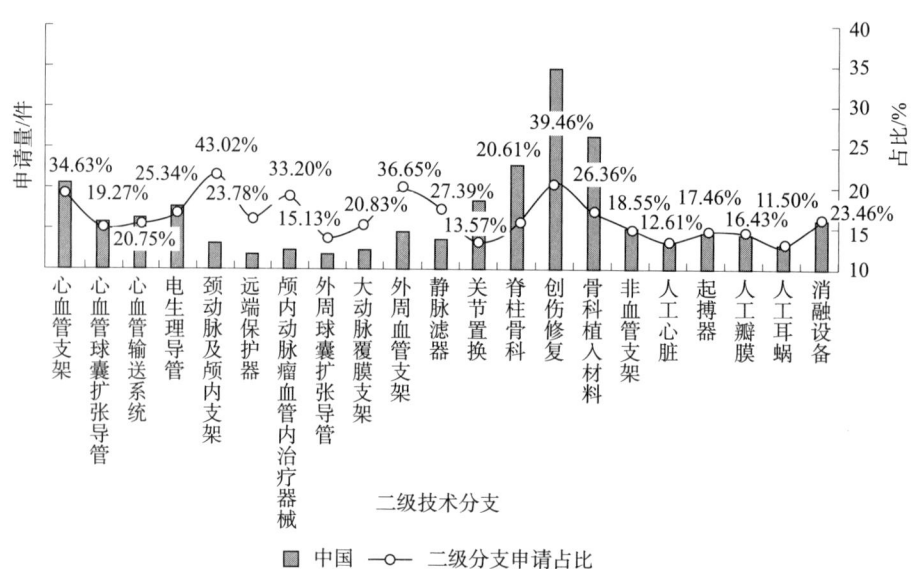

图 9-1-6 中国植介入医疗器械二级技术分支专利申请量及其占比变化

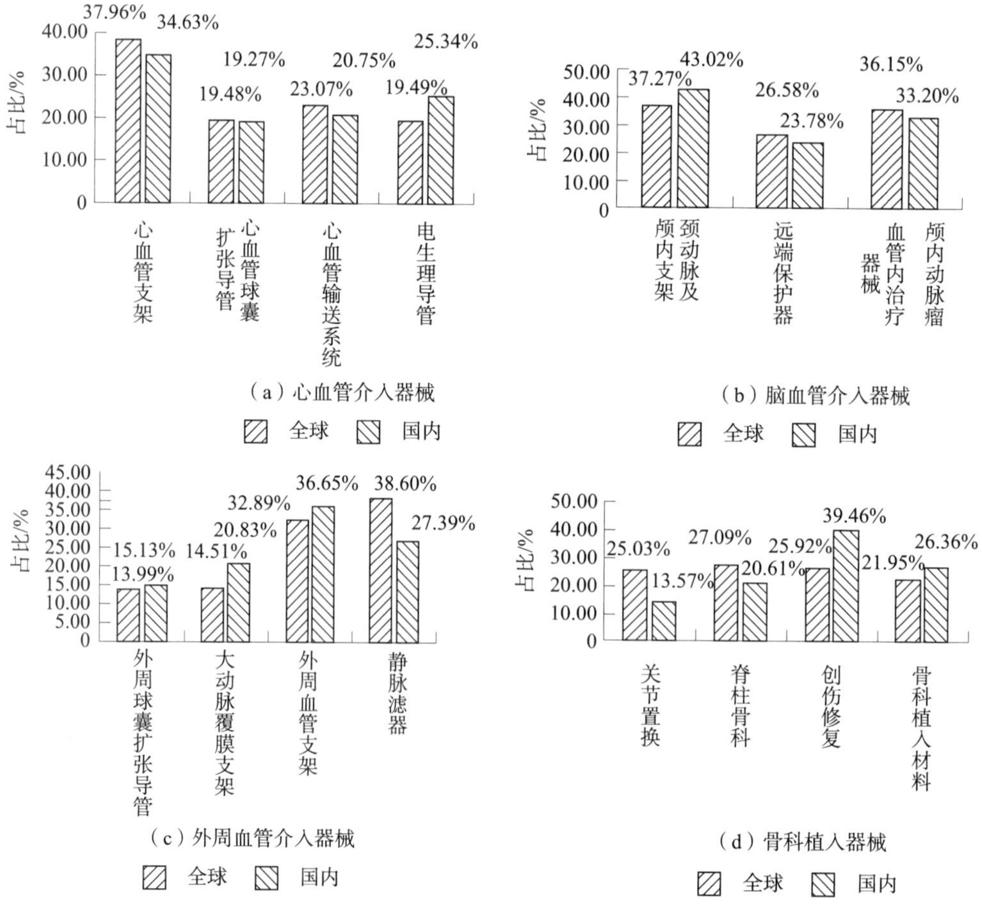

图 9-1-7 全球和中国植介入医疗器械各二级技术分支申请量及其占比变化

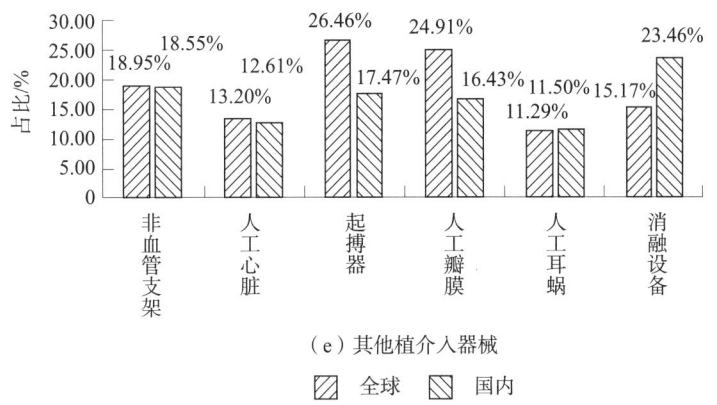

(e)其他植介入器械

图 9-1-7　全球和中国植介入医疗器械各二级技术分支申请量及其占比变化（续）

在心血管介入器械领域中，全球和中国在心血管支架领域的申请都牢牢占据了领先优势，属于绝对的行业热点。在脑血管介入领域中，颈动脉及颅内支架和外周血管支架的申请量占比在全球和中国也都处于第一。在外周血管介入领域中，外周血管支架在中国的申请量占比最高，在全球的申请量占比居第二位，第一名为静脉滤器领域的申请。从这三个血管介入器械的一级技术分支中可以看出，心血管支架、颈动脉及颅内支架以及外周血管支架这三个分支的申请都在国内外处于领先地位，这也与支架技术从本质上出于同源有关。对于骨科植入器械领域，全球和中国的申请量占比区别较大，全球的热点主要集中在关节置换和脊柱骨科上，而中国的热点则由创伤修复领域申请最多，关节置换领域申请最少，这与创伤修复的技术难度较低，准入门槛不高有关。对于其他植介入器械领域，全球和中国各二级技术分支的发展方向也不尽相同，具体表现在，全球的热点集中在起搏器、人工瓣膜以及非血管支架这三个二级技术分支领域上，而中国的热点则多集中在消融设备和非血管支架分支上。

如图 9-1-8 所示，从近十年和近五年的全球和中国申请量占比可知，该比例越大，表明该领域基础越薄弱，不应作为近期发展的热点方向；该比例越小，则表明该领域已经不再是近几年研究的焦点或已发展到饱和，也不应作为发展的重点。因此，需要选择合适的基准范围，以从中挑选可以发展的方向，聚焦热点。本报告选择置信区间作为选择的基准范围，将各技术分支申请量占比的平均值上下浮动标准差作为置信区间，以选择发展的方向。从图 9-1-8 中可以看出，从近五年和近十年的全球申请占比来看，心血管支架、心血管球囊扩张导管、外周血管支架、关节置换、非血管支架和起搏器处于该置信区间内。从近五年和近十年的中国申请占比来看，心血管支架、颈动脉及颅内支架、创伤修复、非血管支架和人工耳蜗处于该置信区间内。综合来看，全球各技术分支的发展比较均衡，中国各技术分支的发展可以借鉴全球的发展，除了现有的重点领域，还可发展心血管球囊扩张导管、外周血管支架、关节置换等热点领域。

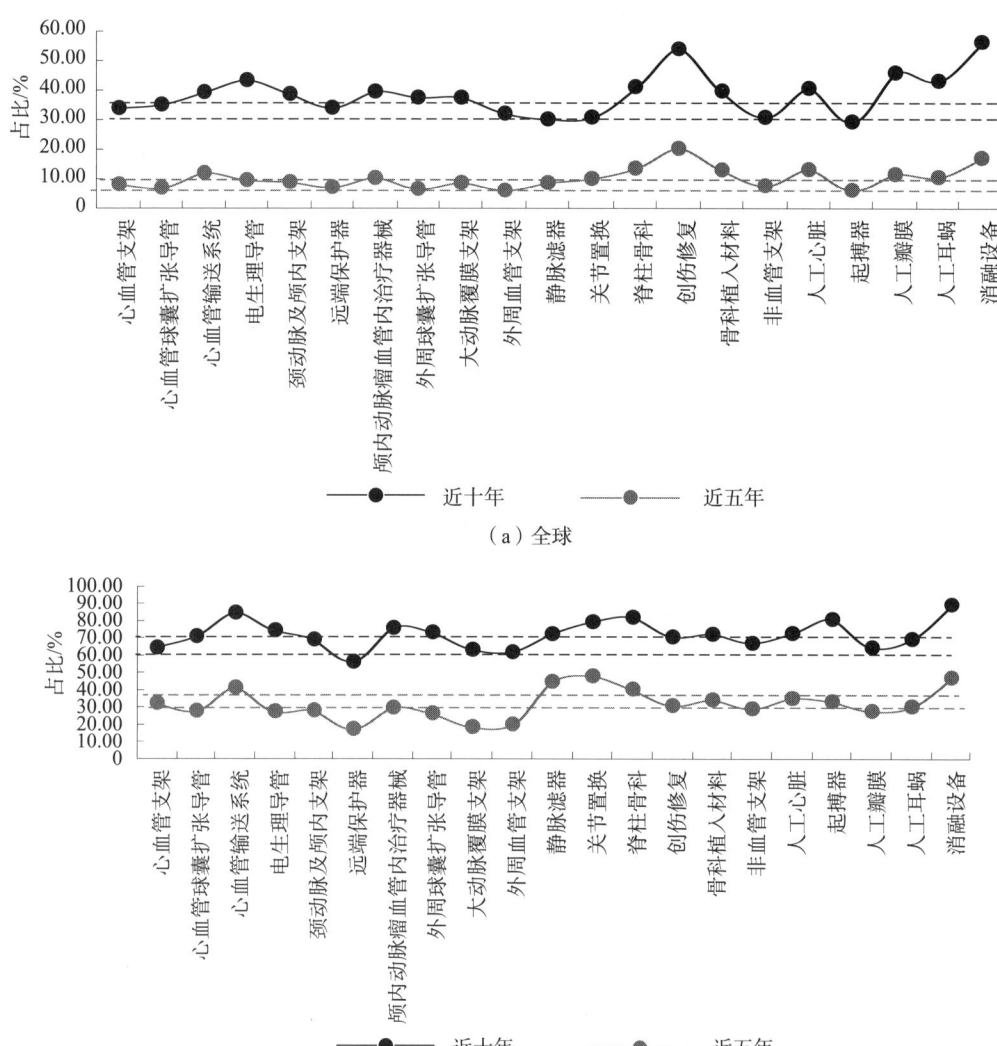

图9-1-8 植介入医疗器械二级技术分支近十年和近五年在全球和中国专利申请中占比分布

（四）申请人热点分析

前文提到，植介入医疗器械行业的主要市场份额仍被发达国家占据，如图9-1-9所示，从专利层面看，植介入医疗器械的主要技术输出国家/地区包括美国、日本、中国、欧洲、韩国等地。在心血管植入器械领域和其他植介入领域呈现明显由少数国家掌握大部分领域内专利的情况。其中，美国掌握了大部分的专利，其数量对其他国家/地区呈碾压之势。中国专利数量位于其后，其次分别为欧洲、日本、韩国，以及俄罗斯、巴西、印度、以色列等。具体到不同的技术分支中，美国在血管介入器械和其他植介入器械中的专利申请量具有垄断性的优势；而在骨科植入器械中，中国和欧洲与美国的专利数量差距较小，韩国、俄罗斯等也在骨科植入器械的申请量中占有一席之地。可以看出，美国植介入医疗器械的研究热点比较平均，所有一级分支发展比较均衡，而除美国之外的其他国家，主要的研究热点集中于骨科植入器械领域，这也是因为骨科植入器械具有较低的研发门槛。

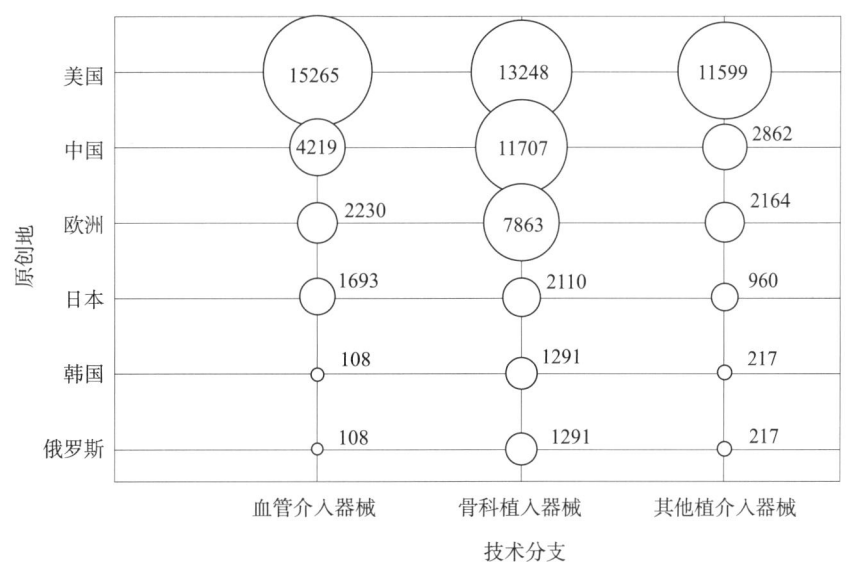

图 9-1-9　植介入医疗器械技术原创地专利申请分布

注：图中数字表示申请量，单位为件。

图 9-1-10 列出了植介入医疗器械各技术分支主要国家/地区申请量的分布情况，其中，美国在植介入医疗器械各技术分支的专利申请量均占据较大优势，掌握着除骨科植入器械以外各分支的大部分专利，主导产业竞争的格局。传统科技强国日本虽然专利申请总量不高，但可以看出其在植介入器械领域各技术分支均有专利布局，相较于其他国家/地区骨科植入器械的申请占比较高，日本在心血管介入领域也拥有相对较高的申请占比。

中国在专利申请总量上呈现异军突起的态势，在专利申请总量上仅次于美国，但从专利申请的分布上来看，中国申请的分布并不平均，在骨科植入器械领域中，中国的申请量已经能与美国比肩，但由于骨科植入器械领域的准入门槛较低，进入所需条件少，难度低，各国在该领域均布局大量专利，中国在该领域数量上的超越并不能说明中国在植介入器械领域专利技术上的优势，特别是在技术含量较高的血管介入器械领域，中国相比于美国，在专利申请量上还存在一定差距。

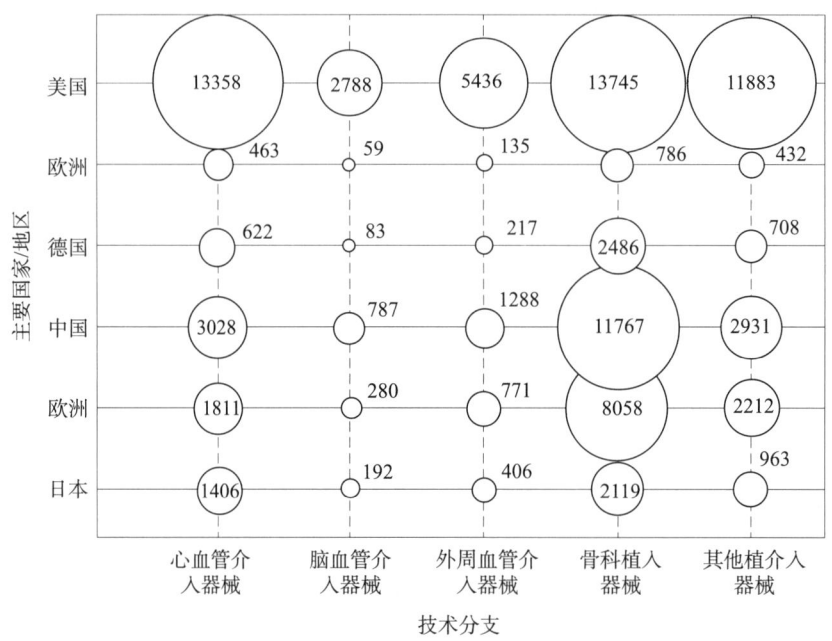

图 9-1-10 植介入医疗器械主要国家/地区专利布局态势

注：图中数字表示申请量，单位为件。

表 9-1-4 显示了植介入医疗器械五个细分领域全球和在华申请量占比以及主要申请人情况。在全球范围内，心血管介入器械、脑血管介入器械、外周血管介入器械、骨科植入器械以及其他植介入器械申请量分别占植介入医疗器械申请量的 20.5%、4.5%、9.3%、44.5%、21.2%，可见骨科植入器械是占绝对优势的细分领域，是全球的热点领域。脑血管介入器械、外周血管介入器械占比不高，属于市场空间较大的技术分支，随着技术的发展，这一赛道也会逐渐火热起来。在中国，心血管介入器械、脑血管介入器械、外周血管介入器械、骨科植入器械以及其他植介入器械申请量的占比情况与全球占比情况类似，说明我国植介入医疗器械产业结构相对比较稳定和成熟。从主要申请人情况来看，在全球和在华五个细分领域前十名申请人中，在全球范围内，波士顿科技和美敦力在心血管介入器械、脑血管介入器械、外周血管介入器械以及其他植介入器械四个技术分支上均占据优势地位，这两家公司在市场竞争和专利布局中都是竞争对手，而波士顿科技更是在上述前三个技术分支上均占据首位。对于骨科植入器械领域，德普伊、华沙整形、捷迈、巴奥米特（捷迈、巴奥米特已合并为一家公司）均进入前十。此外，中国企业申请人也进入了前十，上海微创作为国内血管介入领域的领头企业，在脑血管介入、外周血管介入领域分别排名第九和第七，这与上海微创自身重视研发、注重专利布局、企业内部不断整合、外部不断收并购等因素密切相关。

第九章 医学装备细分领域专利分析

表9-1-4 植介入医疗器械五个细分领域的全球和在华申请量对比

一级分支	全球		中国	
	申请量占比/%	重量申请人	申请量占比/%	重量申请人
心血管介入器械	20.5	波士顿科技、美敦力、雅培、圣犹达、泰尔茂、韦伯斯特、科学医学生命、爱德华兹、飞利浦	20.2	韦伯斯特、飞利浦、上海微创、美敦力、波士顿科技、爱德华兹、上海交通大学、第二军医大学、泰尔茂、乐普
脑血管介入器械	4.5	波士顿科技、科学医学生命、库克、柯迪斯、美敦力、雅培、先进心血管、上海微创、靶向治疗	5.0	微创、第二军医大学、柯惠、上海交通大学、飞利浦、微排放器公司、米卢克斯、微温森公司、美敦力、W.L.戈尔
外周血管介入器械	9.3	波士顿科技、库克、雅培、科学医学生命、先进心血管、上海微创、爱德华兹、柯惠	8.0	微创、上海交通大学、W.L.戈尔、第二军医大学、先健科技、爱德华兹、美敦力、柯惠、波士顿科技、科迪斯
骨科植入器械	44.5	德普伊、华沙整形、捷迈、巴奥米特、蛇牌、格洛伯斯、SDG、润泽、爱康宜诚、上海交通大学	47.7	德普伊、爱康宜诚、润泽、华沙整形、上海交通大学、斯恩蒂斯、史密斯和、四川大学、张英泽、凯利泰
其他植介入器械	21.2	美敦力、心脏起搏器、波士顿科技、彼赛特、柯惠、圣犹达、爱德华、科学、领先仿生	19.1	美敦力、飞利浦、上海交通大学、爱德华兹、心脏起搏器、MED-EL、韦伯斯特、波士顿科技、第二军医大学、上海微创

由图 9-1-11 可知，全球申请量排名前 30 位的申请人中超过半数为美国申请人，且全部为企业申请人；其中，美敦力、波士顿科学、德普伊 3 家美国公司具有绝对的专利申请量优势，上述 3 家公司在植介入医疗器械领域是中国申请人主要技术追踪、借鉴和学习的对象，同时也是最大的竞争对手。此外，排名前 30 位的申请人中，中国申请人的数量仅次于美国，其中包括 3 家公司和 2 所高校；其余 7 位申请人分别来自德国、荷兰、新加坡、瑞士、瑞典和澳大利亚；从排名前 30 位的申请人所涉及的主要领域来看，其中一半申请人主要涉及血管介入器械领域，其次为骨科植入器械领域，最后是其他植介入器械领域，这与目前全球医疗器械市场结构组成中上述三个医疗器械细分领域的市场份额占比情况相符。

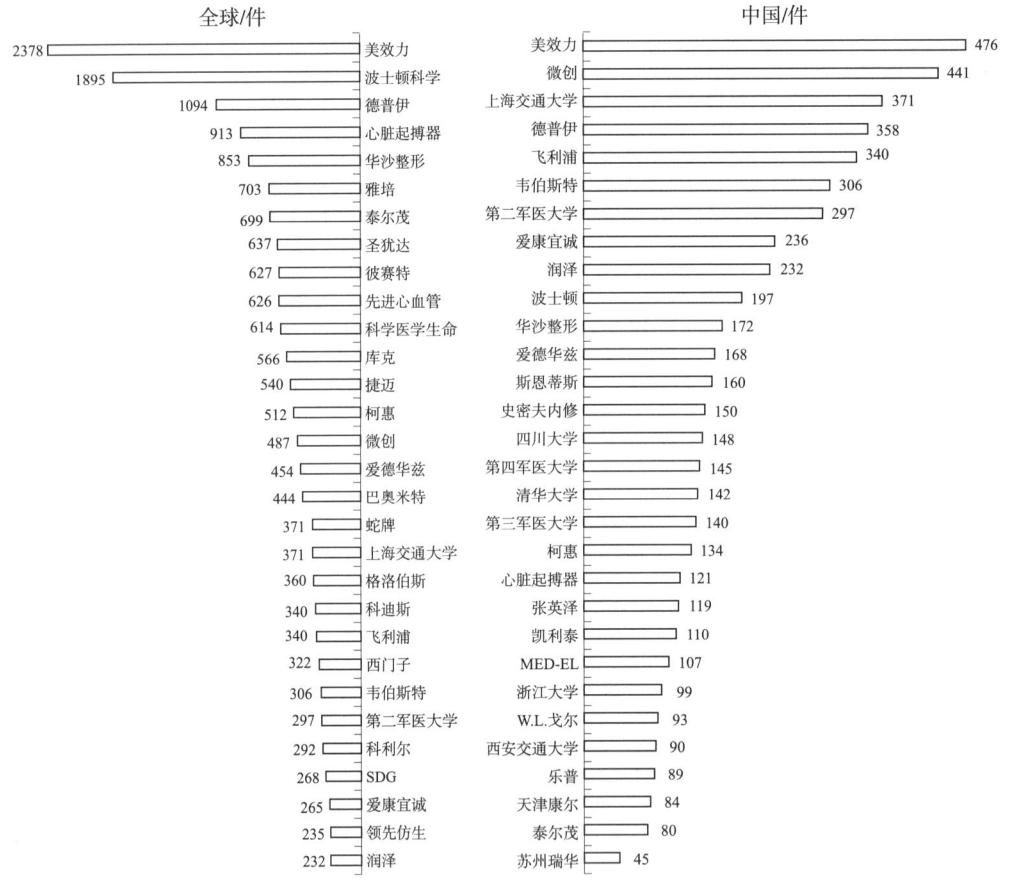

图 9-1-11　植介入医疗器械全球和中国重点申请人专利申请分布

而中国植介入医疗器械申请量排名前 30 位的申请人中，国内申请人与来华申请人在申请数量上各占一半，平分秋色；其中，全球申请量排名第一的美敦力在中国申请量同样排名第一，上海微创和上海交通大学紧随其后，来华申请人中德普伊申请量超过了 370 项，与微创的申请量相差不大，飞利浦、韦伯斯特紧随德普伊其后，且申请量也均超过了 300 项，美敦力和德普伊这两位全球重要申请人对中国植介入器械市场的重视程度由此可见一斑，而在全球排名并不占优势的飞利浦、韦伯斯特这两位申请人格外重视中国市场。此外，从申请人类型上来看，15位来华申请人均为公司，而15位国内申请人中公司和高校数量同为6位，个人申请人为1位，可见国外相关企业主要以专利作为其在中国植介入器械市场的竞争手段，并通过技术和产品在很大程度上成为国内植介入器械企业的最大竞争对手和发展障碍，而上海微创无可争议地成为我国植介入医疗器械领域的领头羊，其在申请量上的领先地位与其在市场上的竞争力是相匹配的，而从我国申请人类型比例来看，我国在植介入器械产业化程度较落后，产业化进程有待继续推进，龙头企业的领头作用有待加强。

（五）小　结

通过对植介入医疗器械的产业发展情况、专利发展趋势和主要申请人进行统计分析，并进一步从二级分支入手进行细化分析后可以看到，植介入医疗器械的热点发展方向，即骨科植入器械的申请占比最大，为全球植介入医疗器械均关注的热点领域，而心血管介入器械、脑血管介入器械、外周血管介入器械的布局意愿最强，随着技术的进步，这三个技术分支将成为后期国内外的研究热点。而通过分析各二级技术分支专利布局，全球和中国的发展热点略有不同，全球和中国在血管介入器械领域的研究热点比较接近，都集中在心血管支架、颈动脉及颅内支架、外周血管支架上，但是在骨科植入器械和其他植介入器械方向，则差别较大。全球骨科植入器械方向的研究热点集中在关节置换和脊柱骨科这两个方向，而中国的研究重点集中在创伤修复方向。对于其他植介入器械领域，起搏器、人工瓣膜和非血管支架这三个领域代表了行业研究的热点方向，而中国的热点则多集中在消融设备和非血管支架上。在考虑中国各技术分支的发展现状的基础上，可以进一步关注全球的发展热点方向，以适当调整中国的产业发展方向。

通过对全球主要申请人的热点研发方向进行分析，可以看出行业未来的研究热点和产业发展趋势。全球排名前十申请人中除了心脏起搏器和比赛特2家公司以外，其余申请人在各个技术分支上均有申请，说明重要申请人的技术广度均比较高，特别是在心血管介入器械、外周血管介入器械以及其他植介入器械三个技术分支上，全部重要申请人均有申请，说明上述三个技术分支是目前较为活跃的技术领域。我国申请人也可以此为参考，提前布局，抢占市场。

基于上述分析，我国企业应当明确市场热点分布，注重选择产品的开发重点和技术创新方向，围绕这些关键热点，依托龙头企业，高校/科研机构的技术力量，巩固优势领域，积极研发高附加值的产品。只有不断创新，紧跟时代发展的步伐，从患者需要出发进行产品研发和改进，才能淘汰重复产能，真正实现科技兴邦。

二、内镜手术机器人专利技术分析

据联合国经济和社会事务部人口司发布的统计数据显示,预估到 2050 年全球人口数量将达到 98 亿,其中 60 岁及以上老年人数量约为 31 亿❶;据世界卫生组织预测,到 2050 年,我国将有 35% 的人口超过 60 岁,成为世界上老龄化最严重的国家之一❷。与快速增长的人口(特别是老龄化人口)相对的,则是数量相对不足的外科医务人员,能够辅助或替代医生工作的医疗机器人具有巨大的发展潜力,或将成为未来市场的引擎。

全球手术机器人占全球医疗机器人市场份额 60% 以上,占比最高,是医疗机器人中体量最大、技术壁垒最高、最具投资价值的领域之一。然而,在我国医疗机器人市场中,手术机器人占比仅为 16%❸,可见,手术机器人在我国具有较大的市场发展前景。

全球手术机器人曾一度被美国直观外科生产的达芬奇手术机器人所垄断,达芬奇机器人在中国售价高达 2000 万元,高昂的售价导致手术机器人难以满足市场需求,我国手术机器人国产替代需求迫切。

为助力我国医疗机器人的发展,支持手术机器人国产化,国家持续出台了多项扶持政策(见表 9-2-1)。特别是"十四五"规划在"专栏 4 制造业核心竞争力提升"中明确提到要突破腔镜手术机器人核心技术。

表 9-2-1 我国手术机器人领域主要政策

时间	政策	相关内容
2015 年 5 月	国务院发布《中国制造2025》	重点发展医用机器人等高性能诊疗设备,积极鼓励国内医疗器械创新
2017 年 7 月	国务院《新一代人工智能发展规划》	智能医疗,开发人机协同的手术机器人、智能诊疗助手,研发柔性可穿戴、生物兼容的生理监测系统

---

❶ 全球总人口超 75 亿,老年人 9.62 亿,中国老年人 2.4 亿,全球占比 25% [EB/OL]. (2018-07-13)[2022-10-20]. https://www.sohu.com/a/240959291_100110525.

❷ 2019 年我国人口老龄化现状及养老体系分析,居家养老仍是养老行业主流 [EB/OL]. (2019-03-22)[2022-10-20]. http://www.huaon.com/story/412752.

❸ 全球 200 亿市场,中国医疗机器人占比不足 5% [EB/OL]. (2019-08-30)[2022-10-20]. https://www.xianjichina.com/special/detail_416727.html.

续表

时间	政策	相关内容
2019年11月	国家发改委等15部门正式发布《关于推动先进制造业和现代服务业深度融合发展的实施意见》	推进消费服务重点领域和制造业创新融合,满足重点领域消费升级需求,推动智能设备产业创新发展,重点发展手术机器人、医学影像、远程诊疗等高端医疗设备
2021年3月	国家"十四五"规划	"专栏4 制造业核心竞争力提升"中提到要突破腔镜手术机器人、体外膜肺氧合机等核心技术

目前,手术机器人主要分为内镜手术机器人、骨科手术机器人、血管介入手术机器人等,其中,内镜手术机器人的市场活跃度最高、市场规模最大、临床应用范围广,专利申请量占到总量的一半,因此,本节以内镜手术机器人作为主要研究对象,对该领域的专利技术发展及布局状况、竞争格局进行重点分析,以期为该领域的专利布局及技术发展方向提供参考。

(一) 内镜手术机器人概况

心血管、神经血管、肿瘤等疾病的发病率逐年上升,给手术机器人带来更大的市场。近年来,全球范围内生产、研发微创手术机器人的企业如雨后春笋般涌现,其中又以直观外科、强生、美敦力、奥林巴斯、史赛克规模最大。

直观外科是手术机器人市场的开拓者。1999年,直观外科研发的达芬奇机器人系统获得欧洲CE认证,2000年通过美国食品和药品监督管理局(FDA)认证,成为世界上首套可以正式在手术室中使用的机器人手术系统。目前达芬奇手术系统的第四代平台已被商业化。与直观外科专注研究达芬奇机器人不同,强生通过并购的方式实现对手术机器人的全面布局。2010年以前,在骨科领域,强生与史赛克的市场占有率不相上下,2012年,强生收购辛迪斯(Synthes)后,一举占据了全球骨科市场的首位。2019年,强生收购手术机器人公司Auris,在直观外科尚未涉猎的多个垂直治疗领域完成布局。史赛克凭借其骨科优势,2013年收购研发交互式骨科手术机器人的马科外科公司,完善在骨科手术机器人领域的布局。

由于我国手术机器人研究起步晚,目前中国手术机器人市场规模开发相对不足,许多产品仍处于研发、临床试验阶段。国内的重要公司包括博恩思、深圳精锋医疗、北京术锐、哈尔滨思哲睿、北京天智航和山东威高等。其中,北京天智航主要开发骨科手术机器人,其开发的天玑骨科手术机器人系统获得了我国第一个医疗机器人产品注册许可证;其他公司主要研发内镜手术机器人,这些公司大多与高校团队合作研发,陆续推出自主研发的手术机器人产品,如博恩思的多孔腹腔微创"先进"机器人、北京术锐的模块化多孔腹腔镜手术机器人系统Ⅱ型、山东威高的"妙手S"

腔镜手术机器人等。

内镜手术机器人以腔镜手术机器人为代表，主要是在重构三维（3D）影像的导引下，医生通过控制平台控制机械臂将手术工具及腔镜通过微创切口或者天然身体腔口（例如口、鼻孔、耳道、肛门、阴道、尿道等）进入患者体内，在腔镜的实时图像传输下执行医疗手术。

内镜手术机器人主要涉及患者平台、图像系统和医生平台三大系统。其中，患者平台的研发热点包括机械臂结构设计、适配器接口设置、无菌安全性设计、手术器械及其末端执行器改良、单臂患者平台开发等。图像系统的研发热点包括成像建模、手术规划及导航、图像手段改良、图像融合处理、用户界面开发等。医生平台的研发热点包括输入装置设计、提升触觉反馈、控制改进、多用户平台开发、远程化及自动化改良等。

（二）专利技术分析

1. 检索策略及检索结果

检索技术主题限定为内镜手术机器人相关的专利申请，以天启黑马信息科技有限公司的 HimmPat 智能语义检索系统为数据源，通过关键词和分类号组合检索，检索时间截至 2022 年 10 月 8 日。构建检索式的一般原则为："分类号专有位置 or（分类号相关位置 and 关键词）"，分类号的检索字段采用 IPC，关键词的检索字段采用联合索引（标题/摘要/权利要求/说明书/著录项目）。在确定分类号时注意各版本的区别和上下位点组含义，在确定关键词时注意拼写形式和意义扩展。

人工去噪去重后得到涉及内镜手术机器人的专利申请共 8160 件（同族申请计为一件进行统计）。经统计，直观外科在内镜手术机器人领域的专利申请量共 1407 件，居全球申请的首位，强生在该领域的专利申请量为 1090 件，以数量级的优势远超其他申请人。

构建的主要检索式如下。

1　　　　　　　　　　　　　全球数据（ALL）16983
A61B34/30/low/IC AND（腔镜 OR 内镜 OR 内窥镜）
2　　　　　　　　　　　　　全球数据（ALL）8059
A61B19/00/IC AND 机器人 AND（腔镜 OR 内镜 OR 内窥镜）
3　　　　　　　　　　　　　全球数据（ALL）24794 1 OR 2

2. 专利申请分析

（1）专利申请趋势分析

为了研究内镜手术机器人的专利技术发展状况，通过对检索到的 8160 件全球专利申请和向中国国家知识产权局提出的 3274 件专利申请按时间序列进行统计，可以得出其申请量随时间变化趋势（见图9-2-1）。

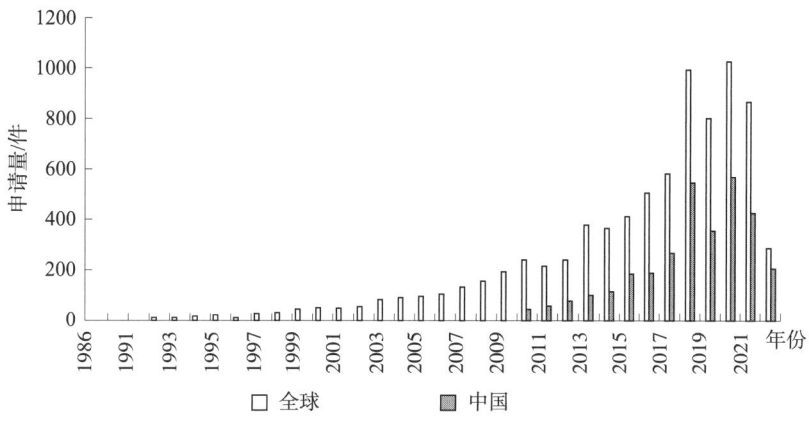

图9-2-1 内镜手术机器人全球和中国专利申请趋势

由图9-2-1可以看出，内镜手术机器人的全球专利申请趋势经历了技术萌芽阶段、稳步发展阶段和快速发展阶段，整体呈现出稳步上升的发展趋势。其中，中国内镜手术机器人专利布局相对较晚，2010年开始才有相关专利申请。但在此后短短的十余年内，中国的专利申请量飞速增长，2015年后，中国专利申请量已接近整体专利量的一半。一方面是国外企业意识到中国市场的重要性，开始布局中国市场，另一方面是国产替代需求日益增加，政府对于高端医疗设备研发的大力支持，国内许多机构开始着手内镜手术机器人的自主研发及相关专利布局。

（2）专利申请地域分析

对8160件全球专利申请以申请人地址进行标引，可以获得图9-2-2所示的技术来源地分布情况。美国以申请占比32%位居第一，中国以27%紧随其后，表明美国一家独大的局面正在逐渐打破。无法否认，美国拥有该领域最多的巨头公司，包括直观外科、强生、美敦力等公司，尤其是直观外科掌握的基础专利，基本形成垄断地位，强生、美敦力等公司通过大肆收购手术机器人相关科创公司逐渐扩大行业影响力，但是，近两年中国申请人内镜手术机器人技术快速发展的势头也不容小觑。

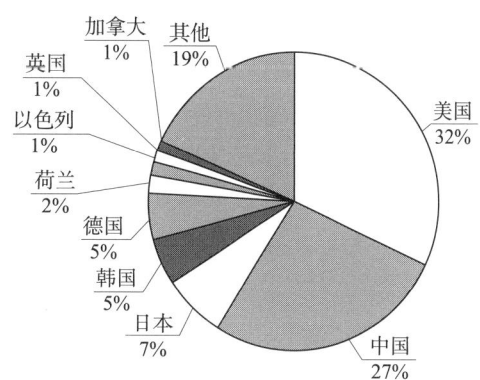

图9-2-2 内镜手术机器人技术来源地分布情况

前面提到2015年后在内镜手术机器人领域，中国专利申请量已接近整体专利量的一半，对中国3274件专利申请同样以申请人地址进行标引，可以得到技术来源来华和国内省市分布情况,如图 9-2-3 所示。

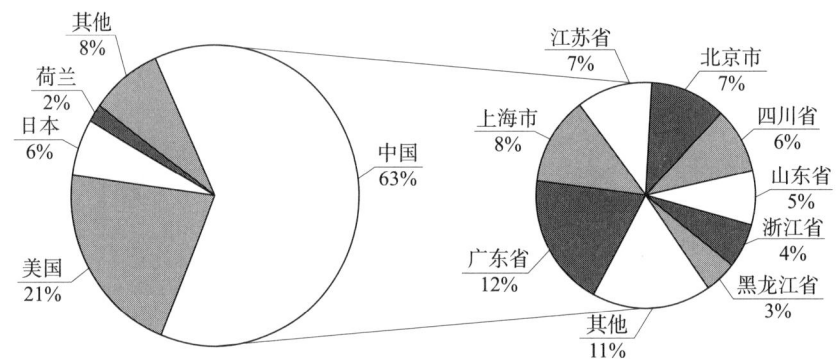

图 9-2-3 内镜手术机器人中国专利申请来华和本土技术来源分布情况

由图 9-2-3 可知,在中国专利申请中,虽然国外申请人有一定布局,但大部分仍属于我国申请人专利布局。对中国本土专利申请进一步标引省市分布,可以看出,在内镜手术机器人领域,我国本土专利申请人主要分布在广东、上海、江苏、北京、四川等地,与国内重点发明人团队分布相对应,后文将进一步介绍。

(3) 专利申请人分析

对 8160 件全球专利申请进行申请人标引分析,可以得到内镜手术机器人领域重点申请人排名,如图 9-2-4 所示。直观外科以压倒性的优势位居第一,抢先进入赛道的优势有目共睹。强生位居第二,其凭借子公司伊西康的技术积淀,以及强势收购相关科创公司的战略方式,促使市场份额的提升卓有成效。

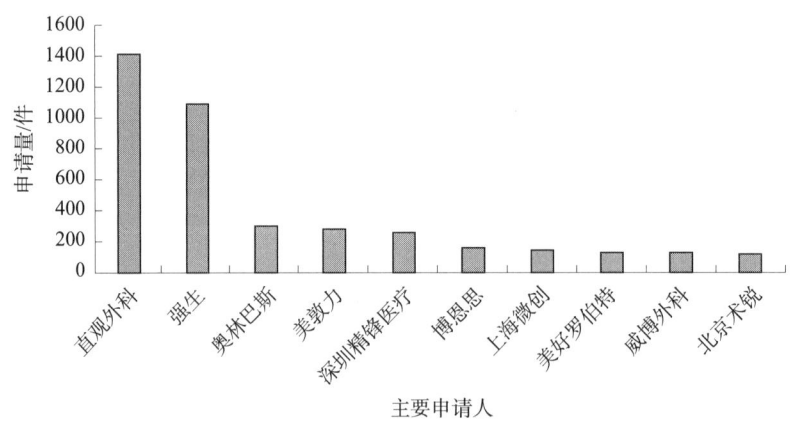

图 9-2-4 内镜手术机器人领域全球前十专利申请人申请量排名

虽然近几年我国在内镜手术机器人领域的专利申请量呈现突飞猛进的发展态势,但从该领域国内申请人申请量来看,我国在该领域的创新主体尚未形成明显优势,与国外的龙头企业存在较为显著的差距。但值得欣慰的是,专利申请量排名前十的专利申请人中,中国企业占据了四个席位,后起之秀,未来可期。下文将重点阐述国外两大巨头公司的专利布局以及国内重点发明团队的发展概况。

(三) 专利竞争态势分析

本部分将以内镜手术机器人领域的国内外重点申请人、发明人团队为分析对象，对该领域的专利竞争态势进行分析。

1. 直观外科

直观外科在微创外科手术机器人领域的专利布局主要集中在内镜手术机器人领域，在患者平台系统、医生平台系统、图像系统及控制系统四个分支均进行了全面的布局。患者平台系统主要分为机械臂和手术器械（即末端执行器）两个分支，直观外科在手术器械与机械臂这两个分支的专利布局较为均衡，其中专利布局更多的手术器械分支主要涉及手术器械设计、手术器械识别和接合以及手术器械关节自由度等。控制系统方面的专利布局主要涉及手术器械的跟踪、定位、力传感、反馈等。

图9-2-5示出直观外科内镜手术机器人专利布局概况。1993年，直观外科在专利WO9313916A1中首次提出包括工作现场操纵器装置（患者平台）、控制器装置（医生平台）及摄像机（图像系统）三大部件的远程操作系统，搭建了内镜手术机器人的框架，其中工作现场操纵器装置用于操纵手术工作区患者部位的手术器械，摄像机查看手术工作区，医生通过与操纵器装置相连的手动装置来遥控操纵器装置执行手术操作。1997年，Computer Motion公司（后与直观外科合并）在专利CN1216454A中构建了用于心脏手术缝合的微创外科手术机器人系统，该专利也成为直观外科在中国布局的第一件专利。随后直观外观围绕各技术分支分别进行了改进与专利布局。

直观外科在患者平台的专利技术发展主要涉及手术器械和机械臂两个方面，最初的专利集中在对多孔微创手术的多孔患者平台的改进（WO0007503A1、US8641700B2、US20190282253A1等），从2007年开始出现单孔患者平台的设计（CN101500470A、US9096033B2、US9844411B2等）。在手术器械方面，其专利主要涉及各种末端手术工具设计（US6312435B1、US6840938B1、US9393017B2等），改进关节自由度以改善末端执行器的灵巧性（US6685698B2、US20190282253A1、US9962066B2、CN106901837A等），设置与机械臂的适配和识别特征以提高手术操作的安全性（WO2000033755A1、CN101426412A等）。

医生平台是医生的操作端，医生通过医生平台的输入设备实现对患者平台手术器械的遥控，直观外科在医生平台分支的专利布局主要涉及输入装置（如手柄、踏板）的设计改进以提高操控的灵活性、舒适性及安全性（US6714839B2、US8120301B2、CN102647955B等），通过提供触觉反馈来增强医生操作的手感以实现操控的精确性（US6594552B1、CN108463183A等），以及实现对患者平台反馈控制的控制系统，主要涉及通过传感或图像等手段实现对手术工具位置的传感、跟踪、反馈，实现手术器械尖端的定向、对准等（CN109077699A、US8108072B2、CN106901837A等）。

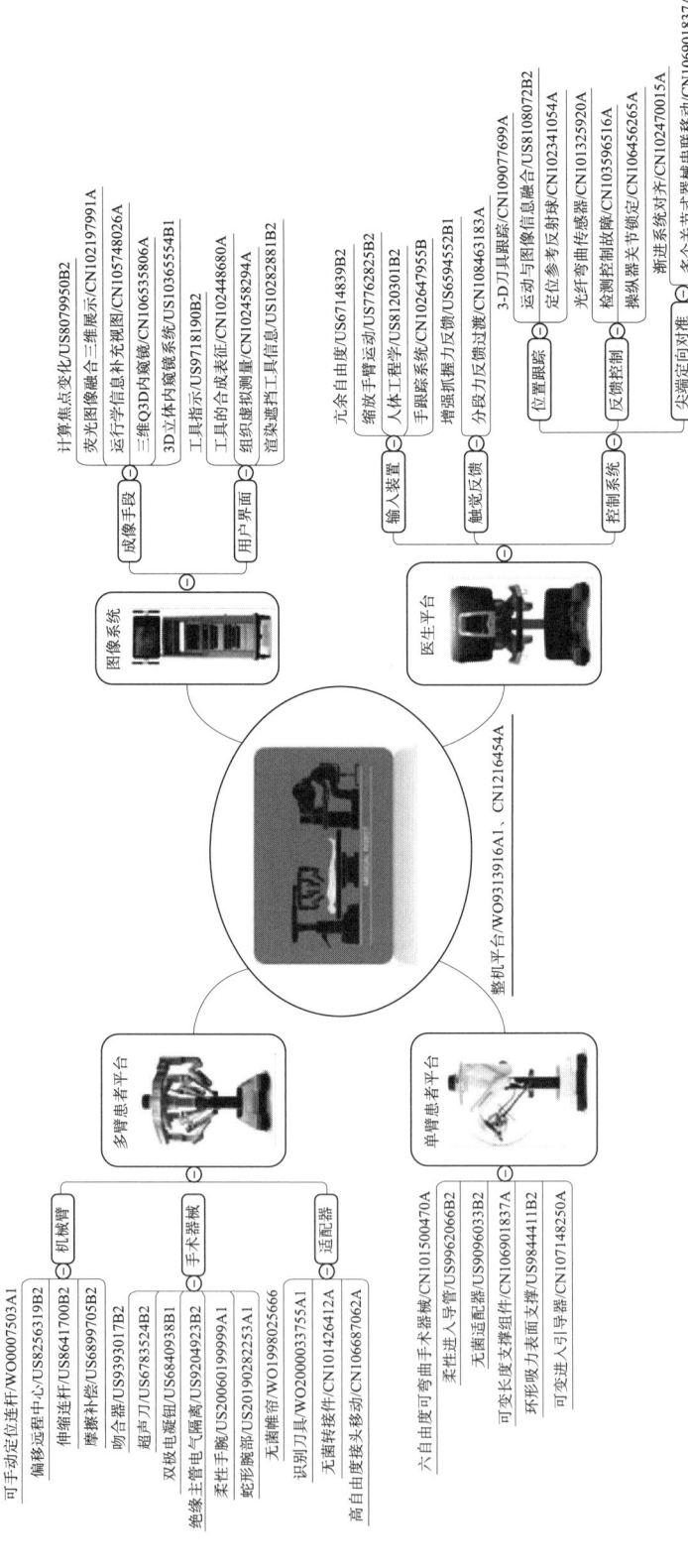

图 9-2-5 直观外科内镜手术机器人专利技术布局

手术系统一个关键的构成要素是提供 3D 可见光图像的双通道（即左和右）视频捕获和显示能力，为外科医生提供立体视图，直观外科在图像系统方面的专利布局主要涉及成像手段（US8079950B2、CN105748026A、US10365554B1 等）和用户界面的设计，以便于医生对信息的获取及交互处理（US9718190B2、US10282881B2 等）。

可见，直观外科作为手术机器人产业的先行者及开拓者，以其独到的战略眼光及领先的精锐技术使其率先在该领域占得一席之地，充分利用其原研优势，围绕自身技术、产品对相关专利进行全面布局，通过全方位保护的专利布局，构建了强大的自我专利保护网，在其他公司尚未萌芽甚至尚未觉察这一朝阳产业的时候，其已经初步完成了战略布局。以原创性的技术高筑专利壁垒，占得先机的基础专利。

2. 强生

强生凭借子公司伊西康的缝合业务，顺利进入了微创手术领域，也为其布局微创外科手术机器人奠定了基础。强生在微创手术机器人领域的专利主要集中在伊西康名下。2008 年，伊西康第一次在权利要求中请求保护由机器人系统控制的外科缝合装置（US20080277957A1），标志着强生在手术机器人领域正式开始布局。与直观外科严密部署内镜手术机器人专利堡垒不同的是，强生的相关布局依旧是以伊西康主营业务（缝合相关的外科器械）为主，即其布局依旧以手术机器人的手术器械及能量设备为主，从其专利申请情况来看，强生仍然没有跳出直观外科的专利壁垒，主要是在患者平台、医生平台、图像系统及控制平台四个方面展开布局。

强生虽然有子公司伊西康在微创外科领域的技术积淀，但是与直观外科成熟的技术及完备的基础专利布局相比，尤显不足。于是，强生另辟蹊径，通过收购寻找突破口，走上了与直观外科截然不同的手术机器人布局之路。强生通过收购直观外科在内镜手术机器人领域的竞争对手 Auris 公司，不仅使强生完善了在微创手术机器人领域的能力，还使强生获得了 Auris 公司名下的 266 件专利。与直观外科不同，Auris 公司的专利布局呈现专科化特点，涉及呼吸科、眼科、泌尿科等多种专科手术机器人，试图以"专精"对抗"兼善"。此外，由于 Auris 公司收购了汉森医疗，而汉森医疗也有其成熟的机器人产品及相应的专利，如 Sensei 电生理导管机器人已经在 2007 年 5 月获得美国 FDA 批准上市，以及用于外周血管介入的 Magellen 系统。可见，强生通过对 Auris 等公司的收购完成了其在直观外科尚未涉猎的呼吸科、眼科、心脏电生理、外周血管等多个专科手术机器人的布局，通过突围式的布局策略，实现弯道超车。❶

获得更多的原始创新，并通过全方位专利布局建立强大的专利保护网固然是

---

❶ 孙茜，李晶晶. 内镜手术机器人两大巨头公司的专利布局竞争态势分析［J］. 中国发明与专利，2021（4）：48-54.

每家企业所追求的,但现实情况中,一方面,由于企业自身的技术实力有限或在进入该领域的时机稍晚,大部分基础专利已经被竞争对手抢先布局;另一方面,由于产品的技术复杂度和集成性越来越高,企业不可能遍及同一产品中的所有原始创新。

医疗器械巨头强生作为手术机器人行业的后进生,虽然拥有子公司伊西康在微创外科领域尤其是缝合技术方面得天独厚的优势,但想在手术机器人领域突破直观外科的专利布局,依旧缺乏突破口。面对这种情形,强生采取了对抗式专利布局。相对于保护式专利布局而言,对抗式专利布局的着眼点是竞争对手的原始创新,围绕竞争对手在某些关键技术上的专利布局实施封堵式或突围式的专利布局,为企业赢取足够的市场自由或技术追赶时间❶。

3. 国内重点发明人团队

本部分将以国内发明人为入口,研究主要发明人及其团队在内镜手术机器人领域的专利数量、质量以及专利合作关系等信息,进而综合评价发明人团队在该技术领域的地位和价值,从而挖掘人才团队的引进、促进企业间的合作和交流以及发现竞争或潜在竞争对手等信息。

前文提到了在内镜手术机器人领域,中国本土专利申请人主要分布在广东、上海、江苏、北京、四川等地,这与国内重点发明人团队分布相对应。排名内镜手术机器人领域专利申请量前五的深圳精锋医疗位于广东,发明人团队由王建辰主导。该发明人团队起步时间较晚,首件专利申请于2018年提出,短短5年,其内镜手术机器人专利申请量已经达到260件,其研发能力和专利布局意识可见一斑。

上海的重点专利申请人为上海微创机器人和上海交通大学,分别由何超团队和徐凯团队主导。上海微创机器人于2015年成立,其自主研发的图迈™腔镜手术机器人已于2022年1月完成了全部的注册临床试验入组工作,图迈™腔镜手术机器人也成为首个在泌尿外科领域完成多中心注册临床试验病例入组的国产腔镜手术机器人,这标志着我国自主研发的国产腔镜手术机器人已具有在狭窄解剖空间内辅助医生完成复杂手术的能力,填补了该领域国产智造的空白。上海微创机器人的内镜手术机器人相关专利申请量排名全球第七。上海交通大学徐凯教授在2014年完成了一款SURS单孔腔镜手术机器人,承担科学技术部国家重点研发计划"数字诊疗装备研发"专项。同年,徐凯创立了北京术锐,并将其科研成果产业化,北京术锐也成为北京地区的重点专利申请人,专利申请量排名全球第十。

江苏的专利申请人则呈现多点发散、齐头并进的态势,涌现了如苏州康多机器人、泗洪县正心医疗、常州唯精医疗、苏州点合医疗等企业,但目前尚未达到其他重点申请人的专利申请规模。

---

❶ 马天旗. 专利布局[M]. 北京:知识产权出版社,2016.

第九章 医学装备细分领域专利分析

四川的重点专利申请人为博恩思，博恩思包括成都博恩思、重庆博恩思，总部位于成都，同时也在美国硅谷设立了研发机构，其专利申请量排名全球第六。博恩思的手术机器人产品已于2021年6月通过国家药品监督管理局创新医疗器械特别审查程序。

除此之外，国内的重点发明人团队还包括天津大学的王树新团队，其与山东威高合作开发了妙手系列手术机器人；哈尔滨工业大学机器人研究所的杜志江团队，其创立了哈尔滨思哲睿及其全资子公司苏州康多机器人等。

专利申请总量是衡量发明人团队研发实力的常用指标，授权专利比例在一定程度上能体现专利申请的含金量。而专利申请通常包括发明专利申请、实用新型专利申请，其中实用新型专利大多未经实质审查，其授予的专利权可能不如经过实质审查的发明专利的专利权稳定。因此，发明专利申请占比在一定程度上也能够体现发明人团队的技术水平。对上述国内重点申请人的发明专利比例及授权专利比例进行统计分析，可以得到图9-2-6。

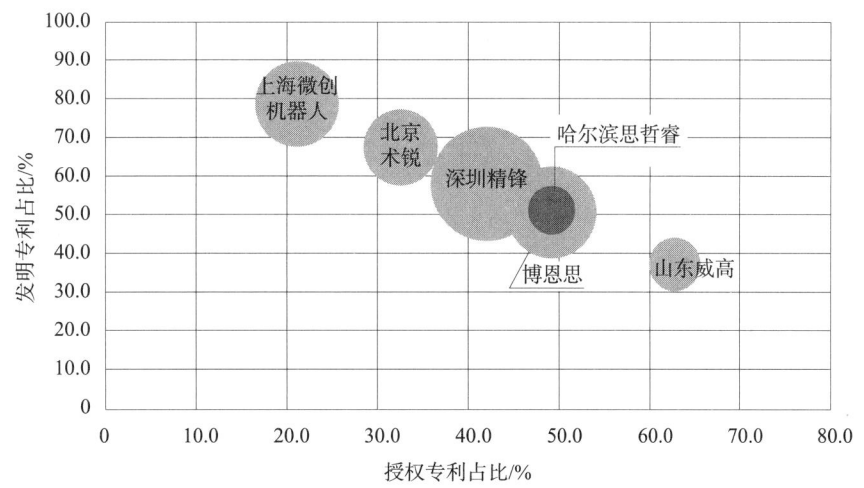

图9-2-6 内镜手术机器人领域中国国内重点申请人专利情况对比

注：图中圆圈大小表示专利数量占比多少。

其中，上海微创机器人的发明专利申请占比最高，授权比例相对较低，但这并不意味着其技术含量较低，导致授权比例较低的客观因素可能是由于发明专利申请需要经过实质审查，审查周期更长，部分专利仍处于审查阶段。专利申请量居国内首位的深圳精锋医疗，其发明专利占比和授权比例均较高，发明专利占比近60%，授权专利比例大于40%，一定程度反映其专利质量相对较高。

此外，发明人和申请人（专利权人）是专利中的关键主体，发明人与发明人之间的合作、发明人与申请人（专利权人）之间的合作以及申请人（专利权人）与申请人（专利权人）之间的合作分析是专利合作中的重要内容，专利合作关系的分析能够反映该领域的技术合作/竞争关系以及发明人在技术领域内的重要程度，可以作为未来联合研发寻找有潜力的、有价值的合作对象提供参考。

如图9-2-7所示，通过分析上述发明团队的合作关系可见，各发明人团队之间几乎没有交集，合作较少。目前市场占有率较高的公司多源自高校研发，研发者成立创业公司，技术完善时引入资本，解决产业化难题后推向市场，例如上海交通大学的徐凯教授，2004年开始手术机器人研究，而后成立北京术锐，将其科研成果产业化，可为其他发明人团队提供参考。

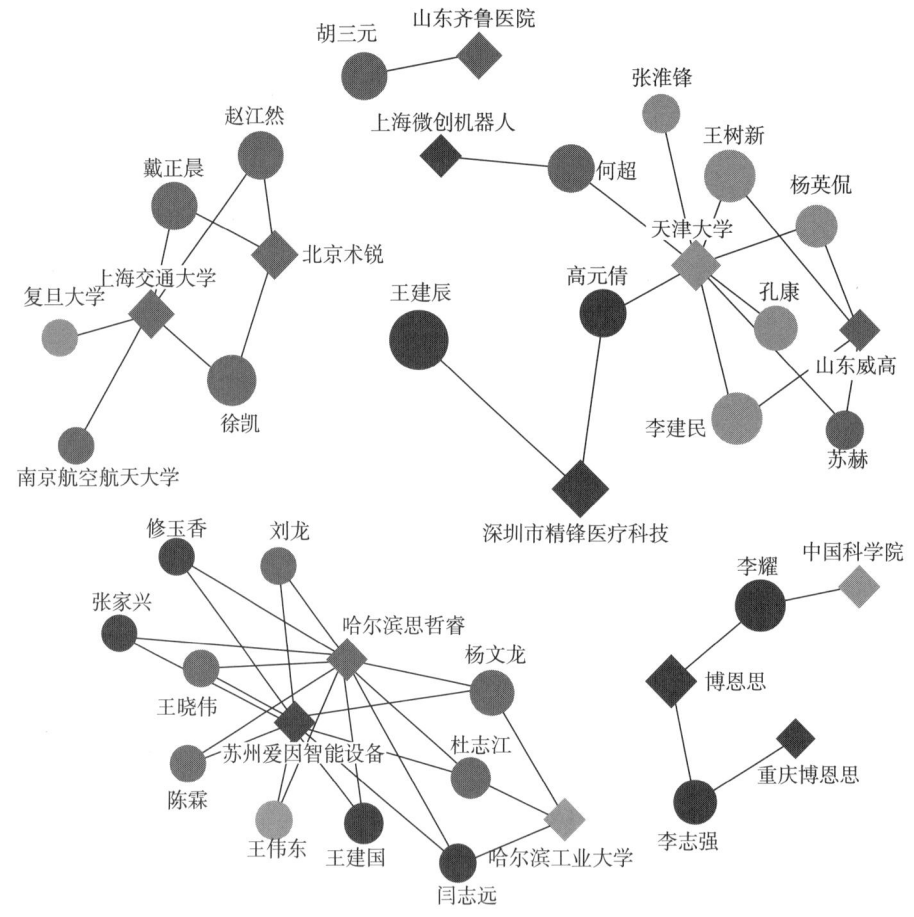

图9-2-7 内镜手术机器人领域国内重点发明人团队的合作关系

（四）小 结

通过对内镜手术机器人领域的专利技术进行分析可以发现，该领域全球正处于快速发展期，中国虽起步晚但发展迅速。美国凭借直观外科和强生两大巨头公司，在内镜手术机器人领域占据绝对优势，其产品领先国内，国产替代需求迫切。在国家政策大力支持手术机器人的核心技术研发的背景下，国内申请人研发活跃，呈现一种自主研发、百花齐放的竞争态势。

对于国内的内镜手术机器人领域的发展建议，笔者认为，在专利布局方面，借鉴两大巨头公司的专利布局策略，一方面，可以寻找并针对技术空白领域开辟路径，走自主创新研发路线，同时，需要对国内外重点企业相关专利进行充分的分析，规避侵权风险；另一方面，可以通过并购、合作等方式开拓局面，进行对抗式专利布局，实现弯道超车，创新主体可根据自身情况作出适合的选择。

在技术研发方向方面，内镜手术机器人技术总体发展趋势为智能化、自动化、远程化和专科化。在发展路径方面，由于手术机器人技术壁垒较高，医疗器械认证周期长，进入门槛高，相关地区或创新主体可根据自身优势，一方面可考虑人才引进，通过与已经积淀了相关技术的国内研发团队洽谈合作，实现共同发展；另一方面，通过"产、学、研、医、用"多方融合，强化企业创新主体地位，集成高校、科研院所等创新优势，集聚创新资源，助力产、学、研转化。

三、乳腺癌人工智能诊断技术专利分析

乳腺癌已经成为世界范围内女性常见的恶性肿瘤之一，2020年的全球肿瘤流行病（GLOBOCAN）统计数据显示，全球新发乳腺癌估计约230万人，占女性所有恶性肿瘤的24.5%。在中国女性的恶性肿瘤中，乳腺癌发病率居首位，是肿瘤导致女性死亡的主要原因之一。乳腺癌的确切发病机制尚不明确，相关高危因素难以控制，一级病因预防较难实现，故乳腺癌的防控以"早发现、早诊断、早治疗"的二级预防为主。虽然目前没有预防乳腺癌的手段，但是疾病的早期检测延长了预期的寿命，并且降低了需要全乳腺切除的可能性。[1][2][3]

近年来，随着计算机技术的快速发展和医疗技术的进步，人工智能技术已经在乳腺癌的辅助诊断方面有了实质性的进展。人工智能辅助诊断与医师诊断相比，具有不受医师主观性、经验差异及疲劳等人为因素影响的自身优越性。[4][5][6][7][8]

---

[1] 陈茂山，吕青.《基于人口登记数据2000—2020年全球乳腺癌发病和死亡率分析》要点解读[J]. 中国胸心血管外科临床杂志，2022, 29 (4): 401~406.

[2] CHEN W, ZHENG R, BAADE P D, et al. Cancer statistics in China, 2015 [J]. CA: A Cancer Journal for Clinicians, 2016, 66 (2): 115-132.

[3] 商亮，郭宇峰，叶伟，等. 人工智能在乳腺癌诊断中应用的研究进展[J]. 现代肿瘤医学，2021, 29 (1): 155-158.

[4] 瞿丽曼，杨薇炯，肖沪卫. 专利情报在竞争力分析中的应用研究[J]. 情报杂志 2004 (9): 95-97.

[5] FERRONI P, ZANZOTTO F M, RIONDINO S, et al. Breast cancer prognosis using a machine learning approach [J]. Cancers, 2019, 11 (3): 328.

[6] 孙瑶，王祥，萧毅. 深度学习技术在肺癌影像学诊断中的应用进展[J]. 肿瘤影像学，2021, 30 (6): 525-531.

[7] 辛玉晶，周详. 人工智能在乳腺癌图像分析中的研究进展[J]. 癌症进展，2020, 18 (5): 433-447.

[8] 胡建平. 医疗健康人工智能发展框架与趋势分析[J]. 中国卫生信息管理杂志，2018, 15 (5): 485-491.

随着乳腺癌人工智能诊断技术的日益发展和成熟,国内外多家大型传统医疗企业和互联网公司先后涉足该领域,新兴医疗企业也如雨后春笋般涌现,纷纷在该领域进行国际市场开发和技术出口的专利布局。在我国,随着《"十三五"国家战略性新兴产业发展规划》《国务院关于印发新一代人工智能发展规划的通知》《国务院办公厅关于促进"互联网+医疗健康"发展的意见》等一系列政策的出台,国内多家互联网企业和医疗器械企业开始进入乳腺癌人工智能诊断技术领域。

本节通过运用专利检索分析方法,研究乳腺癌人工智能诊断技术主要国家全球专利申请趋势、技术分布和专利竞争态势,并在全球主要市场对国内外主要创新主体的专利布局策略进行对比分析,从而了解中国创新主体在该领域的发展现状,为国内创新主体的技术发展和专利布局提供参考依据和建议。

(一) 数据来源与分析方法

本节以 IncoPat 全球专利数据库为数据来源,检索人工智能在乳腺癌辅助诊断领域相关的专利申请,检索截止日期为 2022 年 2 月 15 日。由于乳腺癌人工智能诊断技术在 2000 年后才起步,后续分析时选取的分析数据从 2000 年开始。检索式概要为:(复合文本 =(乳腺癌诊断相关关键词 or 分类号))AND(复合文本 =(人工智能相关算法关键词 or 分类号));通过高级检索途径在 IncoPat 全球专利数据库中进行检索,然后对检索结果进行简单同族合并,最终确定全球乳腺癌人工智能诊断技术领域专利申请 1132 件。

笔者根据研究需求将检索到的专利申请相关信息以 Excel 表格导出,导出的专利申请相关信息包括专利申请号、专利公开号、专利申请日、专利公开日、申请人、申请国别、公开国别、发明名称、专利类型等。笔者综合运用比较分析、系统分析、实证分析以及图表表述等研究方法,对专利文献中国家信息、申请人信息、技术信息等进行统计分析。

(二) 乳腺癌人工智能诊断技术专利申请态势分析

1. 主要来源国/地区申请趋势分析

到检索截止日,乳腺癌人工智能诊断技术相关专利申请共 1132 件,从图 9-3-1 可以看出,美国和日本相对于其他国家起步较早,特别是美国,一直处于该领域的领先地位。荷兰虽然起步略晚于日本,但在中间一段时间一直领先于日本,2019 年后被日本超越。中国 2016 年开始在该领域崭露头角,2017 年申请量剧增,超越除美国外的其他国家,并逐渐与美国的申请量接近。

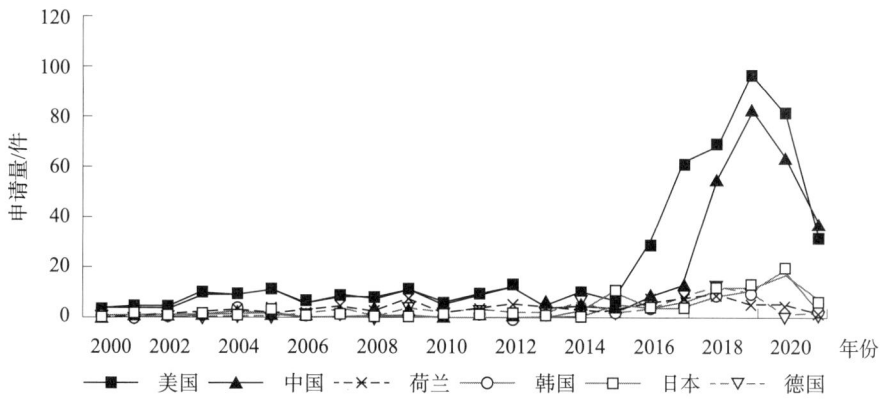

图 9-3-1 乳腺癌人工智能诊断技术来源国/地区申请趋势

2. 申请人分布

对乳腺癌智能诊断技术相关专利的全球申请人进行排名,从图 9-3-2 可以看出,老牌医疗企业飞利浦和西门子凭借在医疗行业内多年的经验积累,排名分别居申请人第一和第二位。ENLITIC 公司排名第三,其是一家专注于医疗领域人工智能技术的公司。腾讯以 51 件专利申请数量位列第四,计算机技术企业 IBM 排名第五,

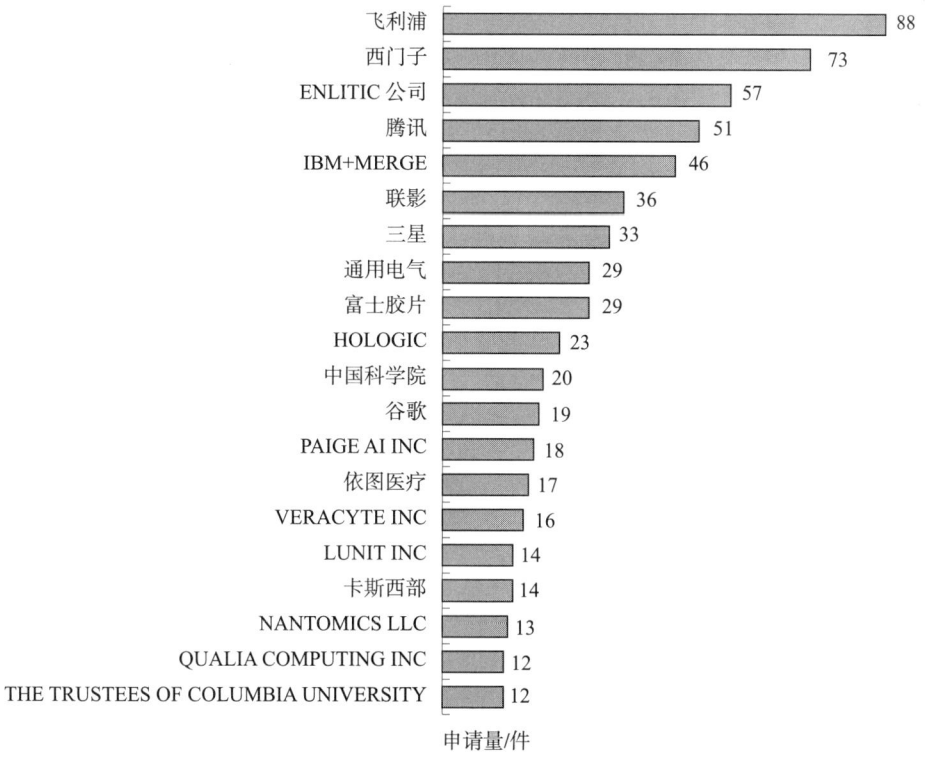

图 9-3-2 乳腺癌智能诊断技术领域全球主要申请人专利申请量排名

其通过收购人工智能医疗企业 MERGE 增强了在该领域的竞争力，申请量为 46 件。中国本土医疗企业上海联影排名第六，中国科学院作为中国科研院所的代表排名第 11 位，依图医疗作为一家专注于智能医疗技术的公司，也进入了全球排名前 20 位的行列。从专利申请数量的对比可见，中国申请人与国外申请人在该领域还存在一定的差距。但是，全球前 20 位申请人中的 4 位中国申请人作为人工智能医疗领域起步较晚的国内申请人代表，它们涵盖了互联网、医疗、科研院校多种类型的创新主体，例如腾讯依托于自身在互联网行业的雄厚实力，上海联影作为国内顶尖的医疗器械领域高新技术企业，中国科学院凭借自身过硬的科研能力，其发展势头都是不容小觑的。

（三）乳腺癌人工智能诊断技术专利分布及技术路线分析

1. 专利分布

按照乳腺癌人工智能诊断技术的发展进程将该技术分解，为数据源选择、图像预处理、特征提取、模型建立以及诊断分级五个技术分支，通过对五个技术分支进行专利和非专利分析，进而了解乳腺癌人工智能诊断技术的整体技术路线和专利分布。从图 9-3-3 可以看出，五个技术分支的占比分别为 7%、15%、10%、16% 和 52%，其中诊断分级涉及乳腺癌人工智能诊断技术的核心技术，是实现乳腺癌人工智能诊断技术的关键，其占比为 52%，占据了乳腺癌人工智能诊断技术的一半多。乳腺癌人工智能诊断技术主要通过人工智能算法实现，而人工智能诊断的关键在于人工智能算法，因此，和人工智能算法相关的特征提取和模型建立相关技术总占比为 26%，占据了乳腺癌人工智能诊断技术的约 1/3。乳腺癌人工智能诊断大部分运用的是医学影像数据，而图像预处理技术是医学影像的关键技术，其处理能力的好坏直接关系乳腺癌人工智能诊断的结果优劣，因此，图像预处理技术占比也相对较高。此外，近年来，随着数据处理能力的提升和人工智能算法的突破，乳腺癌人工智能诊断技术的数据源逐渐由单一的医学影像向结合大数据和生化数据等的综合数据源过渡，因此，数据源选择相关的技术也占据了一定的比例。

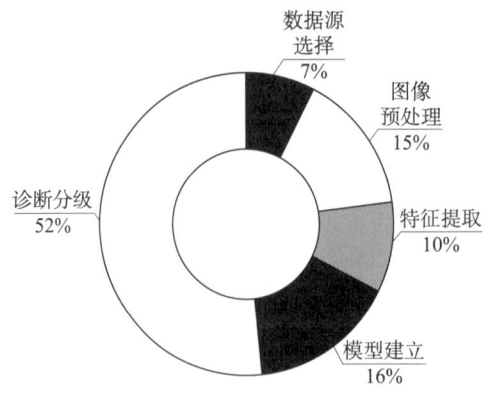

图 9-3-3 乳腺癌人工智能诊断各技术分支专利分布

对乳腺癌人工智能诊断技术的各技术分支分布进行技术功效分析，如图9-3-4所示，诊断分级申请量所占份额最大，与之相对应的提高准确性也是申请人布局的重点领域。模型建立的申请量排名第二，其也与提高准确性相关。此外，图像预处理、特征提取也对诊断的准确性有着直接的影响，这两个技术分支的专利申请量也较多。因此，综合来看，乳腺癌人工智能诊断技术的技术布局重点为如何提高诊断分级的准确性。技术布局的重点也是技术发展的热点，因此如何提高诊断分级的准确性和精度也是该领域的技术发展热点。此外，提高诊断分级的效率也是该领域一直关注的技术重点，贯穿乳腺癌人工智能诊断技术的整个发展过程。此外，提高准确性为创新主体最关注的技术效果。

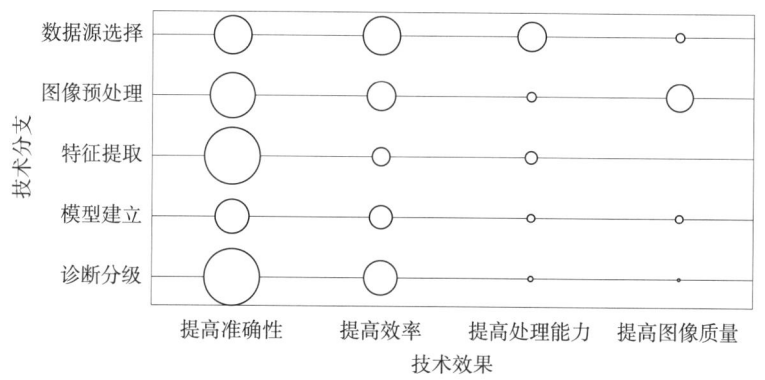

图9-3-4 乳腺癌人工智能诊断技术专利技术功效分布

注：图中圆圈大小表示申请量多少。

2. 技术路线分析

图9-3-5列出了五个技术分支的专利技术路线。在数据源选择的技术分支中，数据源选择从一开始的图像到后来的病理数据再到基因数据，并且从单数源到多数据源。在图像预处理的技术分支中，主要的技术路线是改进图像质量以提高检测精度，改进图像的显示以提高图像清晰度。在特征提取的技术分支中，由于特征提取是将数据中感兴趣的点提取出来以供后续机器模型识别，其与图像处理与模型建立技术分支深度融合，因此单纯改进特征提取的专利较少。在模型建立技术分支中，深度学习神经网络已经成为该领域中的首选模型。在诊断分级技术分支中，其以提高诊断精度、速度、自动化等方面的效果作为技术追求，进行不断的技术改进。此外，对五个技术分支中关键专利的国别进行标引，可以看到在各个技术分支中美国均具有较大的优势。

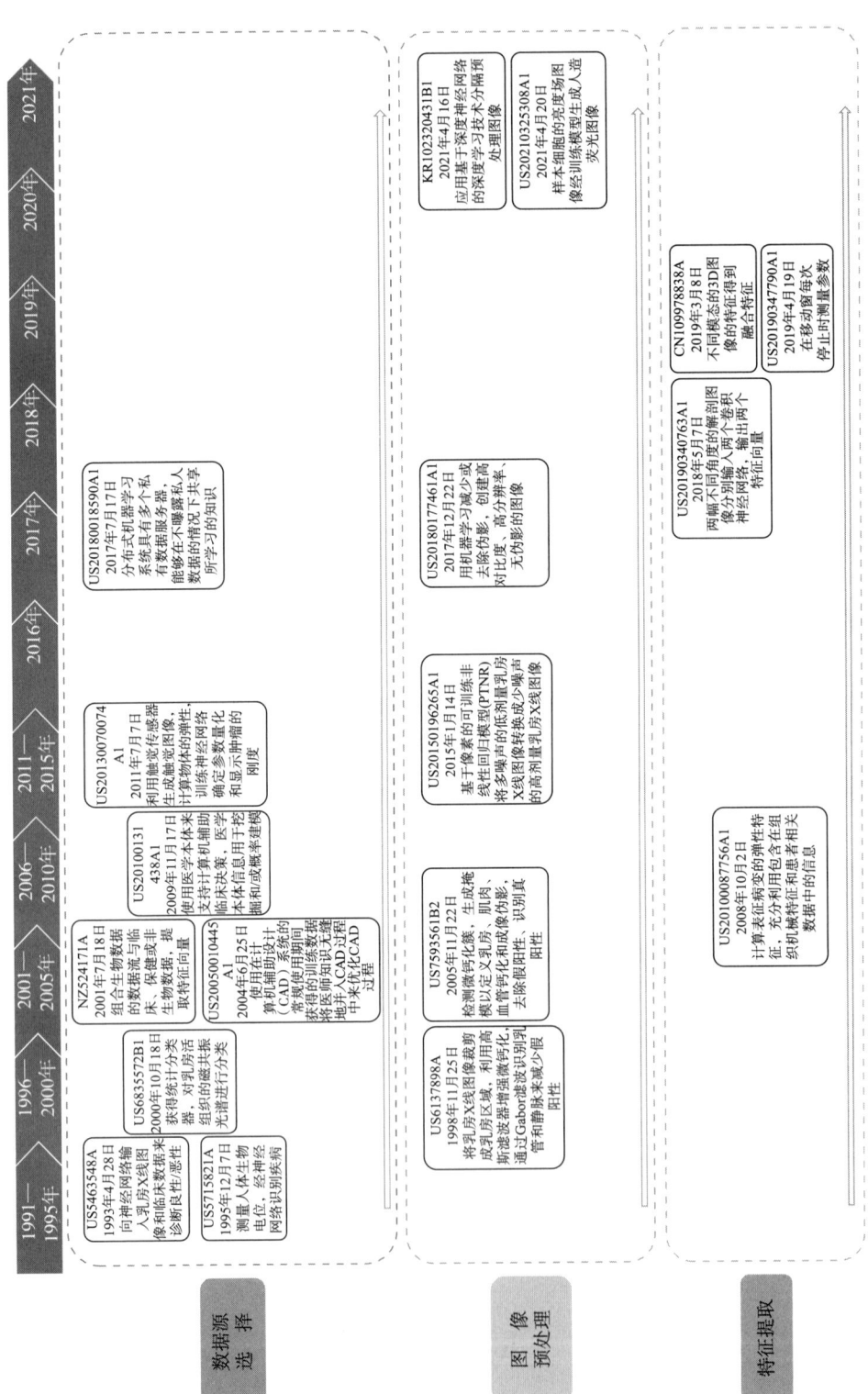

图 9-3-5 乳腺癌人工智能诊断技术专利技术路线

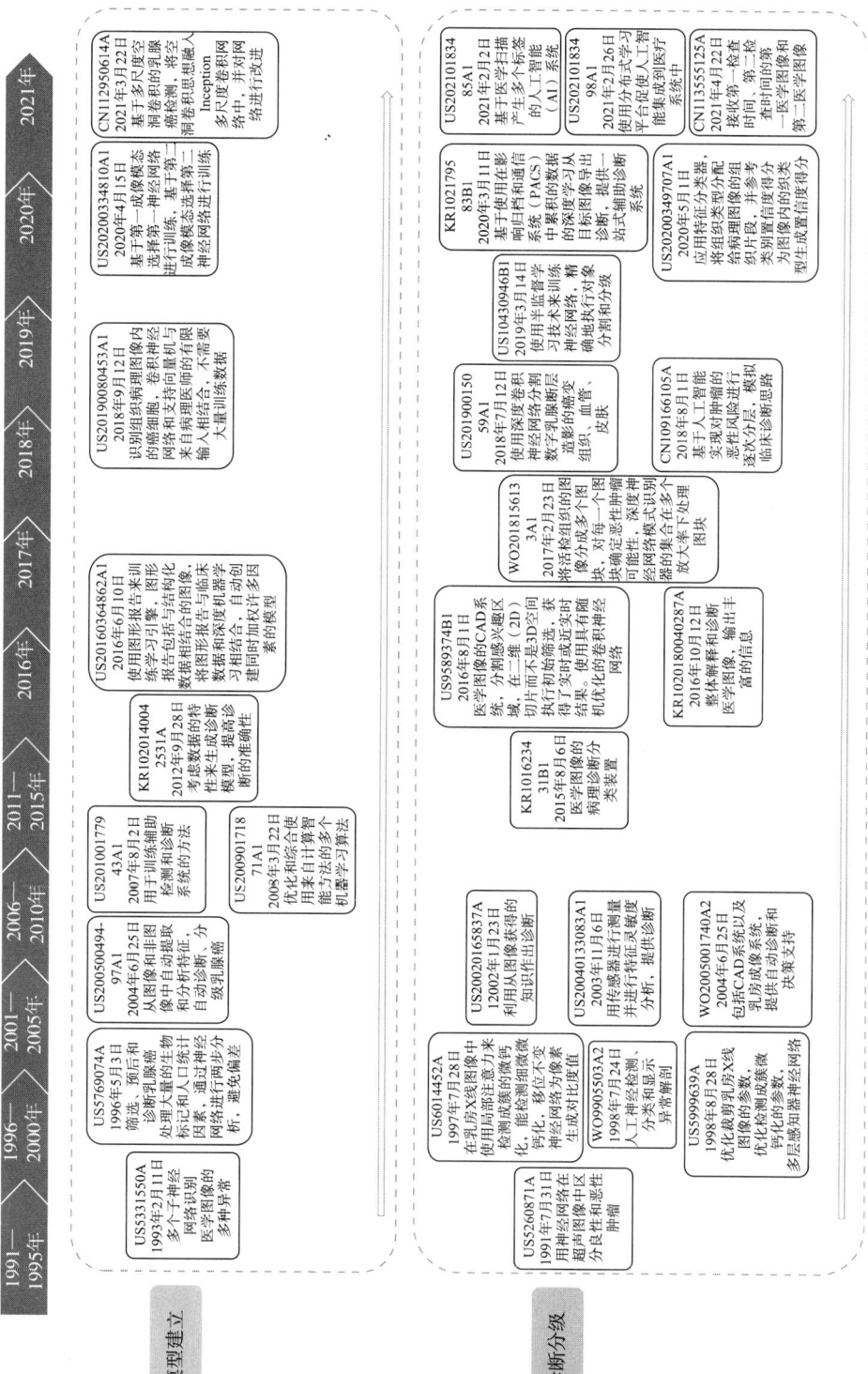

图 9-3-5 乳腺癌人工智能诊断技术专利技术路线（续）

(四) 主要创新主体专利保护策略

1. 西门子和上海联影

西门子和上海联影均是传统医疗企业。西门子是传统医疗器械巨头之一，早在 1990 年已经将人工智能应用在设备成像中，目前内嵌人工智能算法的智慧影像链已经获得了广泛的应用，其可以提供一个规范化的扫描过程，从而实现影像高质量重建。而上海联影则是我国一家新兴的医疗设备和医疗信息化解决方案提供商，其是国内唯一一家产品线覆盖全线高端医疗影像设备的企业。在乳腺癌人工智能诊断领域中，两者的专利申请均依托于推出的硬件产品，西门子有乳房 X 射线系统 MAMMOMAT Revelation，而上海联影则推出型号为 uMammo 890i 的乳腺数字化 X 射线（DR）机。根据图 9-3-6 和图 9-3-7 的专利申请趋势可以看到，西门子在该领域的布局时间远早于上海联影，并且整体专利数据量较大；但是近年来，两者的申请量开始持平。

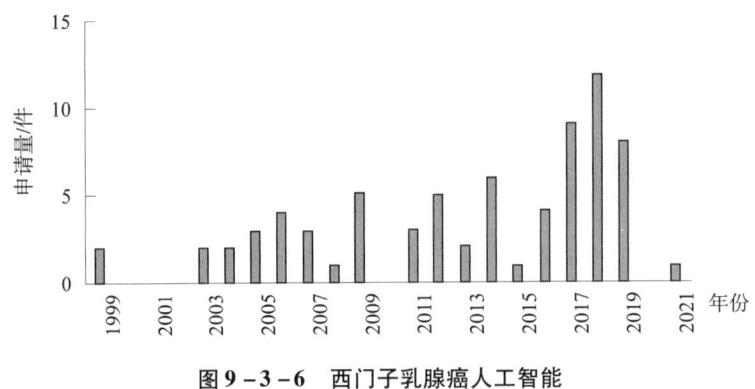

图 9-3-6　西门子乳腺癌人工智能
诊断技术专利申请趋势

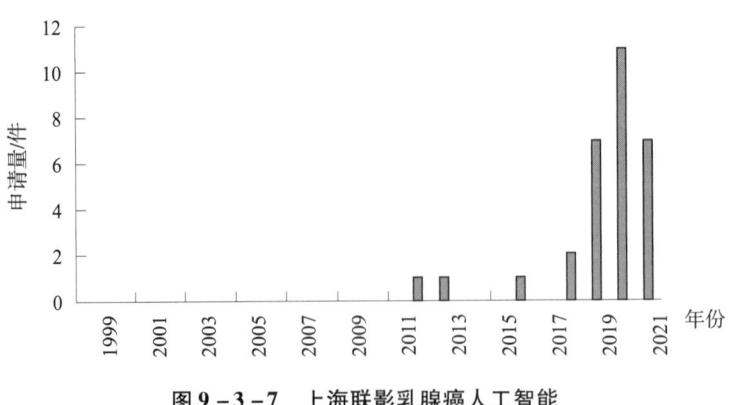

图 9-3-7　上海联影乳腺癌人工智能
诊断技术专利申请趋势

通过两家公司在各国家/地区/组织的专利布局和独立权利要求技术特征数可以看到（见图9-3-8和图9-3-9），西门子重视全球布局，其保护范围相对较大。而上海联影的布局主要集中在中国，并且由于其独立权利要求字数相对较多，保护范围相对较小。

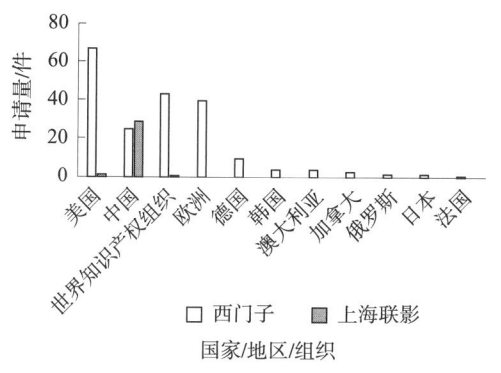

图9-3-8 西门子和上海联影乳腺癌人工智能诊断技术专利布局国家/地区/组织

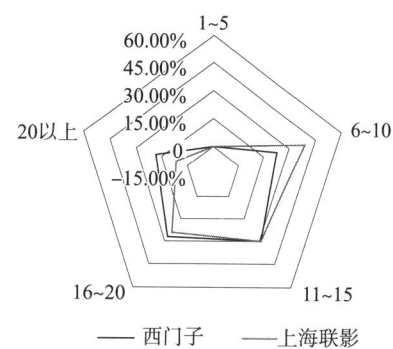

图9-3-9 西门子和上海联影乳腺癌人工智能诊断技术独立权利要求技术特征数对比

从图9-3-10的技术分布可以看到，作为传统医疗企业，两者的技术分布类似，对图像预处理、模型训练和确诊分级二级分支均较为重视。其中，西门子偏重于能够应用于影像设备的图像预处理、确诊分级，而上海联影则更侧重于与乳腺癌病灶图像的预处理。

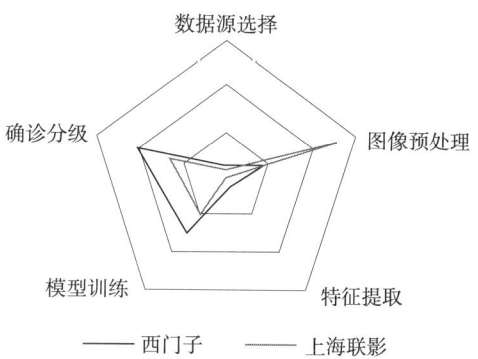

图9-3-10 西门子和上海联影乳腺癌人工智能诊断技术专利技术分布

2. IBM和腾讯

IBM和腾讯均是新兴的互联网企业，两者依托于自身强大的算法研发能力，在乳腺癌人工智能诊断技术领域中异军突起，以求在该领域中分一杯羹。IBM自2010年伊始，组建"沃森健康"，寄望于投入重注，抢占未来的医疗人工智能市场。而腾讯近年来成立腾讯医疗，其整个公司内部及生态各方的数字化能力，以助力政府、医院、行业践行"健康中国"战略实施，探索普惠医疗、精准医疗等产业融合新模式，助力医疗健康资源平衡发展。不同于传统医疗企业，IBM 和腾讯自身并没有研发大型诊断设备的能力，因此分别推出沃森医生（Doctor Wason）和腾讯觅影这两个软件产品，泛化硬件产品本身，以求更大力度地保护自身的知识产权。根据图 9-3-11 和图 9-3-12 的专利申请趋势可以看到，IBM 在该领域的布局时间早于腾讯，但是近年来，腾讯的专利申请量开始反超 IBM。

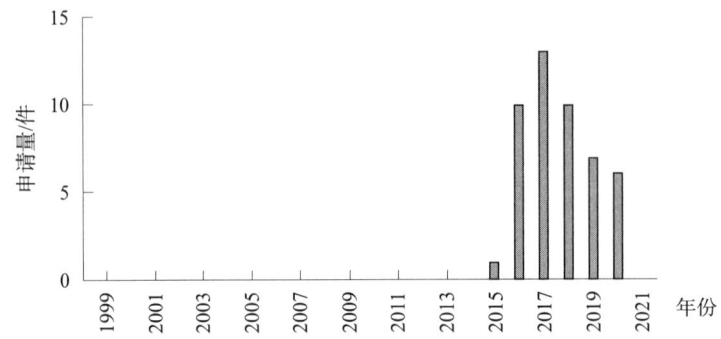

图 9-3-11　IBM 乳腺癌人工智能诊断技术领域专利申请趋势

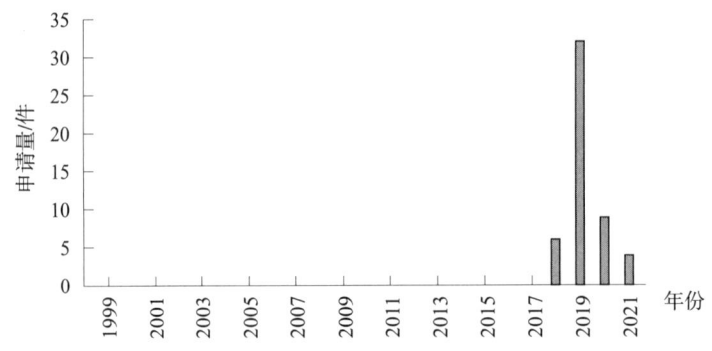

图 9-3-12　腾讯乳腺癌人工智能诊断技术领域专利申请趋势

同时结合图 9-3-6 和图 9-3-7 中西门子和上海联影的专利申请趋势可知，传统医疗企业相较于互联网企业，其布局时间相对较早，与其深耕于该领域存在一定关系；而互联网企业近年来申请量增长迅猛，这说明在人工智能领域中，互联网企业存在一定的技术优势。

图 9-3-13 展示了两家公司该领域专利的布局国家/地区/组织。可以看到 IBM 在其他国家/地区/组织的布局较少，其主要在美国进行布局，腾讯则着重于中国和美国的专利布局。而根据图 9-3-14 展示的两家公司的独立权利要求技术特征数可以看到，IBM 的保护范围相对较大，其具有更强的专利壁垒。

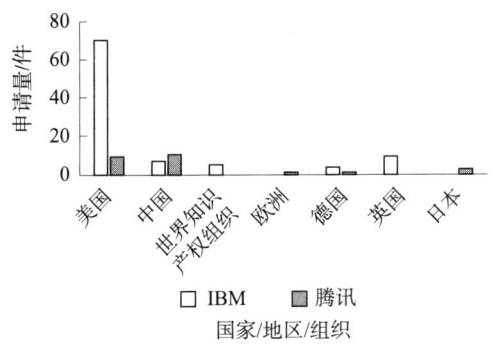

图 9-3-13 IBM 和腾讯乳腺癌
人工智能诊断技术领域
专利布局国家/地区/组织

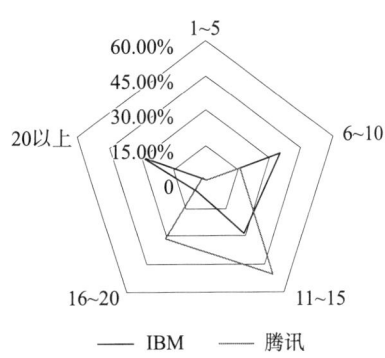

图 9-3-14 IBM 和腾讯乳腺癌
人工智能诊断技术领域
独立权利要求技术特征数对比

从图 9-3-15 给出的 IBM 和腾讯技术分布可以看到，不同于传统的医疗企业，两者在图像预处理部分的专利布局相对较少，主要集中在数据源选择、模型训练和确诊分级这三个方面。其中，IBM 偏重于多数据融合处理和算法的特征提取；而腾讯则偏重于检测过程中目标对象的检测。

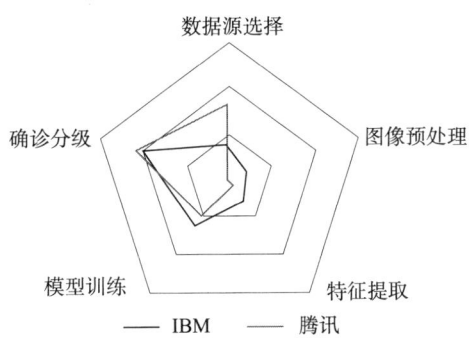

图 9-3-15 IBM 和腾讯乳腺癌人工智能
诊断技术五个技术分支专利分布

（五）小结和建议

1. 小结

首先，从乳腺癌人工智能诊断技术的专利申请态势来看，乳腺癌人工智能诊断技术伴随着人工智能技术的快速发展及全球各国政策的支持获得了快速的发展。美国和日本起步较早，而中国在 2016 年以后专利申请数量开始快速增长，超越除美国之外的其他国家。在专利申请总量上，中国与排名第一的美国还存在一定差距，这与我国起步较晚，技术积累不足有关。但同时可以看到，中国部分申请人的排名已经跻身全球主要申请人前列，其中包括互联网公司腾讯、医疗领域的企业上海联影、依图医疗以及中国科学院这样的科研院所，可见，中国创新主体通过努力在该领域已经占有一席之地。

其次，从乳腺癌人工智能诊断技术各技术分支专利分布及技术路线来看，诊断分级是乳腺癌人工智能诊断技术的核心技术，而提高准确性是该领域最受创新主体关注的技术效果，深度学习是该领域的热点技术。

最后，在国内外创新主体的布局策略方面，从企业维度来看，医疗企业和互联网企业的布局策略存在明显不同，医疗企业以自身影像技术为基础，推出硬件产品，而互联网企业则是基于自身较强的算法研究，推出软件产品。对比申请趋势可以看到，医疗企业进入时间较早，而互联网企业近年来申请量迅猛增长，这说明互联网企业在技术上已经逐渐能够与医疗企业抗衡。从地域维度来看，国内企业布局时间普遍晚于国外企业，虽然国外企业专利的整体数量多于中国，但是中国企业近年来申请的专利数量已经追上国外企业，这说明国内企业在技术上正在逐渐缩小与国外企业的差距。

2. 建议

首先，乳腺癌人工智能诊断技术仍然是未来医疗领域的研究热点，我国创新主体在该技术领域应持续进行研发投入。互联网企业和医疗企业可以根据自身的不同优势，在擅长的技术分支领域持续进行自主创新，开发属于自己的龙头产品。

其次，在乳腺癌人工智能诊断技术的五个技术分支中，数据源是乳腺癌人工智能诊断的基础，数据源的不一致将会导致后续深度学习过程的鲁棒性差，影响模型训练结果，现有不同数据类型在整合到一个模型中存在较大的困难。因此，推动医疗机构对医疗数据进行标准化存储，并设立医疗数据安全标准，在保护患者隐私的同时，促进医疗机构和创新主体的合作，是推动我国创新主体在该领域长足发展的必要举措。

最后，在专利布局方面，我国创新主体应依据自身优势及目标市场合理制订专利策略。定位国内市场的创新主体要关注竞争对手在国内的专利布局，规避专利壁垒，合理利用对方未在中国布局的专利技术，从而缩短技术研发进程；定位国外目标市场的创新主体要关注国外专利布局情况，构建围绕自身产品核心技术的专利池，并根据目标市场的实际情况协调和统筹海外专利布局策略，从而提升国际竞争力。

四、离心式磁悬浮人工心脏专利分析

（一）离心式磁悬浮人工心脏概况

1. 背景技术

人工心脏被誉为"医疗器械皇冠上的宝石"，其主要功能是利用生物机械手段部分或全部替代心脏泵血功能，维持患者的血液循环，是治疗终末期或重症心力衰竭患者的有效手段，目前，推荐使用人工心脏设备的患者中，约90%植入的为左心室辅助设备（LVAD），且获批上市的产品也基本是LVAD产品，因此，左心室辅助设备也被业内认定为"人工心脏"。

心力衰竭（以下简称"心衰"）是心脏病中的"癌症"，2021年7月，国家心血管病中心发布的《中国心血管健康与疾病报告2020》显示，我国有超过1300万人的心衰患者需要干预治疗。随着心室辅助系统技术取得突破，其在相对发达国家的临床应用进展迅速，已发展成被普遍接受的终末期心衰的有效治疗手段之一。

左心室辅助设备的基本原理是为心力衰竭的左心室安装一个与外部电源连接的泵，心脏泵中高速旋转的转子会将血液泵到左心室中，补充原有心脏无法提供的那部分心输出量。血泵入口管植入左心室，泵的出口管通过人工血管连接主动脉，血泵将血液从左心室通过人工血管泵入主动脉，为心衰患者提供充足心排量，改善患者血液循环，血泵通过外部电池或者电源适配器供电。

一般情况下，心室辅助装置（VAD）可以分为植入式体内人工心脏与体外人工心脏，二者均通过人工心脏泵起到部分或全部替代心室做功，维持血液循环。体内人工心脏用于终末期慢性心衰患者，可以起到长期替代其心脏的功能。体外人工心脏则是用于急性心衰患者的过渡治疗，起到中短期替代心脏功能的作用，使患者渡过危险期，并在短时间内能够进行心脏移植手术。

纵观LVAD的发展，其经历了搏动式、机械轴承式、悬浮式3个阶段。搏动式人工心脏需要一个大而笨重的控制台，不允许患者在医院外活动，其生存率也仅为28%，第一代搏动设备存在固有的机械故障和相关并发症的巨大风险，已被淘汰。第二代连续流旋转泵技术代表了LVAD的里程碑和新颖的设计理念，其在很大程度上取代了第一代搏动容积泵的使用，第二代旋转泵具有更小的设计和更大的长期机械可靠性的潜力。第三代旋转式血泵中使用的悬浮系统在没有任何机械接触的情况下将转动的叶轮悬挂在血场内，悬浮式人工心脏没有轴承接触点，能够减少对血液的破坏，叶轮的磁悬浮和/或流体动力悬浮是第三代LVAD的主要进步。

另外，根据叶片旋转和血流路径，LVAD又被广泛分为离心式（见图9-4-1(a)）和轴流式（见图9-4-1(b)）血泵，在人工心脏的发展历程中，这两种泵都经历了显著的设计改进。经过学者研究，离心式血泵在各个工程方面均优于轴流式血泵，例如更高的液压效率、更好的特性曲线、更少的功率摄入以及更少的血液损伤。

还需要特别指出的是，除了上述分类，目前的LVAD还有经导管VAD（经皮式）分类，这类经导管人工心脏能够通过导管等介入器材将人工心脏输送至左心室，从而推动左心室血液直接进入主动脉，具有体积更小、创伤更小的优点。

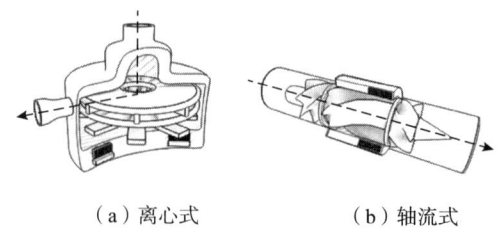

(a) 离心式　　　　　(b) 轴流式

图 9-4-1　离心式血泵和轴流式血泵对比

LVAD 的技术突破为心衰患者带来福音,据美国市场研究公司 Grand View Research 的数据显示,2019 年全球 VAD 市场规模 17 亿美元,并预计以 11.7% 的复合年增长率增长。随着人们治疗意识的增强,技术的进步和产品价格的下降,LVAD 领域的市场规模将进一步增长,全球心血管领域的医疗器械公司都纷纷竞逐这一领域,国内外资本也竞相追逐该赛道。

2. 主要产品名录

依据目前市场情况,笔者统计了国内和国外在 LVAD 领域相关的重要公司和相关产品,如表 9-4-1 和表 9-4-2 所示。

表 9-4-1　LVAD 领域国外公司和产品介绍

序号	产品型号	公司	介入形式	结构形式	轴承技术
1	HeartMate-Ⅲ	雅培	体内植入	离心式	磁悬浮
2	HeartMate-Ⅱ	雅培	体内植入	轴流式	机械轴承
3	HeartWare	美敦力	体内植入	轴流式	流体悬浮
4	CorAide	Cleveland	体内植入	轴流式	流体悬浮
5	DuraHeart	泰尔茂	体内植入	离心式	磁/流体悬浮
6	EvaHeart	EvaHeart	体内植入	轴流式	流体悬浮
7	MiTiHeart	Mitiheart	体内植入	离心式	磁悬浮
8	VentrAssist	Ventracor	体内植入	离心式	磁悬浮
9	HeartAssist 5	RelianHeart	体内植入	轴流式	流体悬浮
10	INCOR	Berlin Heart	体内植入	轴流式	磁悬浮
11	Jarvik 2000	Jarvik Heart	体内植入	轴流式	机械轴承
12	Synergy Micro-Pump	CircuLite	体内植入	轴流式	机械轴承
13	EXCOR	Berlin Heart	体外循环	离心式	搏动
14	Nipro LVAD	Nipro	体外循环	离心式	搏动
15	CentriMag	雅培	体外循环	离心式	磁悬浮
16	Impella	Abiomed	经皮方式	轴流式	机械轴承
17	TandemHeart	LivaNova	经皮方式	离心式	磁悬浮

表 9-4-2 LVAD领域中国公司和产品介绍

序号	产品型号	公司	介入形式	结构形式	轴承技术
1	CH-VAD	苏州同心	体内植入	离心式	磁悬浮
2	MoyoAssist	苏州心擎	体外循环	离心式	磁悬浮
3	EVAHRART	重庆永仁心	体内植入	离心式	流体动力悬浮
4	CorHeart6	深圳核心	体内植入	离心式	磁悬浮
5	HeartCon	航天泰心	体内植入	离心式	磁悬浮

（二）专利解析

值得注意的是，因为严重召回问题，再加上 HeartMate-Ⅲ 的市场冲击，2021年6月，美敦力宣布停止销售旗下人工心脏 HeartWare 产品，并通知所有医生停止植入新的 HeartWare 产品，从侧面反映了流体动力悬浮相对磁悬浮的不足。目前，LVAD 领域已进入第三代悬浮系统阶段，而且离心式血泵相较轴流式血泵也具有优势，因此，离心式全磁悬浮 LVAD 成为业内更加关注的研究方向。

需要特别指出的是，经导管 LVAD 具有体积更小、创伤更小的优点，并且 Abiomed 的影响力逐渐增大，其 Impella 相关产品越来越受市场重视，因此，经导管类 LVAD 也已吸引了业内研发的广泛关注。总体来讲，在接下来的一段时间里，离心式全磁悬浮 LVAD 和经导管类 LVAD 会逐渐成为该领域研发的焦点，因此，基于离心式全磁悬浮 LVAD 和经导管类 LVAD，笔者针对国内和国外在 LVAD 领域重要申请人，结合相关产品，利用专利数据库进行针对性检索，对涉及的典型专利进行简单剖析。

1. 专利概览

离心式磁悬浮 LVAD 中最核心的部分是悬浮式的转子，在该 LVAD 中，转子的上方和下方分别是电磁体和永磁体在工作，通过调节电磁铁的磁场强度，将转子悬浮在腔体中，通过调节电磁铁的电流大小实现磁场的变化，从而带动腔体内液体的流动。

图 9-4-2 给出了离心式磁悬浮 LVAD 相关专利的重要申请人，由此可知，该领域的重要申请人包括雅培（TC1、Thoratec）、美敦力（Heartware）、泰尔茂（terumo）等巨头，同时，部分高校/科研机构也是申请人的重要组成部分，这些高校/科研机构不但是上述巨头公司的合作伙伴，也是该领域主要的技术来源。

图 9-4-3 给出了离心式磁悬浮 LVAD 的 3D 专利地图分布情况，从专利地图可以得知离心式磁悬浮 LVAD 的主要技术和专利布局分支。

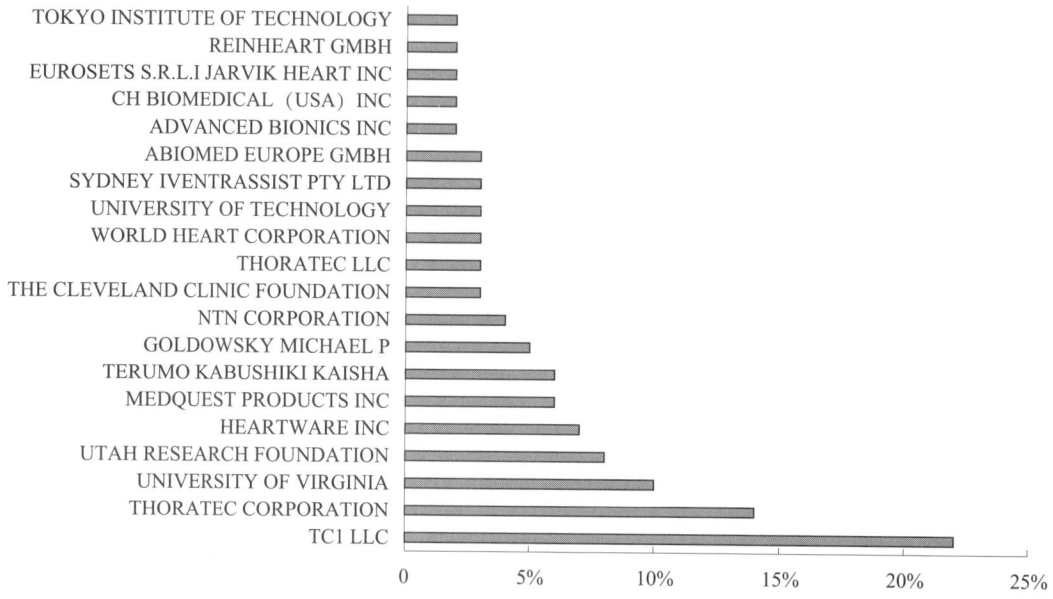

图9-4-2 离心式磁悬浮LVAD重要申请人专利申请占比

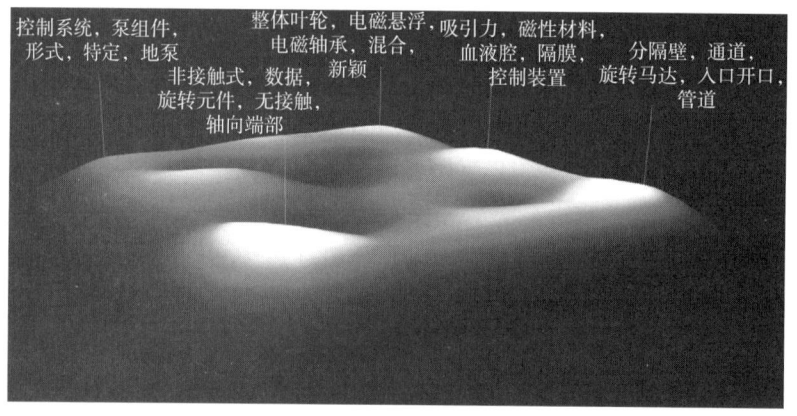

图9-4-3 离心式磁悬浮LVAD的3D专利地图分布

2. 重点产品专利解析

(1) HeartMate-Ⅲ

雅培的离心式磁悬浮人工心脏主要有两款产品：HeartMate-Ⅲ（体内植入）、CentriMag（体外循环）。

HeartMate-Ⅲ采用了全磁悬浮转子（Full MagLev）技术，该技术不需要流体或机械轴承，从而避免了单个运动部件的磨损。带有背铁磁极、铜线圈和位置传感器的单个定子控制转子的旋转和悬浮，通过测量转子中永磁体的位置并控制驱动和悬浮线圈中的电流，可主动独立地控制转子的径向位置和转速，转子永磁体对磁极的吸引力会被动地阻止转子在轴向上的运动。

图 9-4-4 给出了 HeartMate-Ⅲ的原理示意，转子与壳体之间有较大的血流间隙，转子侧面（径向）的间隙约为 0.5 mm；顶部和底部（轴向）间隙为 1.0 mm，在较大流量范围（2～10L/min）内，流场组织良好，与其他类型的泵相比，表面剪切力较低。无论转子速度如何，即使不旋转，也能保持较大的血流间隙。因此，可以低速操作泵，这对于部分左心室辅助、右心室辅助或脱离支持很重要。表 9-4-3 对 HeartMate-Ⅲ重点专利进行分析。

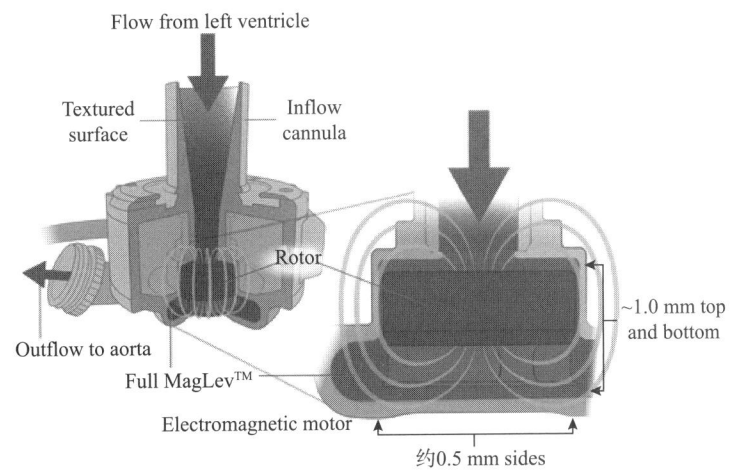

图 9-4-4　HeartMate-Ⅲ工作原理示意

表 9-4-3　HeartMate-Ⅲ重点专利

重点专利		著录项内容
US6227797B1 1999-03-30	同族专利	AT292987T、AT300322T、AU2003201358B2、AU2003201358C1、AU760610C、AU2000039482A1、AU1999PP9959P0、AU2003201358A8、AU1998089654A1、AU760610B2、AU2003201358A1、AU726752B2、AU1997PO9027P0、CA2370755C、CA2370755A1、CN1278188A、CN1372479A、DE69829766T2、DE69829766D1、DE60021554D1、DE60021554T2、EP1019116B1、EP1176999B1、EP1602386A1、EP1176999B8、EP1176999A4、EP1019116A1、EP1019116A4、EP1176999A1、JP2002541986A、JP3725027B2、JP2001515765A、US20050281685A1、US20060030748A1、US8282359B2、US20010004435A1、US6227797B1、US20050025630A1、US20120016178A1、US20130225910A1、US20050196293A1、US6866625B1、US7476077B2、US6609883B2、US20040030216A1、US8366381B2、US8002518B2、US20020018713A1、US6966748B2、US6250880B1、US20010002234A1、US8870552B2、US20100185280A1、US7156802B2、US6638011B2、US20130052038A1、US20040028525A1、US20090155049A1、WO1999012587A1、WO2000064509B1、WO2000064509A1

续表

重点专利	著录项内容	
US6227797B1 1999-03-30	申请人	Thoratec
	发明名称	Rotary pump with hydrodynamically suspended impeller
	布局国家/地区	美国、中国、欧洲、日本、澳大利亚
	解决的技术问题	现有泵存在血流泄漏、零件磨损、血栓、可靠性差等问题
	技术方案	一种适于连续流动抽取血液的泵机组,在一特定形式下,该泵是一离心式泵,其中叶轮整个密封在泵壳内,并且随着叶轮在泵腔外部电磁装置推动的流体内旋转,叶轮被流体动力悬浮在其中。流体动力悬浮通过其中具有变形物的叶轮得以实现,变形物例如是在其底部和顶部边缘的前缘和后缘处具有斜表面的叶片
	相关附图	
US6053705A 1996-09-26	同族专利	CA2237203A1、CA2237203C、DE59610178D1、EP0860046B1、EP0860046A1、JP2000502420A、JP4390856B2、US6053705A、WO1998011650A1
	申请人	Thoratec
	发明名称	Rotary pump and process to operate it
	布局国家/地区	美国、加拿大、日本、欧洲
	解决的技术问题	已知的采用机械轴承的泵,在传输流体过程中会产生磨损,影响使用寿命
	技术方案	包括无轴承式马达,定子具有受到通电线圈作用的一系列导磁齿,转子具有被动的磁感应部分,通电线圈连接控制装置

续表

重点专利	著录项内容	
US6053705A 1996-09-26	相关附图	
US6100618A 1996-04-02	同族专利	CA2210762C、CA2210762A1、DE59607047D1、EP0819330B1、EP0819330A1、JP1999503210A、JP4076581B2、US6100618A、WO1996031934A1
	申请人	Thoratec
	发明名称	Rotary machine with an electromagnetic rotary drive
	布局国家/地区	美国、加拿大、日本、欧洲
	解决的技术问题	现有的泵结构复杂、昂贵且尺寸大，磁轴承需要大的安装空间
	技术方案	包括一具有单一定子的电动机，该定子同时作为电磁轴承，使转子实现磁悬浮
	相关附图	

(2) CentriMag

CentriMag 于 2019 年 12 月 6 日获得美国 FDA 批准,该设备主要在当不确认心脏术后患者的心脏功能是否会恢复,或者不确认患者是否需要替代性的长期治疗时,提供一个最长 30 天的临时性血液循环支持措施,以治疗暂时无法脱离体外循环的患者。

图 9-4-5 给出了 CentriMag 的原理示意,CentriMag 循环支持系统拥有一个离心流量泵(其血液出入口相成直角)和一个磁悬浮叶轮(全磁悬浮技术)。当叶轮旋转时,泵的中心和外缘之间形成压力梯度,促使血液从流入口流向泵的流出口。叶轮的旋转以及由此产生的血流对泵的高度或位置不敏感。血泵的流量取决于叶轮的速度以及入口和出口压力差。表 9-4-4 对 CentriMag 重点专利进行分析。

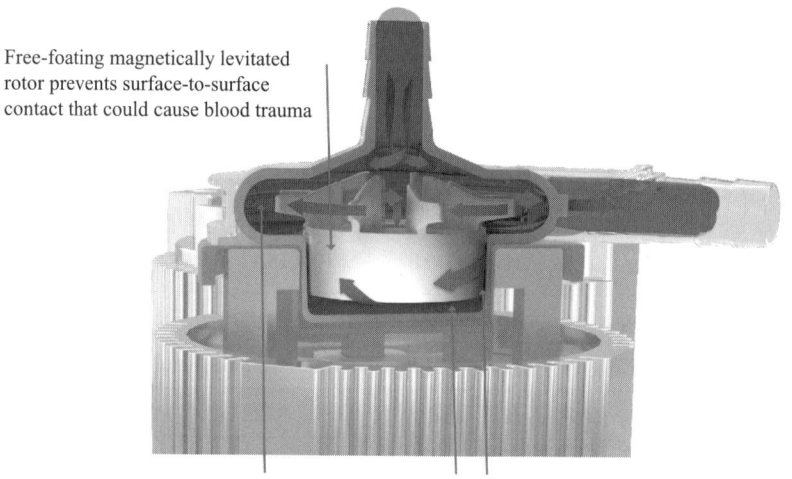

图 9-4-5 CentriMag 工作原理示意

表 9-4-4 CentriMag 重点专利

重点专利		著录项内容
US8496874B2 2007-12-05	同族专利	AU2007240192A1、CA2613610A、CZ1930034B6、DE602007026649T2、EP1930034A1、EP1930034B1、US20170021081A1、US9278168B2、US60873468P0、US20080199357A1、US8496874B2、US20140037500A1、US10258729B2

续表

重点专利	著录项内容	
US8496874B2 2007-12-05	申请人	Thoratec
	发明名称	Integrated centrifugal blood pump-oxygenator, an extracorporeal life support system and a method of de-bubbling and priming an extracorporeal life support system
	布局国家/地区	美国、欧洲、加拿大、澳大利亚
	解决的技术问题	驱动、轴承和泵转子合并成一个单元，消除了所有阀门，密封件，机械轴承或其他运动部件，减少运动的组件与血液的接触摩擦，降低溶血和血栓形成
	技术方案	使用相对于壳体以非接触方式磁性支承的旋转体，并优化血液的流动路径。血液从一体式离心血液泵入口进入，旋转的磁悬浮泵叶轮给予血液压力，然后血液顺着扩散片流向泵腔的外周继而流向氧合器的外壳。扩散片将血液流速转化为提高的血液动力并引导血液流向氧合器的气体交换膜。氧合器包括中空圆柱形的纤维束，血液360°沿着纤维束自下而上均匀分布。磁悬浮泵叶和扩散片产生的压力推动血液流过气体可渗透中空纤维膜，在这里血液进行气体交换，氧合后的血液从出口流出
	相关附图	

续表

重点专利	著录项内容	
US6171078B1 1998-08-14	同族专利	DE59712162D1、EP0900572A1、EP0900572B1、US6171078B1
	申请人	Thoratec
	发明名称	Centrifugal pump
	布局国家/地区	美国、欧洲
	解决的技术问题	已知的采用机械轴承的泵，在传输流体过程中会产生磨损，影响使用寿命
	技术方案	离心泵，其中叶轮通过旋转磁场磁性安装和驱动，具有高性能和极其紧凑的设计。根据无轴承电动机原理的特殊设计，通过叶轮的磁性零接触安装并通过旋转磁场驱动，特别适用于那些严格隔离的叶轮，可以避免流体污染（例如通过机械轴承中的磨损）。该发明的离心泵特别适合作为血泵，以其高输送率和紧凑的设计而在人体或动物体外部或内部操作
	相关附图	

（3）DuraHeart

泰尔茂的离心式磁悬浮 LVAD 主要为 DuraHeart。

图 9-4-6 给出了 DuraHeart 的结构示意，其通过磁力漂浮并旋转在离心泵内旋转的叶轮以将血液排出，从 1995 年开始历经多年的发展，于 2007 年 8 月在欧洲上市销售。需要指出的是，DuraHeart 磁悬浮方式是引进日本京都大学工学部名誉教授赤松映明与 NTN 株式会社就磁悬浮离心泵技术共同开发的成果，其他主要竞争产品开发也基本遵循了该开发模式。表 9-4-5 对 DuraHeart 重点专利进行分析。

第九章 医学装备细分领域专利分析

图 9-4-6 DuraHeart 结构示意

表 9-4-5 DuraHeart 重点专利

重点专利	著录项内容	
JP4677081B2 2000-07-07	同族专利	AT350079T、DE10035989A1、DE60032678D1、DE60032678T2、EP1818068A2、EP1070510B1、EP1070510A2、EP1818068A8、EP1818068A3、EP1070510A3、JP2001041166A、JP2002021773A、JP4677081B2、JP4554740B2、US6398506B1
	申请人	Terumo
	发明名称	遠心式液体ポンプ装置
	布局国家/地区	日本、美国、欧洲
	解决的技术问题	克服磁耦合由于旋转负载的过度增加而导致失步的危险
	技术方案	涉及一种用于输送血液等医用液体的离心式液体泵装置，其能够可靠地确认来自外部的磁体耦合状态，具有键状态检测功能
	相关附图	

(4) CH-VAD

苏州同心成立于2008年7月,专注于研发国际领先的VAD产品,推动VAD在全球范围内实现商业化帮助终末期心衰患者减轻疾病痛苦。作为这一领域的全球领先企业,苏州同心经过十余年的努力,成功研发完成超小型全磁悬浮式VAD-CH-VAD,各项关键性能指标达到国际前沿水平。CH-VAD率先在国内开展临床应用,取得了非常令人鼓舞的治疗效果。

值得关注的是,苏州同心CH-VAD植入式左心室辅助系统曾于2021年11月25日正式获得国家药品监督管理局批准上市。该产品也是我国首个获批"创新医疗器械特别审批程序"的国产LVAD,国产磁悬浮式LVAD自此正式拉开序幕。

图9-4-7给出了苏州同心CH-VAD的结构示意,与HeartMate-Ⅲ相比,CH-VAD的血泵体积更小,手术侵犯性更低;经皮电缆包含的导线更少、电缆更细,造成的感染风险更小。另外,CH-VAD的磁悬浮刚度更高,血液流动的流场品质更高(剪应力低、流动冲刷充分),体外测试得到的血液相容性更好。表9-4-6对CH-VAD重点专利进行分析。

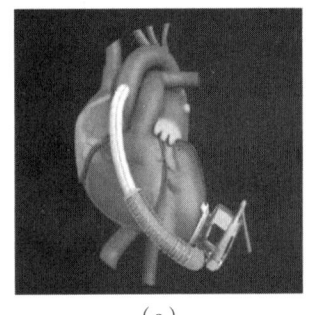
(a)

(b)

图9-4-7 CH-VAD结构示意

表9-4-6 CH-VAD重点专利

重点专利	著录项内容	
CN102294057B 2011-08-31	申请人	苏州同心
	发明名称	左心室辅助血泵
	解决的技术问题	采用滑片来固定心尖袖套和血泵的位置,使得心尖袖套和血泵的连接更能方便可靠。同时,缩短了血泵入口管的轴向尺寸,在不破坏膈肌的情况下,有利于左心室辅助泵在胸腔中的植入,大大提高手术的成功率

续表

重点专利	著录项内容	
CN102294057B 2011-08-31	技术方案	揭示了一种左心室辅助泵，包括心尖袖套和与其固定连接的血泵本体；心尖袖套包括缝合环及套设其外周的柔性裙边，缝合环包括一缝合环内孔；血泵本体包括入口管，入口管凸设于血泵本体的后盖上，缝合环包括一径向凸设的凸边，凸边与柔性裙边之间形成一周向环槽；血泵本体的后盖上设有仅可相对所述血泵本体径向移动的滑片，滑片可移动地伸入周向环槽内后，凸边位于滑片与沉槽的底面之间，心尖袖套与血泵本体相对轴向固定。该发明采用滑片来固定心尖袖套和血泵的位置，使心尖袖套和血泵的连接更方便可靠。同时，缩短了血泵入口管的轴向尺寸，在不破坏膈肌的情况下，有利于左心室辅助泵在胸腔中的植入，大大提高手术的成功率
	相关附图	
CN102294058B 2011-08-31	申请人	苏州同心
	发明名称	辅助心脏血液循环的机械装置
	解决的技术问题	采用旋转片来固定心尖袖套和血泵的位置，使得心尖袖套和血泵的连接更方便可靠，不失效。手术中不需要任何工具即可实现连接。同时，缩短血泵入口管的轴向尺寸，使得左心室辅助泵的整体尺寸缩小，从而左心室辅助血泵可以植入胸腔，提高手术的成功率

续表

重点专利	著录项内容	
CN102294058B 2011-08-31	技术方案	揭示了一种辅助心脏血液循环的机械装置，包括固定连接于心脏的心尖袖套及血泵本体；心尖袖套包括缝合环及套设在缝合环外周的柔性裙边；血泵本体包括进入心脏的入口管，入口管设于血泵本体的后盖上，缝合环包括一径向凸设的凸边，凸边与柔性裙边之间形成一周向环槽；血泵本体的后盖上设有旋转片，旋转片能伸入到周向环槽内，使得所述心尖袖套与所述血泵本体相对轴向固定。该发明采用旋转片固定心尖袖套和血泵的位置，使心尖袖套和血泵的连接更方便可靠。同时，缩短血泵入口管的轴向尺寸，使得左心室辅助血泵的整体尺寸缩小，有利于植入到胸腔内，以减少血泵对心脏、膈肌的挤压伤害，提高手术的成功率
	相关附图	

（5）MoyoAssist

苏州心擎成立于 2017 年，由苏州大学特聘教授、国家重大人才工程青年组专家徐博翎博士领衔，与长期从事 LVAD 开发的海内外发明人团队共同组成。苏州心擎基于机电一体化、磁悬浮以及计算流体力学等核心平台技术，致力打造中国首个体外磁悬浮 LVAD。

需要特别指出的是，苏州心擎的研发得到华中科技大学同济医学院附属协和医院的大力支持，其体外磁悬浮人工心脏 MoyoAssist® Extra-VAD 于 2021 年 8 月顺利完成首次临床试验，为一位等待心脏移植的年轻女士争取了 12 天的黄金时间。

图 9-4-8 给出了苏州心擎的 MoyoAssist 的结构示意，该体外磁悬浮人工心脏采用全球最先进计算流体力学技术与全磁悬浮技术，性能达到国际血液相容性最高标准。血液流体力学设计优化了血液相容性，支持时间同样可达 30 天，稳定支持患者从紧急状态过渡到恢复心功能（BTR）、过渡到等待心脏移植（BTT）、过渡到其他治疗手段

(BTD)的可能时限,大幅降低了手术创伤性与副作用。表9-4-7对MoyoAssist的重点专利进行分析。

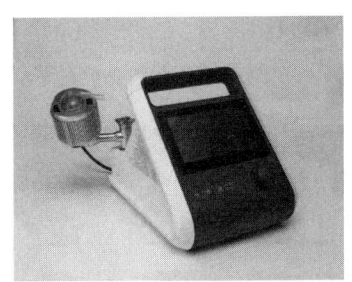

图9-4-8 MoyoAssist产品示意

表9-4-7 MoyoAssist重点专利

重点专利	著录项内容	
CN110711275B 2019-11-18	申请人	苏州心擎
	发明名称	用于体外血泵的马达、体外血泵、和体外血泵系统
	解决的技术问题	降低马达对体外血泵的控制主机的依赖性,并能够显著降低马达与控制主机之间出现通信问题的风险和马达驱控组件出现故障的风险
	技术方案	涉及用于体外血泵的马达、体外血泵、和体外血泵系统。所述用于体外血泵的马达包括:壳体;位于所述壳体内的执行机构,所述执行机构用于驱动所述体外血泵的泵头中的叶轮;位于所述壳体内的至少一个传感器;位于所述壳体内的马达驱控组件,所述马达驱控组件用于控制所述马达的运行。通过将马达驱控组件集成至马达的壳体,能够显著降低马达对体外血泵的控制主机的依赖性并能够显著降低马达与控制主机之间出现通信问题的风险和马达驱控组件出现故障的风险,从而提高体外血泵的安全性和可靠性
	相关附图	

续表

重点专利	著录项内容	
CN112546425B 2020-10-29	申请人	苏州心擎
	发明名称	磁悬浮马达和磁悬浮血泵
	解决的技术问题	在保持磁悬浮支承性能的同时在流体动力优化方面留出足够的自由度；提供用于驱动叶轮的旋转力和其用于保持叶轮/转子悬浮平移力
	技术方案	涉及一种磁悬浮马达和磁悬浮血泵。磁悬浮马达包括定子组件和位于定子组件上方的转子组件，定子组件和转子组件之间具有轴向间隙。定子组件包括定子基体、沿定子基体的圆周分布并且从定子基体的上表面向上延伸的多个定子齿和设置于由多个定子齿围绕成的内部空腔中的定子推力体，定子齿上缠绕有定子线圈。转子组件包括转子环形件、设置于转子环形件的下表面的转子驱动磁体和设置于转子环形件的内部空腔中的转子推力磁体。定子推力体和转子推力磁体配置成能产生轴向的磁力线并且能在二者之间产生轴向斥力。转子驱动磁体包括多个部分，每个部分均沿着轴向磁化，并且相邻的部分具有相反的磁化方向，以使转子驱动磁体具有交替的多个磁极
	相关附图	

(6) CorHeart6

深圳核心成立于 2016 年 8 月，其致力于研发人工心脏系列产品，面向心衰治疗，提供系列化产品与解决方案。值得注意的是，国家药品监督管理局医疗器械技术审评中心于 2021 年 6 月 22 日公布的创新医疗器械特别审查申请审查结果公示中，深圳核心的植入式 LVAD 赫然在列，这也意味着深圳核心的人工心脏产品已进入创新医疗器械特别审查程序。

图9-4-9给出了深圳核心CorHeart6的产品示意，该产品为直径34 mm、厚度26 mm，重量约90 g，比市场现有的全磁悬浮LVAD直径缩小了40%，重量减少了60%。表9-4-8对CorHeart6的重点专利进行分析。

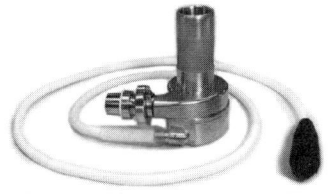

图9-4-9 CorHeart6产品示意

表9-4-8 CorHeart6重点专利

重点专利	著录项内容	
CN111298221A 2018-12-12	同族专利	CN210056936U、CN111298221A、EP3741401A1、JP2021510319A、US20200405928A1、WO2020119337A1
	申请人	深圳核心
	发明名称	心室辅助装置
	布局国家/地区	中国、美国、欧洲、日本
	解决的技术问题	提高心室辅助装置的响应速度，进而保证血液不会遭受叶轮悬浮不良而造成的破坏，获得更好的血液增压效果
	技术方案	涉及一种心室辅助装置，包括增压内腔、叶轮、定位磁环组和伺服电机。增压内腔包括相对的第一侧壁和第二侧壁，伺服电机包括分列第一侧壁两侧的定子和转子，定位磁环组包括定位磁环和转动磁环，定子和定位磁环分别固定于增压内腔外侧，转子与转动磁环分别与叶轮固定连接。定子和第一侧壁之间设有距离传感器。距离传感器感应转子相对于第一侧壁的距离，伺服电机根据距离值控制定子与转子之间的磁力，以使得叶轮在定位磁环组和伺服电机共同的作用下悬浮于增压内腔中旋转。该申请心室辅助装置，通过伺服电机和距离传感器的配合，可以实现伺服电机对叶轮的精确控制，从而保障叶轮在增压内腔中的悬浮转动姿态，获得更好的血液增压效果

续表

重点专利	著录项内容
CN111298221A 2018-12-12	相关附图 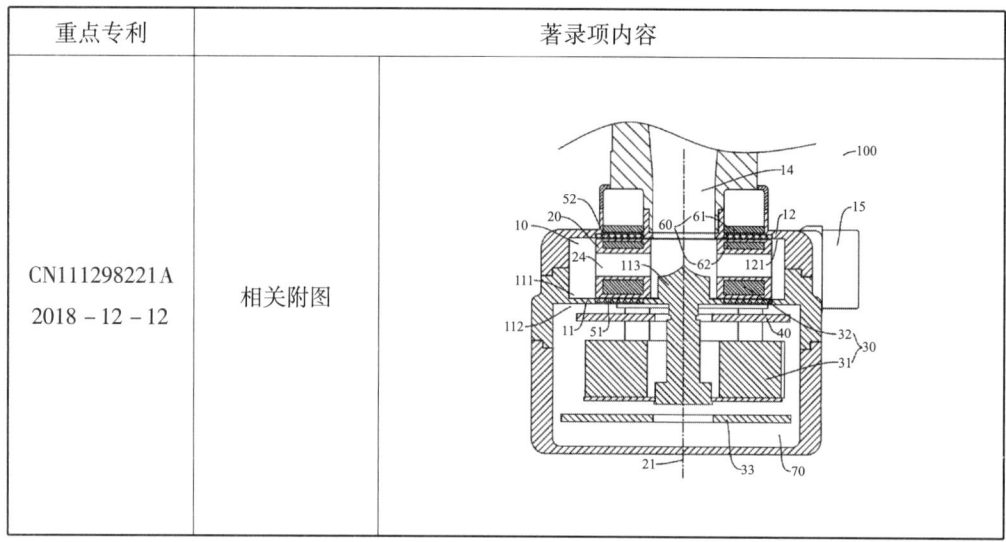

（7）HeartCon

航天泰心于2009年开始启动人工心脏HeartCon（火箭心）的研制工作，瞄准国际前沿的第三代非接触悬浮式VAD。同时充分利用50年来在运载火箭伺服控制方面的技术积累，制订磁液双悬浮、泵机一体化、电控双冗余的总体技术方案，成功研制的HeartCon型VAD具有体积小、质量轻、温升低的特点，可直接植入左心尖。

图9-4-10给出了航天泰心的HeartCon的产品示意，HeartCon心室辅助装置由航天泰心工学团队和泰达国际心血管病医院医学团队合作研发的第三代磁液悬浮离心血泵，仅重185 g，最大流量10 L/min，凝血酶活性（NIH）低于0.06g/100L，达到国际先进水平。表9-4-9对HeartCon的重点专利进行分析。

图9-4-10 HeartCon产品示意

表 9-4-9 HeartCon 重点专利

重点专利	著录项内容	
CN102247628B 2010-05-17	申请人	航天泰心
	发明名称	可植入式磁液悬浮型离心血泵
	解决的技术问题	采用动压液悬浮和永磁悬浮组合技术,代替传统接触式机械轴承,转子与定子之间没有机械接触,不会产生机械磨损,最大程度地减少对血细胞的碾压作用,血栓和溶血现象可以有效减轻
	技术方案	涉及一种可植入式磁液悬浮型离心血泵。该发明采用动压液悬浮和永磁悬浮组合技术,代替传统接触式机械轴承,转子与定子之间没有机械接触,不会产生机械磨损,最大程度地减少了对血细胞的碾压作用,可以有效减轻血栓和溶血现象。它由永磁轴承无位置传感器盘式无刷直流电动机驱动,具有结构简单、运行可靠、维护方便和无级调速等特点。该发明转速低、体积小、重量轻、温升低,可以将泵的入口直接插入人体左心室,泵体置于心包腔内,充分利用心包腔的空隙,避免在人体内另作囊袋,减轻患者的痛苦,可以实现人工辅助心脏泵的可靠连续运转
	相关附图	

(三) 小 结

随着医学技术的进步,心血管疾病的治愈率逐步提高,但是心脏衰竭成为心血管疾病领域呈增长趋势的疾病,心衰成了心血管疾病领域少有的超百亿元市场空间,国内外众多企业和资本陆续进入该赛道。然而,LVAD 涉及研发技术尖端高难度,同时有进入临床运用的诸多问题,因此还有很多路要走。

从目前来看,离心式磁悬浮 LVAD 的专利申请和布局仍然以雅培、美敦力、泰尔茂等重要国际巨头为主，国内企业还处于起步和追赶阶段，由于国内企业的相关产品上市少，如何有效绕开巨头的专利壁垒还暂未可知。另外，随着国内企业相关产品的陆续注册上市，相关产品也存在一定的技术交叉，国内各企业之间的产品是否存在专利冲突也值得继续关注。而且，在设计层面，离心式磁悬浮 LVAD 的生物相容性和血液抗凝性是决定产品成功的决定性因素之一，也是设计难点，目前国内企业还未明确进行相关专利层面的披露，相关涂层技术领域的知识产权运用和应对也是颇为值得聚焦的。

附　录

附录一　关于深化审评审批制度改革鼓励药品医疗器械创新的意见

厅字〔2017〕42号

当前，我国药品医疗器械产业快速发展，创新创业方兴未艾，审评审批制度改革持续推进。但总体上看，我国药品医疗器械科技创新支撑不够，上市产品质量与国际先进水平存在差距。为促进药品医疗器械产业结构调整和技术创新，提高产业竞争力，满足公众临床需要，现就深化审评审批制度改革鼓励药品医疗器械创新提出以下意见。

一、改革临床试验管理

（一）临床试验机构资格认定实行备案管理。具备临床试验条件的机构在食品药品监管部门指定网站登记备案后，可接受药品医疗器械注册申请人委托开展临床试验。临床试验主要研究者应具有高级职称，参加过3个以上临床试验。注册申请人可聘请第三方对临床试验机构是否具备条件进行评估认证。鼓励社会力量投资设立临床试验机构。临床试验机构管理规定由食品药品监管总局会同国家卫生计生委制定。

（二）支持临床试验机构和人员开展临床试验。支持医疗机构、医学研究机构、医药高等学校开展临床试验，将临床试验条件和能力评价纳入医疗机构等级评审。对开展临床试验的医疗机构建立单独评价考核体系，仅用于临床试验的病床不计入医疗机构总病床，不规定病床效益、周转率、使用率等考评指标。鼓励医疗机构设立专职临床试验部门，配备职业化的临床试验研究者。完善单位绩效工资分配激励机制，保障临床试验研究者收入水平。鼓励临床医生参与药品医疗器械技术创新活动，对临床试验研究者在职务提升、职称晋升等方面与临床医生一视同仁。允许境外企业和科研机构在我国依法同步开展新药临床试验。

（三）完善伦理委员会机制。临床试验应符合伦理道德标准，保证受试者在自愿参与前被告知足够的试验信息，理解并签署知情同意书，保护受试者的安全、健康和权益。临床试验机构应成立伦理委员会，负责审查本机构临床试验方案，审核和监督临床试验研究者的资质，监督临床试验开展情况并接受监管部门检查。各地可根据需要设立区域伦理委员会，指导临床试验机构伦理审查工作，可接受不具备伦理审查条件的机构或注册申请人委托对临床试验方案进行伦理审查，并监督临床试验开展情况。卫生计生、中医药管理、食品药品监管等部门要加强对伦理委员会工作的管理指导和业务监督。

（四）提高伦理审查效率。注册申请人提出临床试验申请前，应先将临床试验方案提交临床试验机构伦理委员会审查批准。在我国境内开展多中心临床试验的，经临床试验组长单位伦理审查后，其他成员单位应认可组长单位的审查结论，不再重复审查。国家临床医学研究中心及承担国家科技重大专项和国家重点研发计划支持项目的临床试验机构，应整合资源建立统一的伦理审查平台，逐步推进伦理审查互认。

（五）优化临床试验审批程序。建立完善注册申请人与审评机构的沟通交流机制。受理药物临床试验和需审批的医疗器械临床试验申请前，审评机构应与注册申请人进行会议沟通，提出意见建议。受理临床试验申请后一定期限内，食品药品监管部门未给出否定或质疑意见即视为同意，注册申请人可按照提交的方案开展临床试验。临床试验期间，发生临床试验方案变更、重大药学变更或非临床研究安全性问题的，注册申请人应及时将变更情况报送审评机构；发现存在安全性及其他风险的，应及时修改临床试验方案、暂停或终止临床试验。药品注册申请人可自行或委托检验机构对临床试验样品出具检验报告，连同样品一并报送药品审评机构，并确保临床试验实际使用的样品与提交的样品一致。优化临床试验中涉及国际合作的人类遗传资源活动审批程序，加快临床试验进程。

（六）接受境外临床试验数据。在境外多中心取得的临床试验数据，符合中国药品医疗器械注册相关要求的，可用于在中国申报注册申请。对在中国首次申请上市的药品医疗器械，注册申请人应提供是否存在人种差异的临床试验数据。

（七）支持拓展性临床试验。对正在开展临床试验的用于治疗严重危及生命且尚无有效治疗手段疾病的药品医疗器械，经初步观察可能获益，符合伦理要求的，经知情同意后可在开展临床试验的机构内用于其他患者，其安全性数据可用于注册申请。

（八）严肃查处数据造假行为。临床试验委托协议签署人和临床试验研究者是临床试验数据的第一责任人，须对临床试验数据可靠性承担法律责任。建立基于风险和审评需要的检查模式，加强对非临床研究、临床试验的现场检查和有因检查，检查结果向社会公开。未通过检查的，相关数据不被接受；存在真实性问题的，应及时立案调查，依法追究相关非临床研究机构和临床试验机构责任人、虚假报告提供责任人、注册申请人及合同研究组织责任人的责任；拒绝、逃避、阻碍检查的，依法从重处罚。注册申请人主动发现问题并及时报告的，可酌情减免处罚。

二、加快上市审评审批

（九）加快临床急需药品医疗器械审评审批。对治疗严重危及生命且尚无有效治疗手段疾病以及公共卫生方面等急需的药品医疗器械，临床试验早期、中期指标显示疗效并可预测其临床价值的，可附带条件批准上市，企业应制定风险管控计划，按要求开展研究。鼓励新药和创新医疗器械研发，对国家科技重大专项和国家重点研发计划支持以及由国家临床医学研究中心开展临床试验并经中心管理部门认可的新药和创新医疗器械，给予优先审评审批。

（十）支持罕见病治疗药品医疗器械研发。国家卫生计生委或由其委托有关行业协（学）会公布罕见病目录，建立罕见病患者登记制度。罕见病治疗药品医疗器械注册申请人可提出减免临床试验的申请。对境外已批准上市的罕见病治疗药品医疗器械，可附带条件批准上市，企业应制定风险管控计划，按要求开展研究。

（十一）严格药品注射剂审评审批。严格控制口服制剂改注射制剂，口服制剂能够满足临床需求的，不批准注射制剂上市。严格控制肌肉注射制剂改静脉注射制剂，肌肉注射制剂能够满足临床需求的，不批准静脉注射制剂上市。大容量注射剂、小容量注射剂、注射用无菌粉针之间互改剂型的申请，无明显临床优势的不予批准。

（十二）实行药品与药用原辅料和包装材料关联审批。原料药、药用辅料和包装材料在审批药品注册申请时一并审评审批，不再发放原料药批准文号，经关联审评审批的原料药、药用辅料和包装材料及其质量标准在指定平台公示，供相关企业选择。药品上市许可持有人对生产制剂所选用的原料药、药用辅料和包装材料的质量负责。

（十三）支持中药传承和创新。建立完善符合中药特点的注册管理制度和技术评价体系，处理好保持中药传统优势与现代药品研发要求的关系。中药创新药，应突出疗效新的特点；中药改良型新药，应体现临床应用优势；经典名方类中药，按照简化标准审评审批；天然药物，按照现代医学标准审评审批。提高中药临床研究能力，中药注册申请需提交上市价值和资源评估材料，突出以临床价值为导向，促进资源可持续利用。鼓励运用现代科学技术研究开发传统中成药，鼓励发挥中药传统剂型优势研制中药新药，加强中药质量控制。

（十四）建立专利强制许可药品优先审评审批制度。在公共健康受到重大威胁情况下，对取得实施强制许可的药品注册申请，予以优先审评审批。公共健康受到重大威胁的情形和启动强制许可的程序，由国家卫生计生委会同有关部门规定。

三、促进药品创新和仿制药发展

（十五）建立上市药品目录集。新批准上市或通过仿制药质量和疗效一致性评价的药品，载入中国上市药品目录集，注明创新药、改良型新药及与原研药品质量和疗效一致的仿制药等属性，以及有效成份、剂型、规格、上市许可持有人、取得的专利权、试验数据保护期等信息。

（十六）探索建立药品专利链接制度。为保护专利权人合法权益，降低仿制药专利侵权风险，鼓励仿制药发展，探索建立药品审评审批与药品专利链接制度。药品注册申请人提交注册申请时，应说明涉及的相关专利及其权属状态，并在规定期限内告知相关药品专利权人。专利权存在纠纷的，当事人可以向法院起诉，期间不停止药品技术审评。对通过技术审评的药品，食品药品监管部门根据法院生效判决、裁定或调解书作出是否批准上市的决定；超过一定期限未取得生效判决、裁定或调解书的，食品药品监管部门可批准上市。

（十七）开展药品专利期限补偿制度试点。选择部分新药开展试点，对因临床试验和审评审批延误上市的时间，给予适当专利期限补偿。

（十八）完善和落实药品试验数据保护制度。药品注册申请人在提交注册申请时，可同时提交试验数据保护申请。对创新药、罕见病治疗药品、儿童专用药、创新治疗用生物制品以及挑战专利成功药品注册申请人提交的自行取得且未披露的试验数据和其他数据，给予一定的数据保护期。数据保护期自药品批准上市之日起计算。数据保护期内，不批准其他申请人同品种上市申请，申请人自行取得的数据或获得上市许可的申请人同意的除外。

（十九）促进药品仿制生产。坚持鼓励创新与促进药品仿制生产、降低用药负担并重，定期发布专利权到期、终止、无效且尚无仿制申请的药品清单，引导仿制药研发生产，提高公众用药可及性。完善相关研究和评价技术指导原则，支持生物类似药、具有临床价值的药械组合产品的仿制。加快推进仿制药质量和疗效一致性评价。

（二十）发挥企业的创新主体作用。鼓励药品医疗器械企业增加研发投入，加强新产品研发和已上市产品的继续研究，持续完善生产工艺。允许科研机构和科研人员在承担相关法律责任的前提下申报临床试验。使用国家财政拨款开展新药和创新医疗器械研发及相关技术研究并作为职务科技成果转化的，单位可以规定或与科研人员约定奖励和报酬的方式、数额和时限，调动科研人员参与的积极性，促进科技成果转移转化。

（二十一）支持新药临床应用。完善医疗保险药品目录动态调整机制，探索建立医疗保险药品支付标准谈判机制，及时按规定将新药纳入基本医疗保险支付范围，支持新药研发。各地可根据疾病防治需要，及时将新药纳入公立医院药品集中采购范围。鼓励医疗机构优先采购和使用疗效明确、价格合理的新药。

四、加强药品医疗器械全生命周期管理

（二十二）推动上市许可持有人制度全面实施。及时总结药品上市许可持有人制度试点经验，推动修订药品管理法，力争早日在全国推开。允许医疗器械研发机构和科研人员申请医疗器械上市许可。

（二十三）落实上市许可持有人法律责任。药品上市许可持有人须对药品临床前研究、临床试验、生产制造、销售配送、不良反应报告等承担全部法律责任，确保提交的研究资料和临床试验数据真实、完整、可追溯，确保生产工艺与批准工艺一致且生产过程持续合规，确保销售的各批次药品与申报样品质量一致，确保对上市药品进行持续研究，及时报告发生的不良反应，评估风险情况，并提出改进措施。

医疗器械上市许可持有人须对医疗器械设计开发、临床试验、生产制造、销售配送、不良事件报告等承担全部法律责任，确保提交的研究资料和临床试验数据真实、完整、可追溯，确保对上市医疗器械进行持续研究，及时报告发生的不良事件，评估风险情况，并提出改进措施。

受药品医疗器械上市许可持有人委托进行研发、临床试验、生产制造、销售配送的企业、机构和个人，须承担法律法规规定的责任和协议约定的责任。

（二十四）建立上市许可持有人直接报告不良反应和不良事件制度。上市许可持有人承担不良反应和不良事件报告的主体责任，隐瞒不报或逾期报告的，依法从严惩处。食品药品监管部门应对报告的不良反应和不良事件进行调查分析，视情责令上市许可持有人采取暂停销售、召回、完善质量控制等措施。

（二十五）开展药品注射剂再评价。根据药品科学进步情况，对已上市药品注射剂进行再评价，力争用5至10年左右时间基本完成。上市许可持有人须将批准上市时的研究情况、上市后持续研究情况等进行综合分析，开展产品成份、作用机理和临床疗效研究，评估其安全性、有效性和质量可控性。通过再评价的，享受仿制药质量和疗效一致性评价的相关鼓励政策。

（二十六）完善医疗器械再评价制度。上市许可持有人须根据科学进步情况和不良事件评估结果，主动对已上市医疗器械开展再评价。再评价发现产品不能保证安全、有效的，上市许可持有人应及时申请注销上市许可；隐匿再评价结果、应提出注销申请而未提出的，撤销上市许可并依法查处。

（二十七）规范药品学术推广行为。药品上市许可持有人须将医药代表名单在食品药品监管部门指定的网站备案，向社会公开。医药代表负责药品学术推广，向医务人员介绍药品知识，听取临床使用的意见建议。医药代表的学术推广活动应公开

进行，在医疗机构指定部门备案。禁止医药代表承担药品销售任务，禁止向医药代表或相关企业人员提供医生个人开具的药品处方数量。医药代表误导医生使用药品或隐匿药品不良反应的，应严肃查处；以医药代表名义进行药品经营活动的，按非法经营药品查处。

五、提升技术支撑能力

（二十八）完善技术审评制度。建立审评为主导、检查检验为支撑的技术审评体系，完善审评项目管理人制度、审评机构与注册申请人会议沟通制度、专家咨询委员会制度，加强内部管理，规范审评流程。组建以临床医学专业人员为主，药学、药理毒理学、统计学等专业人员组成的药品审评团队，负责新药审评。组建由临床医学、临床诊断、机械、电子、材料、生物医学工程等专业人员组成的医疗器械审评团队，负责创新医疗器械审评。除生产工艺等技术秘密外，审评结论及依据全部公开，接受社会监督。统一第二类医疗器械审评标准，逐步实现国家统一审评。

（二十九）落实相关工作人员保密责任。参与药品医疗器械受理审查、审评审批、检查检验等监管工作的人员，对注册申请人提交的技术秘密和试验数据负有保密义务。违反保密义务的，依法依纪追究责任，处理结果向社会公开；涉嫌犯罪的，移交司法机关追究刑事责任。完善对注册申请材料的管理，确保查阅、复制情况可追溯。

（三十）加强审评检查能力建设。将药品医疗器械审评纳入政府购买服务范围，提供规范高效审评服务。加快药品医疗器械审评审批信息化建设，制定注册申请电子提交技术要求，完善电子通用技术文档系统，逐步实现各类注册申请的电子提交和审评审批。建立上市药品医疗器械品种档案。

（三十一）落实全过程检查责任。药品医疗器械研发过程和药物非临床研究质量管理规范、药物临床试验质量管理规范、医疗器械临床试验质量管理规范执行情况，由国家食品药品监管部门组织检查。药品医疗器械生产过程和生产质量管理规范执行情况，由省级以上食品药品监管部门负责检查。药品医疗器械经营过程和经营质量管理规范执行情况，由市县两级食品药品监管部门负责检查。检查发现问题的，应依法依规查处并及时采取风险控制措施；涉嫌犯罪的，移交司法机关追究刑事责任。推动违法行为处罚到人，检查和处罚结果向社会公开。

（三十二）建设职业化检查员队伍。依托现有资源加快检查员队伍建设，形成以专职检查员为主体、兼职检查员为补充的职业化检查员队伍。实施检查员分级管理制度，强化检查员培训，加强检查装备配备，提升检查能力和水平。

（三十三）加强国际合作。深化多双边药品医疗器械监管政策与技术交流，积极参与国际规则和标准的制定修订，推动逐步实现审评、检查、检验标准和结果国际共享。

六、加强组织实施

（三十四）加强组织领导。各地区各有关部门要充分认识深化审评审批制度改革鼓励药品医疗器械创新的重要意义，高度重视药品医疗器械审评审批改革和创新工作，将其作为建设创新型国家、促进高科技产业发展的重要内容予以支持，加强统筹协调，细化实施方案，健全工作机制，切实抓好任务落实。坚持运用法治思维和法治方式推进改革，不断完善相关法律法规和制度体系，改革措施涉及法律修改或需要取得相应授权的，按程序提请修改法律或由立法机关授权后实施。

（三十五）强化协作配合。充分发挥药品医疗器械审评审批制度改革部际联席会议制度的作用，及时研究解决改革中遇到的矛盾和问题。国家食品药品监管部门要发挥好牵头作用，抓好改革具体实施，协调推进任务落实。各相关部门要依法履职，分工协作，形成改革合力。发展改革部门要支持医药高科技产品的发展，将临床试验机构建设纳入医疗机构建设发展的重要内容。科技部门要加强医药科技发展规划和指导，抓好新药和创新医疗器械研发相关科技计划（专项、基金）的实施。工业和信息化部门要加强医药产业发展规划和指导，强化临床用药生产保障。财政部门要做好药品医疗器械审评审批、检查检验所需经费保障。人力资源社会保障部门要做好医疗保险政策支持新药发展相关工作。卫生计生部门要加强对临床试验机构建设的指导，加强伦理委员会管理和临床试验研究者培训。知识产权部门要做好与专利有关的药品医疗器械知识产权保护工作。中医药管理部门要做好中医药创新工作。

（三十六）做好宣传解释。正面宣传鼓励药品医疗器械创新的重要意义，加强审评审批制度改革重要政策、重大措施解读，及时解答社会各界关注的热点问题，主动回应社会关切，合理引导各方预期，营造改革实施的良好舆论氛围。

附录二 创新医疗器械特别审查程序

国家药品监督管理局 2018 年第 83 号公告

第一条 为了保障医疗器械的安全、有效，鼓励医疗器械的研究与创新，促进医疗器械新技术的推广和应用，推动医疗器械产业发展，根据《医疗器械监督管理条例》《医疗器械注册管理办法》《体外诊断试剂注册管理办法》等法规和规章，制定本程序。

第二条 符合下列情形的医疗器械审查，适用于本程序：

（一）申请人通过其主导的技术创新活动，在中国依法拥有产品核心技术发明专利权，或者依法通过受让取得在中国发明专利权或其使用权，创新医疗器械特别审查申请时间距专利授权公告日不超过 5 年；或者核心技术发明专利的申请已由国务院专利行政部门公开，并由国家知识产权局专利检索咨询中心出具检索报告，报告载明产品核心技术方案具备新颖性和创造性。

（二）申请人已完成产品的前期研究并具有基本定型产品，研究过程真实和受控，研究数据完整和可溯源。

（三）产品主要工作原理或者作用机理为国内首创，产品性能或者安全性与同类产品比较有根本性改进，技术上处于国际领先水平，且具有显著的临床应用价值。

第三条 药品监督管理部门及相关技术机构，根据各自职责和本程序规定，按照早期介入、专人负责、科学审查的原则，在标准不降低、程序不减少的前提下，对创新医疗器械予以优先办理，并加强与申请人的沟通交流。

第四条 申请人申请创新医疗器械特别审查，应当在第二类、第三类医疗器械首次注册申请前，填写《创新医疗器械特别审查申请表》（见附 1），并提交支持拟申请产品符合本程序第二条要求的资料。资料应当包括：

（一）申请人企业资质证明文件。

（二）产品知识产权情况及证明文件。

（三）产品研发过程及结果综述。

（四）产品技术文件，至少应当包括：

1. 产品的适用范围或者预期用途；

2. 产品工作原理或者作用机理；

3. 产品主要技术指标及确定依据，主要原材料、关键元器件的指标要求，主要生产工艺过程及流程图，主要技术指标的检验方法。

（五）产品创新的证明性文件，至少应当包括：

1. 核心刊物公开发表的能够充分说明产品临床应用价值的学术论文、专著及文件综述；

2. 国内外已上市同类产品应用情况的分析及对比（如有）；

3. 产品的创新内容及在临床应用的显著价值。

（六）产品风险分析资料。

（七）产品说明书（样稿）。

（八）其他证明产品符合本程序第二条的资料。

（九）所提交资料真实性的自我保证声明。

境外申请人应当委托中国境内的企业法人作为代理人或者由其在中国境内的办事机构提出申请，并提交以下文件：

1. 境外申请人委托代理人或者其在中国境内办事机构办理创新医疗器械特别审查申请的委托书；

2. 代理人或者申请人在中国境内办事机构的承诺书；

3. 代理人营业执照或者申请人在中国境内办事机构的机构登记证明。

申报资料应当使用中文。原文为外文的，应当有中文译本。

第五条 境内申请人应当向其所在地的省级药品监督管理部门提出创新医疗器械特别审查申请。省级药品监督管理部门对申报项目是否符合本程序第二条要求进行初审，并于20个工作日内出具初审意见。经初审不符合第二条要求的，省级药品监督管理部门应当告知申请人；符合第二条要求的，省级药品监督管理部门将申报资料和初审意见一并报送国家药品监督管理局行政事项受理服务和投诉举报中心（以下简称受理和举报中心）。

境外申请人应当向国家药品监督管理局提出创新医疗器械特别审查申请。

第六条 受理和举报中心对创新医疗器械特别审查申请申报资料进行形式审查，对符合本程序第四条规定的形式要求的予以受理，并给予受理编号，编排方式为：CQTS××××1×××2，其中××××1为申请的年份；×××2为产品流水号。

对于已受理的创新医疗器械特别审查申请，申请人可以在审查决定作出前，申请撤回创新医疗器械特别审查申请及相关资料，并说明理由。

第七条 国家药品监督管理局医疗器械技术审评中心（以下简称器审中心）设立创新医疗器械审查办公室，对创新医疗器械特别审查申请进行审查。

第八条 创新医疗器械审查办公室收到创新医疗器械特别审查申请后，组织专家进行审查。

申请资料存在以下五种情形之一的，创新医疗器械审查办公室不组织专家进行审查：

1. 申请资料虚假的；
2. 申请资料内容混乱、矛盾的；
3. 申请资料的内容与申报项目明显不符的；
4. 申请资料中产品知识产权证明文件不完整、专利权不清晰的；
5. 前次审查意见已明确指出产品主要工作原理或者作用机理非国内首创，且再次申请时产品设计未发生改变的。

第九条 创新医疗器械审查办公室收到创新医疗器械特别审查申请后，应当于 60 个工作日内出具审查意见（公示及异议处理时间不计算在内）。

第十条 经创新医疗器械审查办公室审查，对拟进行特别审查的申请项目，应当在器审中心网站将申请人、产品名称予以公示，公示时间应当不少于 10 个工作日。对于公示内容有异议的，应当对相关意见研究后作出最终审查决定。

第十一条 创新医疗器械审查办公室作出审查决定后，将审查结果通过器审中心网站告知申请人。

审查结果告知后 5 年内，未申报注册的创新医疗器械，不再按照本程序实施审查。5 年后，申请人可按照本程序重新申请创新医疗器械特别审查。

第十二条 经审查拟同意进行特别审查的申请项目，创新医疗器械审查办公室在出具审查意见时一并对医疗器械管理类别进行界定。所申请创新医疗器械的管理属性存在疑问的，申请人应当先进行属性界定后再提出创新医疗器械特别审查申请。对于境内企业申请，如产品被界定为第二类医疗器械，相应的省级药品监督管理部门可参照本程序进行审查。

第十三条 对于经审查同意按本程序审查的创新医疗器械，申请人所在地省级药品监督管理部门应当指定专人，应申请人的要求及时沟通、提供指导。在收到申请人质量管理体系核查申请后，应当予以优先办理。

第十四条 对于创新医疗器械，医疗器械检验机构在进行检验时，应当优先进行检验，并出具检验报告。

第十五条 创新医疗器械的临床试验应当按照医疗器械临床试验相关规定的要求进行，药品监督管理部门应当根据临床试验的进程进行监督检查。

第十六条 创新医疗器械临床研究工作需重大变更的，如临床试验方案修订，使用方法、规格型号、预期用途、适用范围或人群的调整等，申请人应当评估变更对医疗器械安全性、有效性和质量可控性的影响。产品主要工作原理或者作用机理发生变化的创新医疗器械，应当按照本程序重新申请。

第十七条 对于创新医疗器械，在产品注册申请受理前以及技术审评过程中，器审中心应当指定专人，应申请人的要求及时沟通、提供指导，共同讨论相关技术问题。

第十八条 对于创新医疗器械，申请人在注册申请受理前以及技术审评过程中可填写创新医疗器械沟通交流申请表（见附2），就下列问题与器审中心沟通交流：

（一）重大技术问题；

（二）重大安全性问题；

（三）临床试验方案；

（四）阶段性临床试验结果的总结与评价；

（五）其他需要沟通交流的重要问题。

第十九条　器审中心应当对申请人提交的沟通交流申请及相关资料及时进行审核，并将审核结果告知申请人（见附3）。器审中心同意进行沟通交流的，应当明确告知申请人拟讨论的问题，与申请人商定沟通交流的形式、时间、地点、参加人员等，并安排与申请人沟通交流。沟通交流应当形成记录，记录需经双方签字确认，供该产品的后续研究及审评工作参考。

第二十条　受理和举报中心受理创新医疗器械注册申请后，应当将该注册申请项目标记为"创新医疗器械"，并及时进行注册申报资料流转。

第二十一条　器审中心对已受理注册申报的创新医疗器械，应当优先进行技术审评；技术审评结束后，国家药品监督管理局优先进行行政审批。

第二十二条　属于下列情形之一的，国家药品监督管理局可终止本程序并告知申请人：

（一）申请人主动要求终止的；

（二）申请人未按规定的时间及要求履行相应义务的；

（三）申请人提供伪造和虚假资料的；

（四）全部核心技术发明专利申请被驳回或视为撤回的；

（五）失去产品全部核心技术发明专利专利权或者使用权的；

（六）申请产品不再作为医疗器械管理的；

（七）经专家审查会议讨论确定不宜再按照本程序管理的。

第二十三条　国家药品监督管理局在实施本程序过程中，应当加强与有关部门的沟通和交流，及时了解创新医疗器械的研发进展。

第二十四条　按本程序审查获准注册的医疗器械申请许可事项变更的，国家药品监督管理局予以优先办理。

第二十五条　突发公共卫生事件应急所需医疗器械，按照《医疗器械应急审批程序》办理。

第二十六条　本程序对创新医疗器械注册管理未作规定的，按照《医疗器械注册管理办法》等相关规定执行。

第二十七条　省、自治区、直辖市药品监督管理部门可参照本程序开展行政区域内第二类创新医疗器械特别审查工作。

第二十八条　本程序自2018年12月1日起施行。原国家食品药品监督管理总局印发的《创新医疗器械特别审批程序（试行）》（食药监械管〔2014〕13 号）同时废止。

  附：1. 创新医疗器械特别审查申请表（略）
  　　2. 创新医疗器械沟通交流申请表（略）
  　　3. 创新医疗器械沟通交流申请回复单（略）

附录三　医疗器械优先审批程序

国家食品药品监管总局 2016 年第 168 号公告

第一条　为保障医疗器械临床使用需求，根据《医疗器械监督管理条例》（国务院令第 650 号）、《国务院关于改革药品医疗器械审评审批制度的意见》（国发〔2015〕44 号）等有关规定，制定本程序。

第二条　国家食品药品监督管理总局对符合下列条件之一的境内第三类和进口第二类、第三类医疗器械注册申请实施优先审批：

（一）符合下列情形之一的医疗器械：

1. 诊断或者治疗罕见病，且具有明显临床优势；
2. 诊断或者治疗恶性肿瘤，且具有明显临床优势；
3. 诊断或者治疗老年人特有和多发疾病，且目前尚无有效诊断或者治疗手段；
4. 专用于儿童，且具有明显临床优势；
5. 临床急需，且在我国尚无同品种产品获准注册的医疗器械。

（二）列入国家科技重大专项或者国家重点研发计划的医疗器械。

（三）其他应当优先审批的医疗器械。

第三条　对于本程序第二条第（一）、（二）项情形，需要按照本程序优先审批的，申请人应当向国家食品药品监督管理总局提出优先审批申请。

对于本程序第二条第（三）项情形，由国家食品药品监督管理总局广泛听取意见，并组织专家论证后确定。

第四条　对于符合本程序第二条第（一）、（二）项情形的，申请人应当在提交医疗器械注册申请时一并提交医疗器械优先审批申请表（见附1）。

对于本程序第二条第（二）项情形的医疗器械优先审批申请，申请人还应当提交该产品列入国家科技重大专项或者国家重点研发计划的相关证明文件。

第五条　国家食品药品监督管理总局医疗器械注册申请受理部门对优先审批申请材料进行形式审查，对优先审批申请材料齐全且予以受理的注册申请项目，注明优先审批申请，转交国家食品药品监督管理总局医疗器械技术审评中心（以下简称器审中心）进行审核。

第六条　对于本程序第二条第（一）项情形的医疗器械优先审批申请以及其他应当优先审批的医疗器械，器审中心每月集中组织专家论证审核，出具审核意见。经专家论证需要优先审批的，拟定予以优先审批。

对于本程序第二条第（二）项情形的医疗器械优先审批申请，器审中心自收到申请之日起 5 个工作日内进行审核，符合优先审批情形的，拟定予以优先审批。

第七条　器审中心将拟定优先审批项目的申请人、产品名称、受理号在其网站上予以公示，公示时间应当不少于 5 个工作日。公示期内无异议的，即优先进入审评程序，并告知申请人。

第八条　对公示项目有异议的，应当在公示期内向器审中心提交书面意见并说明理由（异议表见附2）。器审中心应当在收到异议起 10 个工作日内，对相关意见进行研究，并将研究意见告知申请人和提出异议方。

第九条　器审中心经审核不予优先审批的，将不予优先审批的意见和原因告知申请人，并按常规审批程序办理。

第十条　器审中心对列入优先审批的医疗器械注册申请，按照接收时间单独排序，优先进行技术审评。

第十一条　对于优先审批的项目，省级食品药品监督管理部门优先安排医疗器械注册质量管理体系核查。

第十二条　对于优先审批的项目，器审中心在技术审评过程中，应当按照相关规定积极与申请人进行沟通交流，必要时，可以安排专项交流。

第十三条　对于申请优先审批的境内医疗器械注册申请项目，器审中心确认该产品属于第二类医疗器械的，受理部门及时将第二类医疗器械注册申报资料和分类意见转申请人所在地省级食品药品监督管理部门审评审批。

第十四条　对于优先审批的项目，器审中心在技术审评报告中注明为优先审批项目，国家食品药品监督管理总局优先进行行政审批。

第十五条　已经按照医疗器械应急审批程序、创新医疗器械特别审批程序进行审批的注册申请项目，不执行本程序。

第十六条　各省、自治区、直辖市食品药品监督管理部门可参照本程序开展行政区域内第二类医疗器械注册优先审批工作。

第十七条　本程序自 2017 年 1 月 1 日起施行。

附：1. 医疗器械优先审批申请表（略）
　　2. 医疗器械优先审批项目异议表（略）

附录四 专利优先审查管理办法

国家知识产权局令第 76 号公布

第一条 为了促进产业结构优化升级，推进国家知识产权战略实施和知识产权强国建设，服务创新驱动发展，完善专利审查程序，根据《中华人民共和国专利法》和《中华人民共和国专利法实施细则》（以下简称专利法实施细则）的有关规定，制定本办法。

第二条 下列专利申请或者案件的优先审查适用本办法：

（一）实质审查阶段的发明专利申请；

（二）实用新型和外观设计专利申请；

（三）发明、实用新型和外观设计专利申请的复审；

（四）发明、实用新型和外观设计专利的无效宣告。

依据国家知识产权局与其他国家或者地区专利审查机构签订的双边或者多边协议开展优先审查的，按照有关规定处理，不适用本办法。

第三条 有下列情形之一的专利申请或者专利复审案件，可以请求优先审查：

（一）涉及节能环保、新一代信息技术、生物、高端装备制造、新能源、新材料、新能源汽车、智能制造等国家重点发展产业；

（二）涉及各省级和设区的市级人民政府重点鼓励的产业；

（三）涉及互联网、大数据、云计算等领域且技术或者产品更新速度快；

（四）专利申请人或者复审请求人已经做好实施准备或者已经开始实施，或者有证据证明他人正在实施其发明创造；

（五）就相同主题首次在中国提出专利申请又向其他国家或者地区提出申请的该中国首次申请；

（六）其他对国家利益或者公共利益具有重大意义需要优先审查。

第四条 有下列情形之一的无效宣告案件，可以请求优先审查：

（一）针对无效宣告案件涉及的专利发生侵权纠纷，当事人已请求地方知识产权局处理、向人民法院起诉或者请求仲裁调解组织仲裁调解；

（二）无效宣告案件涉及的专利对国家利益或者公共利益具有重大意义。

第五条 对专利申请、专利复审案件提出优先审查请求，应当经全体申请人或者全体复审请求人同意；对无效宣告案件提出优先审查请求，应当经无效宣告请求人或者全体专利权人同意。

处理、审理涉案专利侵权纠纷的地方知识产权局、人民法院或者仲裁调解组织可以对无效宣告案件提出优先审查请求。

第六条 对专利申请、专利复审案件、无效宣告案件进行优先审查的数量，由国家知识产权局根据不同专业技术领域的审查能力、上一年度专利授权量以及本年度待审案件数量等情况确定。

第七条 请求优先审查的专利申请或者专利复审案件应当采用电子申请方式。

第八条 申请人提出发明、实用新型、外观设计专利申请优先审查请求的，应当提交优先审查请求书、现有技术或者现有设计信息材料和相关证明文件；除本办法第三条第五项的情形外，优先审查请求书应当由国务院相关部门或者省级知识产权局签署推荐意见。

当事人提出专利复审、无效宣告案件优先审查请求的，应当提交优先审查请求书和相关证明文件；除在实质审查或者初步审查程序中已经进行优先审查的专利复审案件外，优先审查请求书应当由国务院相关部门或者省级知识产权局签署推荐意见。

地方知识产权局、人民法院、仲裁调解组织提出无效宣告案件优先审查请求的，应当提交优先审查请求书并说明理由。

第九条 国家知识产权局受理和审核优先审查请求后，应当及时将审核意见通知优先审查请求人。

第十条 国家知识产权局同意进行优先审查的，应当自同意之日起，在以下期限内结案：

（一）发明专利申请在四十五日内发出第一次审查意见通知书，并在一年内结案；

（二）实用新型和外观设计专利申请在两个月内结案；

（三）专利复审案件在七个月内结案；

（四）发明和实用新型专利无效宣告案件在五个月内结案，外观设计专利无效宣告案件在四个月内结案。

第十一条 对于优先审查的专利申请，申请人应当尽快作出答复或者补正。申请人答复发明专利审查意见通知书的期限为通知书发文日起两个月，申请人答复实用新型和外观设计专利审查意见通知书的期限为通知书发文日起十五日。

第十二条 对于优先审查的专利申请，有下列情形之一的，国家知识产权局可以停止优先审查程序，按普通程序处理，并及时通知优先审查请求人：

（一）优先审查请求获得同意后，申请人根据专利法实施细则第五十一条第一、二款对申请文件提出修改；

（二）申请人答复期限超过本办法第十一条规定的期限；

（三）申请人提交虚假材料；

（四）在审查过程中发现为非正常专利申请。

第十三条 对于优先审查的专利复审或者无效宣告案件，有下列情形之一的，专利复审委员会可以停止优先审查程序，按普通程序处理，并及时通知优先审查请求人：

（一）复审请求人延期答复；

（二）优先审查请求获得同意后，无效宣告请求人补充证据和理由；

（三）优先审查请求获得同意后，专利权人以删除以外的方式修改权利要求书；

（四）专利复审或者无效宣告程序被中止；

（五）案件审理依赖于其他案件的审查结论；

（六）疑难案件，并经专利复审委员会主任批准。

第十四条 本办法由国家知识产权局负责解释。

第十五条 本办法自 2017 年 8 月 1 日起施行。2012 年 8 月 1 日起施行的《发明专利申请优先审查管理办法》同时废止。

附录五　专利申请集中审查管理办法（试行）

国知发法字〔2019〕47号

第一条　为了落实《国务院关于新形势下加快知识产权强国建设的若干意见》（国发〔2015〕71号）要求，支持培育核心专利，加快产业专利布局，推进国家知识产权战略实施和知识产权强国建设，服务创新驱动发展战略，制定本办法。

第二条　集中审查是指为了加强对专利申请组合整体技术的理解，提高审查意见通知书的有效性，提升审查质量和审查效率，国家知识产权局依申请人或省级知识产权管理部门等提出的请求，围绕同一项关键技术的专利申请组合集中进行审查的专利审查模式。

第三条　请求进行集中审查的专利申请应当符合以下条件：

（一）实质审查请求已生效且未开始审查的发明专利申请。对于同一申请人同日对同样的发明创造既申请实用新型专利又申请发明专利的，该发明专利申请暂不纳入集中审查范围。

（二）涉及国家重点优势产业，或对国家利益、公共利益具有重大意义。

（三）同一批次内申请数量不低于50件，且实质审查请求生效时间跨度不超过一年。

（四）未享受过优先审查等其他审查政策。

第四条　提出集中审查的请求人需向国家知识产权局专利局审查业务管理部（下称"审查业务管理部"）提交集中审查请求材料，材料中应详细说明请求集中审查的具体理由，专利申请清单以及每一件专利申请与专利申请组合的对应关系，全部专利申请人的签字或盖章以及联系人和联系方式。专利申请清单同时还应当提交一份电子件。

第五条　专利申请集中审查工作由审查业务管理部和国家知识产权局专利局审查部门单位（下称"审查部门单位"）共同组织开展。

第六条　审查业务管理部负责集中审查工作的统筹与协调，主要包括以下内容：

（一）对集中审查请求进行受理、审核。

（二）综合考虑申请人需求、案源审序和所属技术领域的审查能力等因素，集中审查的启动时间一般在实审生效已满3个月后，并在案源系统中对集中审查案件进行标记。

（三）组织相关审查部门单位实施集中审查。

（四）其他需要统筹与协调的工作。

第七条 审查部门单位负责案件的集中审查，主要包括以下内容：

（一）成立集中审查工作管理小组，组织协调本部门单位的集中审查工作。

（二）组织审查质量高、经验丰富、责任心强的优秀审查员承担集中审查工作。

（三）根据需要组织开展技术说明会、会晤、调研、巡回审查等。

（四）其他与集中审查有关工作。

第八条 经审批同意进行集中审查的，专利申请人应当积极配合集中审查实施，主要包括以下内容：

（一）根据审查部门单位的要求，提供相关技术资料。

（二）积极配合审查部门单位提出的技术说明会、会晤、调研、巡回审查等。

（三）及时对集中审查开展过程中的问题、经验、效果和价值等情况进行反馈。

（四）其他需要配合的工作。

第九条 正在实施集中审查的专利申请，有下列情形之一的，审查业务管理部或审查部门单位可以终止同批次集中审查程序：

（一）申请人提交虚假材料。

（二）申请人不履行本办法第八条相关义务。

（三）在审查过程中发现存在非正常专利申请。

（四）申请人主动提出终止集中审查程序。

（五）其他应终止集中审查程序的情形。

第十条 本办法由国家知识产权局专利局审查业务管理部负责解释。

第十一条 本办法自公布之日起施行。

附录六 第1—第23届中国专利奖（医学装备类）名录

中国专利奖	奖项	专利号	发明创造名称	专利权人
第一届中国专利奖（1989年）			—	
第二届中国专利奖（1991年）			—	
第三届中国专利奖（1993年）			—	
第四届中国专利奖（1995年）			—	
第五届中国专利奖（1997年）			—	
第六届中国专利奖（1999年）			—	
第七届中国专利奖（2001年）			—	
第八届中国专利奖（2003年）			—	
第九届中国专利奖（2005年）	中国专利金奖	ZL99100669.0	一种荧光定量聚合酶链式反应方法及其试剂盒	中山大学达安基因股份有限公司
	中国专利优秀奖	ZL1129699.2	纳米相钙磷盐/胶原/高分子骨复合多孔材料的制备方法	清华大学
	中国专利优秀奖	ZL2132693.2	激光成像装置	沈阳东软数字医疗系统股份有限公司

续表

中国专利奖	奖项	专利号	发明创造名称	专利权人
第十届中国专利奖（2007年）	中国专利优秀奖	ZL200410021933.5	医用无线电胶囊式内窥系统	重庆金山科技（集团）有限公司
	中国专利优秀奖	002202598.1	摄像显微镜	麦克奥迪实业集团有限公司
	中国专利优秀奖	ZL200310121173.0	基于点重建的超大规模医学影像三维可视化方法	中国科学院自动化研究所
第十一届中国专利奖（2009年）	中国专利优秀奖	ZL200310111756.5	一种肿瘤介入热疗仪	珠海和佳医疗设备股份有限公司
	中国专利优秀奖	ZL02132571.5	一种CT机	东软飞利浦医疗设备系统有限责任公司
第十二届中国专利奖（2010年）	中国专利优秀奖	ZL200610054209.1	医用血液透析滤过机	重庆山外山科技有限公司
	中国专利优秀奖	ZL200530159116.1	生命体征监护仪（高端监护三）	深圳迈瑞生物医疗电子股份有限公司
	中国专利优秀奖	ZL200510043744.2	显微镜的自动进片装置	麦克奥迪实业集团有限公司
第十三届中国专利奖（2011年）	中国外观设计金奖	ZL200830294263.3	制氧机（7F-5A）	江苏鱼跃医疗设备股份有限公司
	中国外观设计优秀奖	ZL200430092485.9	体外高频热疗机	珠海和佳医疗设备股份有限公司
	中国外观设计优秀奖	ZL201030124855.8	LED手术灯灯头	南京迈瑞生物医疗电子有限公司
	中国外观设计优秀奖	ZL200630016007.9	便携式彩超（DC-3A）	深圳迈瑞生物医疗电子股份有限公司

续表

中国专利奖	奖项	专利号	发明创造名称	专利权人
第十四届中国专利奖（2012年）	中国专利优秀奖	ZL200410053179.3	药物洗脱支架	微创医疗器械（上海）有限公司
	中国专利优秀奖	ZL200510057039.8	立体成像的智能胶囊式消化道内窥镜	重庆金山科技（集团）有限公司
	中国专利优秀奖	ZL200510100147.9	消除彩色血流图像中速度异常点的方法	深圳迈瑞生物医疗电子股份有限公司
	中国专利优秀奖	ZL200710099044.4	一种多模态自发荧光断层分子影像仪器及重建方法	中国科学院自动化研究所
	中国专利优秀奖	ZL200810119265.8	一种便携式连续性肾脏替代治疗机	北京股商时代科技有限公司
	中国专利优秀奖	ZL200910103422.0	一种无槽无刷直流电机转子的制备方法	重庆润泽医疗器械有限公司
	中国外观设计优秀奖	ZL200830342039.7	血糖仪	长沙三诺生物传感技术股份有限公司
第十五届中国专利奖（2013年）	中国专利金奖	ZL200710073184.4	一种流式细胞检测装置及其实现的流式细胞检测方法	深圳迈瑞生物医疗电子股份有限公司
	中国专利优秀奖	ZL200410093250.0	医学热诊断数字图像扫描系统	邱毅
	中国专利优秀奖	ZL200580049795.4	一种激光阵列芯片扫描仪	博奥生物有限公司，清华大学
	中国专利优秀奖	ZL200620001637.3	医用雷火灸	赵时碧

续表

中国专利奖	奖项	专利号	发明创造名称	专利权人
第十五届中国专利奖（2013年）	中国专利优秀奖	ZL200710075828.3	一种多功能健康检查设备及其控制方法	深圳先进技术研究院
	中国专利优秀奖	ZL200810096785.1	一种自毁式安全注射器	汕头华尔怡医疗器械有限公司
	中国专利优秀奖	ZL201110030367.4	甲型H1N1流感病毒检测试剂盒及检测方法	中国科学院北京基因组研究所
	中国外观设计金奖	ZL201130016486.5	等中心C形臂X射线摄影机	南京普爱射线影像设备有限公司
	中国外观设计优秀奖	ZL201230407028.9	放射治疗模拟机	山东新华医疗器械股份有限公司
第十六届中国专利奖（2014年）	中国专利优秀奖	ZL200910040956.3	军团菌种快速检测试剂盒及其检测方法	广州金域医学检验中心有限公司
	中国专利优秀奖	ZL200610106875.5	一种有核细胞体外分离试剂盒及其应用方法	中航（宁夏）生物有限责任公司
	中国专利优秀奖	ZL200810166326.6	酶法检测糖化血红蛋白的试剂盒	宁波美康生物科技股份有限公司
	中国专利优秀奖	ZL201010252492.5	医用偏转磁聚焦结构的重离子或质子同步加速器	中国科学院近代物理研究所
	中国专利优秀奖	ZL200710305062.3	一种基于多导同步心电信号处理方法及装置	深圳迈瑞生物医疗电子股份有限公司

续表

中国专利奖	奖项	专利号	发明创造名称	专利权人
第十六届中国专利奖（2014年）	中国专利优秀奖	ZL201210487715.5	一种抑制粒子翻滚的粒子成像装置及方法	长春迪瑞医疗科技股份有限公司
	中国专利优秀奖	ZL200510008995.7	检测禽流感病毒的核苷酸序列、试剂盒及检验方法	中华人民共和国北京出入境检验检疫局、凯杰生物工程（深圳）有限公司
	中国外观设计优秀奖	ZL201130443504.8	彩色台式超声系统（Centaur）	深圳迈瑞生物医疗电子股份有限公司
	中国外观设计优秀奖	ZL201230150065.6	G型臂X光机（Ⅲ型）	北京东方惠尔图像技术有限公司
第十七届中国专利奖（2015年）	中国专利优秀奖	ZL200510004980.3	一种聚焦超声波治疗系统	重庆海扶医疗科技股份有限公司
	中国专利优秀奖	ZL200510120801.2	除颤双相波的波形产生装置	深圳迈瑞生物医疗电子股份有限公司
	中国专利优秀奖	ZL200810216864.1	血液检测试剂和方法	深圳迈瑞生物医疗电子股份有限公司
	中国专利优秀奖	ZL201010004421.3	X射线管	江苏天瑞仪器股份有限公司
	中国专利优秀奖	ZL201010247324.7	一种检测遗传性耳聋的试剂盒	博奥生物集团有限公司，清华大学
	中国专利优秀奖	ZL201110233593.2	基于多参数的颅内压无创检测方法及装置	重庆大学，重庆中力医疗器械有限公司

续表

中国专利奖	奖项	专利号	发明创造名称	专利权人
第十七届中国专利奖（2015年）	中国专利优秀奖	ZL201210494930.8	骨科钻锯动力手机	重庆西山科技有限公司
	中国专利优秀奖	ZL201310318732.0	防渗漏医用生物安全冷藏箱	尤向东、姜伟
	中国专利优秀奖	ZL201320880335.8	一种超声探头	深圳市一体医疗科技有限公司
	中国外观设计优秀奖	ZL201230522469.3	静息心电图机（BeneHeart R3）	深圳迈瑞生物医疗电子股份有限公司
第十八届中国专利奖（2016年）	中国专利金奖	ZL201310072198.X	平面回波成像序列图像的重建方法	上海联影医疗科技有限公司
	中国专利优秀奖	ZL200810152764.7	辅助微创外科手术的机器人本体系统	天津大学
	中国专利优秀奖	ZL200910105618.3	一种肝脏多维超声弹性检测装置及其检测方法	深圳市一体医疗科技有限公司
	中国专利优秀奖	ZL201110343291.0	超声成像的方法和装置	深圳迈瑞生物医疗电子股份有限公司
	中国外观设计优秀奖	ZL201230613827.1	超声测量系统的模块交互方法和超声测量系统	深圳开立生物医疗科技股份有限公司
	中国外观设计优秀奖	ZL201330553948.6	超声成像检测仪	汕头市超声仪器研究所有限公司
	中国外观设计优秀奖	ZL201530082696.2	呼吸机（SV300）	深圳迈瑞生物医疗电子股份有限公司
	中国外观设计优秀奖		数字X光机	上海联影医疗科技有限公司

续表

中国专利奖	奖项	专利号	发明创造名称	专利权人
中国专利奖	中国专利优秀奖	ZL200810019053.2	自动化药房	苏州艾隆科技股份有限公司
	中国专利优秀奖	ZL201010527681.9	一种磁珠与发光体共标记以检测遗传性耳聋的试剂盒	博奥生物集团有限公司，清华大学
	中国专利优秀奖	ZL201010596791.0	改进型安全便捷式一次性自动采血针	苏州施莱医疗器械有限公司
	中国专利优秀奖	ZL201210023933.3	一种能识别治疗头的装置及其方法	广州龙之杰科技有限公司
	中国专利优秀奖	ZL201210038303.3	高灵敏度实时荧光检测试剂盒及其应用	苏州华益美生物科技有限公司
第十九届中国专利奖（2017年）	中国专利优秀奖	ZL201210241945.3	一种联动控制装置及采用其的血气分析仪	深圳市理邦精密仪器股份有限公司
	中国专利优秀奖	ZL201210365822.0	一种CT图像金属伪影校正方法、装置及CT设备	上海联影医疗科技股份有限公司
	中国专利优秀奖	ZL201410102125.5	内窥镜光源亮度自动调节的方法和装置	深圳开立生物医疗科技股份有限公司
	中国专利优秀奖	ZL201410384008.2	用于创面超声诊断的杀菌型医用超声耦合剂及其制备方法	广州润虹医药科技有限公司
	中国专利优秀奖	ZL201410449764.9	无创血糖测定方法及系统	深圳市前海安测信息技术有限公司

续表

中国专利奖	奖项	专利号	发明创造名称	专利权人
第十九届中国专利奖（2017年）	中国外观设计优秀奖	ZL201230251370.4	彩色多普勒超声诊断仪（推车式）	汕头市超声仪器研究所有限公司
	中国外观设计优秀奖	ZL201430424051.8	PET/CT 主机外罩	沈阳东软医疗系统有限公司
	中国外观设计优秀奖	ZL201530007971.4	移动式 X 射线影像诊断系统	深圳迈瑞生物医疗电子股份有限公司
	中国专利优秀奖	ZL200910235731.3	超声无损检测粘弹性介质弹性的方法及其装置	北京索瑞特医学技术有限公司，无锡海斯凯尔医学技术有限公司
	中国专利优秀奖	ZL201010141112.0	心脏麻醉导管头部弹性软化液及其制备和使用方法	浙江苏嘉医疗器械股份有限公司，浙江大学
	中国专利优秀奖	ZL201210044897.9	添加医用或保健辅料的卫生敷料生产设备及生产方法	奥美医疗用品股份有限公司
第二十届中国专利奖（2018年）	中国专利优秀奖	ZL201310071373.3	新生儿呼吸暂停抢救装置	深圳市科曼医疗设备有限公司
	中国专利优秀奖	ZL201310390916.8	磁共振快速成像方法及其系统	深圳先进技术研究院
	中国专利优秀奖	ZL201410054600.6	基于医学图像的肝脏分段方法及其肝脏分段系统	海信集团有限公司
	中国专利优秀奖	ZL201410142372.8	一种具运动定位功能的胶囊内镜系统及其胶囊内镜	重庆金山科技（集团）有限公司
	中国专利优秀奖	ZL201410614512.7	基于智能语音识别的医学影像解读方法和装置	深圳市前海安测信息技术有限公司，深圳市易特科信息技术有限公司

续表

中国专利奖	奖项	专利号	发明创造名称	专利权人
	中国专利优秀奖	ZL201410625939.7	用于检测DNA片段的碱基序列的微流控芯片	深圳华大智造科技有限公司
	中国专利优秀奖	ZL201480039632.7	一种全血样本检测方法及血液检测仪	深圳迈瑞生物医疗电子股份有限公司
	中国专利优秀奖	ZL201510033038.3	超声信号的时延估计方法及系统	飞依诺科技（苏州）有限公司
	中国专利优秀奖	ZL201510634394.0	一种医用热熔胶及其制备方法	佛山南宝高盛高新材料有限公司
第二十届中国专利奖（2018年）	中国外观设计优秀奖	ZL201430220319.6	制氧机	江苏鱼跃医疗设备股份有限公司，江苏鱼跃信息系统有限公司，南京鱼跃软件技术有限公司，苏州鱼跃医疗科技有限公司
	中国外观设计优秀奖	ZL201530331844.X	急救呼吸机（510S）	北京谊安医疗系统股份有限公司
	中国外观设计优秀奖	ZL201530521305.2	呼吸面罩	北京怡和嘉业医疗科技股份有限公司
	中国外观设计优秀奖	ZL201630508527.5	多功能健康一体机	深圳市易特科信息技术有限公司，深圳市前海安测信息技术有限公司

续表

中国专利奖	奖项	专利号	发明创造名称	专利权人
第二十一届中国专利奖（2019年）	中国专利金奖	ZL201110159194.6	一种弹性成像中的位移检测方法及装置	深圳迈瑞生物医疗电子股份有限公司
	中国专利金奖	ZL201610709400.9	一种脑电与温度相结合的抑郁人群判定系统	兰州大学
	中国专利银奖	ZL200910055719.4	在医疗器械上装载药物和/或聚合物的方法和装置	上海微创医疗器械（集团）有限公司
	中国专利银奖	ZL200910111499.2	用于检测人类EGFR基因突变的引物、探针及其使用方法	厦门艾德生物医药科技股份有限公司
	中国专利优秀奖	ZL200610056960.5	戊型肝炎病毒抗体以及利用所述抗体检测戊型肝炎病毒的方法和试剂盒	中国药品生物制品检定所、北京万泰生物药业股份有限公司
	中国专利优秀奖	ZL200910052079.1	分支型覆膜支架输送系统及其输送方法	上海微创心脉医疗科技股份有限公司
	中国专利优秀奖	ZL201010150780.X	一种方便植入的人造瓣膜置换装置及支架	杭州启明医疗器械股份有限公司
	中国专利优秀奖	ZL201110461121.2	一种多个试管管帽的脱帽装置	广州阳普医疗科技股份有限公司
	中国专利优秀奖	ZL201310000273.1	磁共振扫描方法及装置	深圳联影医疗科技有限公司
	中国专利优秀奖	ZL201310003103.9	一种安全型留置针以及屏蔽帽	广州阳普医疗科技股份有限公司、阳普医疗（湖南）有限公司

续表

中国专利奖	奖项	专利号	发明创造名称	专利权人
第二十一届中国专利奖（2019年）	中国专利优秀奖	ZL201310150194.9	定量微量采血移液管	江苏科华医疗器械科技有限公司
	中国专利优秀奖	ZL201310351363.5	一种腱腱缝合器	中国人民解放军总医院
	中国专利优秀奖	ZL201310614751.8	一种治疗四肢长管状骨骨折的快速复位器	张英泽
	中国专利优秀奖	ZL201310717463.5	一种平板探测器通讯控制系统	北京万东医疗科技股份有限公司
	中国专利优秀奖	ZL201410148012.9	消融针穿刺路径规划方法及系统	中国人民解放军总医院
	中国专利优秀奖	ZL201410336740.2	用于超声设备的模式化设置的装置及相关方法	深圳开立生物医疗科技股份有限公司
	中国专利优秀奖	ZL201410561699.9	选择检测区域的方法及装置及弹性检测系统	无锡海斯凯尔医学技术有限公司
	中国专利优秀奖	ZL201410737792.0	血凝仪以及网络医院用于预防血栓的医疗系统	深圳市共创百业科技开发有限公司、深圳市易特科信息技术有限公司
	中国专利优秀奖	ZL201510026576.X	一种外科器械及其控弯机构	上海逸思医疗科技有限公司、逸思（苏州）医疗科技有限公司
	中国专利优秀奖	ZL201510880762.X	CT金属伪影处理方法和装置	东软医疗系统股份有限公司

续表

中国专利奖	奖项	专利号	发明创造名称	专利权人
第二十一届中国专利奖（2019年）	中国专利优秀奖	ZL201510917338.8	一种超声空化强度的调节方法和装置	飞依诺科技（苏州）有限公司
	中国专利优秀奖	ZL201611101625.2	用于全自动化学发光仪的三维取样机构	安图实验仪器（郑州）有限公司
	中国外观设计银奖	ZL201730183090.7	医用血管造影X射线机机架	东软医疗系统股份有限公司
	中国外观设计优秀奖	ZL201830037857.X	下肢康复外骨骼机器人	中航创世机器人（西安）有限公司
	中国外观设计优秀奖	ZL201830222642.5	人工智能辅助分析的电子听诊器	江苏鹿得医疗电子股份有限公司
第二十二届中国专利奖（2020年）	中国专利金奖	ZL201110021494.8	一种关节软骨修复再生用支架及其制备方法	北京万洁天元医疗器械股份有限公司
	中国专利金奖	ZL201110146287.5	左心耳封堵器	先健科技（深圳）有限公司
	中国专利金奖	ZL201820240430.4	一种呼吸机	江苏鱼跃医疗设备股份有限公司、苏州鱼跃医疗科技有限公司、苏州医疗用品厂有限公司、江苏鱼跃信息系统有限公司、南京鱼跃软件技术有限公司
	中国专利银奖	ZL200710078430.5	人工肝肾支持系统	重庆山外山血液净化技术股份有限公司

· 173 ·

续表

中国专利奖	奖项	专利号	发明创造名称	专利权人
	中国专利银奖	ZL201110393379.3	一种超声成像的方法和装置	深圳迈瑞生物医疗电子股份有限公司、深圳迈瑞科技有限公司
	中国专利优秀奖	ZL200810023025.8	一次性安全划口式采血针	苏州施莱医疗器械有限公司
	中国专利优秀奖	ZL200910043652.2	一种提取靶核酸并进行PCR扩增检测的方法	圣湘生物科技股份有限公司
	中国专利优秀奖	ZL201010159573.0	多试剂生化分析仪	山东博科生物产业有限公司
	中国专利优秀奖	ZL201010252917.2	一种荧光标记的插入缺失遗传多态性位点复合扩增系统及其应用	司法部司法鉴定科学技术研究所
第二十二届中国专利奖（2020年）	中国专利优秀奖	ZL201110007940.X	用于植入胸锁钩接骨板的器械	浙江科惠医疗器械股份有限公司
	中国专利优秀奖	ZL201110223436.3	化验检测判定设备及方法	广州万孚生物技术股份有限公司
	中国专利优秀奖	ZL201110350343.7	冷沉淀凝血因子制备仪	山东中保康医疗器具有限公司
	中国专利优秀奖	ZL201110433659.2	具有抑菌、吸湿和贡献钙离子的伤口敷料	佛山市优特医疗科技有限公司、南方医科大学珠江医院
	中国专利优秀奖	ZL201210277141.9	检测α珠蛋白基因拷贝数的方法和系统	深圳华大基因股份有限公司
	中国专利优秀奖	ZL201310465859.5	一种医用血液辐照设备的自动送取血杯装置	深圳市源兴医药股份有限公司、深圳市华科核医疗技术有限公司

续表

中国专利奖	奖项	专利号	发明创造名称	专利权人
第二十二届中国专利奖（2020年）	中国专利优秀奖	ZL201310534444.9	一种PET三维图像重建方法和装置	上海联影医疗科技股份有限公司
	中国专利优秀奖	ZL201310544621.1	安瓿输液制品行进瓶体自动倒瓶装置	中国大冢制药有限公司
	中国专利优秀奖	ZL201310549338.8	一种数字切片实时扫描自动聚焦跟踪方法	麦克奥迪实业集团有限公司
	中国专利优秀奖	ZL201310580245.1	准周期生理信号特征点的检测	深圳邦健生物医疗设备股份有限公司
	中国专利优秀奖	ZL201410008729.3	用于呼吸机的加湿器以及呼吸机	北京怡和嘉业医疗科技股份有限公司
	中国专利优秀奖	ZL201410026059.8	血液透析浓缩液及其制备方法	广州康盛生物科技股份有限公司
	中国专利优秀奖	ZL201410405945.1	透析器切膜装置	贝恩医疗设备（广州）有限公司
	中国专利优秀奖	ZL201410524820.0	电子耳蜗反向信号射频传输接收芯片及系统	浙江诺尔康神经电子科技股份有限公司
	中国专利优秀奖	ZL201410764395.2	牙齿全景图像的生成方法、装置及用于拍摄牙齿的全景机	合肥美亚光电技术股份有限公司
	中国专利优秀奖	ZL201420750277.1	用于基因测序系统的样品预处理设备	深圳华大智造科技股份有限公司

续表

中国专利奖	奖项	专利号	发明创造名称	专利权人
第二十二届中国专利奖（2020年）	中国专利优秀奖	ZL201510852380.6	基于超声导波的双向时间反演损伤成像方法	华南理工大学，广东汕头超声电子股份有限公司
	中国专利优秀奖	ZL201510904265.9	基于白睛无影成像的人体健康状况在体分析系统	博奥颐和健康科学技术（北京）有限公司，博奥生物集团有限公司，重庆颐和九叶堂生物科技有限公司，清华大学
	中国专利优秀奖	ZL201580001253.3	一种磁共振化学位移编码成像方法、装置及设备	中国科学院深圳先进技术研究院
	中国专利优秀奖	ZL201610033568.2	内窥镜、光机连接装置及改造二维内窥镜系统的方法	珠海康弘发展有限公司
	中国专利优秀奖	ZL201610077244.9	确定投影角度和投影的方法和计算机断层扫描设备	上海西门子医疗器械有限公司
	中国专利优秀奖	ZL201610379167.2	基于植入虚拟支架的血管压力降数值及血流储备分数的评估方法和系统	博动医学影像科技（上海）有限公司
	中国专利优秀奖	ZL201610715160.3	一种三维多孔复合支架及其制备方法	广州贝奥吉因生物科技股份有限公司，广州创赛生物医用材料有限公司
	中国专利优秀奖	ZL201710491817.7	CT图像的投影校正方法和系统	广州华端科技有限公司

续表

中国专利奖	奖项	专利号	发明创造名称	专利权人
第二十二届中国专利奖（2020年）	中国专利优秀奖	ZL201710507484.2	抗原或抗体包被磁粒的方法、应用及试剂盒	迈克生物股份有限公司
	中国专利优秀奖	ZL201820049911.7	改良人工鼻泪管及分体式人工泪管	中国人民解放军总医院第三医学中心
	中国外观设计金奖	ZL201730527939.8	质子治疗装置	合肥中科离子医学技术装备有限公司
	中国外观设计金奖	ZL201230168771.3	彩色超声诊断仪	飞依诺科技（苏州）有限公司
	中国外观设计银奖	ZL201930104610.X	核酸检测分析仪	圣湘生物科技股份有限公司
	中国外观设计优秀奖	ZL201630291215.3	微型胎儿监护仪套件	深圳邦健生物医疗设备股份有限公司

·177·

附录七 医学装备领域申请人名称约定

约定名称	对应申请人名称及注释	申请人类型
爱惜康	ethicon llc	外资企业
	ethicon endo – surgery, llc	
	ethicon endo – surgery, inc.	
西门子	siemens aktiengesellschaft	外资企业
	西门子（深圳）磁共振有限公司	
	西门子医疗有限公司	
	美国西门子医疗系统股份有限公司	
	西门子医疗国际股份有限公司	
	美国西门子医疗解决公司	
	上海西门子医疗器械有限公司	
奥林巴斯	olympus corporation	外资企业
	olympus medical systems corp.	
	奥林巴斯株式会社	
	奥林巴斯医疗株式会社	
美敦力	美敦力公司	外资企业
	Medtronic Inc	
	Medtronic Vascular Inc	
东芝	TOSHIBA CORP	外资企业
	株式会社东芝	
	东芝医疗系统株式会社	
宝洁	宝洁公司	外资企业
	The Procter Gamble Company	
通用电气	通用电气公司	外资企业
	通用电气精准医疗有限责任公司	
柯惠	柯惠LP公司	外资企业
	柯惠有限合伙公司	

续表

约定名称	对应申请人名称及注释	申请人类型
富士	Fujifilm Corp	外资企业
	Fuji Photo Film Co Ltd	
	富士胶片医疗健康株式会社	
	富士胶片株式会社	
尤妮佳	尤妮佳股份有限公司	外资企业
	Unicharm Corporation	
飞利浦	Koninklijke Philips N V	外资企业
	Koninklijke Philips Electronics N V	
	皇家飞利浦有限公司	
BD 公司	Becton Dickinson And Company	外资企业
	Becton Dickinson CO	
	贝克顿 迪金森公司	
金佰利	Kimberly Clark Co	外资企业
	Kimberly Clark Worldwide Inc；	
	金佰利（中国）有限公司	
泰科	Tyco Healthcare Group Lp	外资企业
	Tyco Healthcare	
史赛克	史赛克公司	外资企业
	Stryker Corporation	
	Stryker European Operations Limited	
深圳迈瑞	深圳迈瑞生物医疗电子股份有限公司	国内企业
	深圳迈瑞科技有限公司	
	南京迈瑞生物医疗电子有限公司	
	武汉迈瑞科技有限公司	
上海联影	上海联影医疗科技股份有限公司	国内企业
	上海联影医疗科技有限公司	
	武汉联影医疗科技有限公司	
	武汉联影智融医疗科技有限公司	
第二军医大学	中国人民解放军海军军医大学	高等院校
第四军医大学	中国人民解放军空军军医大学	高等院校
苏州同心	苏州同心医疗器械有限公司	国内企业

续表

约定名称	对应申请人名称及注释	申请人类型
苏州心擎	苏州心擎医疗技术有限公司	国内企业
深圳核心	深圳核心医疗科技有限公司	国内企业
航天泰心	航天泰心科技有限公司	国内企业
上海微创机器人	上海微创医疗机器人（集团）股份有限公司	国内企业
上海微创	上海微创医疗器械（集团）有限公司	国内企业
直观外科	直观外科手术操作公司	外资企业
德普伊	新特斯有限责任公司	外资企业
	德普伊产品公司	
	德普伊新特斯产品有限责任公司	
	德普伊新特斯产品公司	
	德普伊（爱尔兰）有限公司	
	德普伊国际有限公司	
	德普伊爱尔兰无限公司	
	德普伊矫形外科有限责任公司	
	新特斯（美国）公司	
	德普伊（爱尔兰）公司	
	德普伊脊椎股份有限公司	
华沙整形	华沙整形外科股份有限公司	外资企业
	华沙整形外科公司	
捷迈	捷迈有限公司	外资企业
	捷迈有限责任公司	
	捷迈脊柱公司	
	捷迈公司	
	捷迈整形外科生物材料有限公司	
	捷迈脊柱有限公司	
	捷迈齿科有限公司	
巴奥米特	英国巴奥米特保健有限公司	外资企业
	英国巴奥米特有限公司	
	巴奥米特 UK 有限公司	
	巴奥米特制造公司	

续表

约定名称	对应申请人名称及注释	申请人类型
波士顿科学	波士顿科学国际有限公司	外资企业
	波士顿科学医学有限公司	
	波士顿科学西美德公司	
	波士顿科学神经调制公司	
	波士顿科学有限公司	
	波士顿科技有限公司	
	波士顿科学希姆德公司	
	波士顿科技西姆德股份有限公司	
	波士顿科技公司	
安徽佳佳视光	安徽佳佳视光科技有限公司	国内企业
杭州安杰思	杭州安杰思医学科技有限公司	国内企业
安瑞医疗	安瑞医疗器械（杭州）有限公司	国内企业
深圳优瑞泰	深圳优瑞泰科技有限公司	国内企业
江苏安康生物	江苏安康生物科技发展有限公司	国内企业
深圳理邦	深圳市理邦精密仪器股份有限公司	国内企业
先进心血管	先进心血管系统公司	外资企业
雅培	雅培心血管系统有限公司	外资企业
	雅培心血管系统公司	
	雅培心脏血管系统股份有限公司	
	雅培血管企业有限公司	
圣犹达	圣犹达医疗用品电生理部门有限公司	外资企业
	圣犹达医疗用品心脏病学部门有限公司	
	圣犹达医疗用品国际控股有限公司	
	圣犹达医疗用品卢森堡控股有限公司	
泰尔茂	泰尔茂株式会社	外资企业
	泰尔茂（中国）投资有限公司	
	奥林巴斯泰尔茂生物材料株式会社	
韦伯斯特	韦伯斯特生物官能（以色列）有限公司	外资企业
	韦伯斯特生物官能公司	
	韦伯斯特生物传感器股份有限公司	
科学医学生命	SCIMED LIFE SYSTEMS INC	外资企业

续表

约定名称	对应申请人名称及注释	申请人类型
爱德华兹	爱德华兹生命科学公司	外资企业
	爱德华兹生命科学卡迪尔克有限责任公司	
	爱德华兹生命科学 PVT 公司	
	爱德华兹生命科学股份公司	
	爱德华兹生命科学 IPRM 公司	
乐普	乐普（北京）医疗器械股份有限公司	国内企业
	乐普医学电子仪器股份有限公司	
	北京乐普医疗器械有限公司	
	北京乐普医疗器械有限公司南京雅达佳文化传媒有限公司	
库克	库克医学技术有限责任公司	外资企业
	库克公司	
	库克生物科技公司	
	库克股份有限公司	
	库克医药技术有限责任公司	
	库克血管公司	
	库克生物技术股份有限公司	
科迪斯	科迪斯公司	外资企业
先健科技	先健科技（深圳）有限公司	国内企业
靶向治疗	TARGET THERAPEUTICS, INC	外资企业
米卢克斯	米卢克斯控股股份有限公司	外资企业
蛇牌	蛇牌股份公司	外资企业
格洛伯斯	GLOBUS MEDICAL INC	外资企业
爱康宜诚	北京爱康宜诚医疗器材股份有限公司	国内企业
	北京爱康宜诚医疗器材有限公司	
	北京爱康宜诚医疗器材股份有限公司	
润泽	重庆润泽医药有限公司	国内企业
	重庆润泽医疗器械有限公司	
斯恩蒂斯	斯恩蒂斯有限公司	外资企业
	库尔斯恩蒂斯股份公司	
	斯恩蒂斯股份公司	

续表

约定名称	对应申请人名称及注释	申请人类型
史密夫和	史密夫和内修有限公司	国内企业
	史密夫和内修整形外科股份公司	
	史密夫和内修公司	
	史密夫和内修整形外科有限责任公司	
凯利泰	上海凯利泰医疗科技股份有限公司	国内企业
	上海博进凯利泰医疗科技有限公司	
	上海凯利泰医疗科技有限公司	
彼赛特	PACESETTER INC	外资企业
科利尔	KYOCERA CORP	外资企业
领先仿生	领先仿生公司	外资企业
	领先仿生有限公司	
	心脏领先技术有限公司	
史赛克	史赛克创伤公司	外资企业
	史赛克创伤有限公司	
	史赛克雷宾格尔有限公司	
	史赛克公司	
	史赛克外伤有限责任公司	
Auris	Auris Health 公司	外资企业
博恩思	四川博恩思医学科技有限公司	国内企业
	成都博恩思医学机器人有限公司	国内企业
	重庆博恩思医学机器人有限公司	国内企业
深圳精锋医疗	深圳市精锋医疗科技股份有限公司	国内企业
北京术锐	北京术锐技术有限公司	国内企业
哈尔滨思哲睿	哈尔滨思哲睿智能医疗设备股份有限公司	国内企业
北京天智航	北京天智航医疗科技股份有限公司	国内企业
山东威高	山东威高骨科材料有限公司	国内企业
	山东威高骨科材料股份有限公司	
	北京威高亚华人工关节开发有限公司	
	山东威高集团医用高分子制品股份有限公司	
	威海威高骨科手术机器人有限公司	
	威海威高血液净化制品有限公司	

续表

约定名称	对应申请人名称及注释	申请人类型
伊西康	伊西康公司	外资企业
	伊西康内外科公司	
美好罗伯特	美好罗伯特有限公司	外资企业
威博外科	威博外科公司	外资企业
汉森医疗	汉森医疗公司	外资企业
苏州康多机器人	苏州康多机器人有限公司	国内企业
泗洪县正心医疗	泗洪县正心医疗技术有限公司	国内企业
常州唯精医疗	常州唯精医疗机器人有限公司	国内企业
苏州点合医疗	苏州点合医疗科技有限公司	国内企业
苏州康多机器人	苏州康多机器人有限公司	国内企业
腾讯医疗	腾讯医疗健康（深圳）有限公司	国内企业
依图医疗	上海依图网络科技有限公司	国内企业
EvaHeart	重庆永仁心医疗器械有限公司	国内企业
Mitiheart	MITIHEART CORP	外资企业
Ventracor	Ventracor LTD	外资企业
RelianHeart	RelianHeart INC	外资企业
Berlin Heart	Berlin Heart GMBH	外资企业
Jarvik Heart	JARVIK HEART INC.	外资企业
CircuLite	CIRCULITE GMBH	外资企业
Abiomed	ABIOMED INC.	外资企业
LivaNova	LIVANOVA PLC	外资企业
Thoratec	THORATEC CORP	外资企业

附录八 1830—2022 年全球和中国医学装备专利申请和转让量年度对比

单位：项

年份	全球医学装备专利申请量	中国医学装备专利申请量	国内医院医学装备专利申请量	全球医学装备专利转让量	中国医学装备专利转让量
1830	1	0	0	0	0
1831	0	0	0	0	0
1832	0	0	0	0	0
1833	0	0	0	0	0
1834	0	0	0	0	0
1835	0	0	0	0	0
1836	0	0	0	0	0
1837	0	0	0	0	0
1838	0	0	0	0	0
1839	0	0	0	0	0
1840	0	0	0	0	0
1841	0	0	0	0	0
1842	0	0	0	0	0
1843	0	0	0	0	0
1844	1	0	0	0	0
1845	0	0	0	0	0
1846	0	0	0	0	0
1847	1	0	0	0	0
1848	0	0	0	0	0
1849	1	0	0	0	0
1850	2	0	0	0	0
1851	0	0	0	0	0
1852	0	0	0	0	0

续表

年份	全球医学装备专利申请量	中国医学装备专利申请量	国内医院医学装备专利申请量	全球医学装备专利转让量	中国医学装备专利转让量
1853	3	0	0	0	0
1854	0	0	0	0	0
1855	1	0	0	0	0
1856	0	0	0	0	0
1857	1	0	0	0	0
1858	3	0	0	0	0
1859	5	0	0	0	0
1860	3	0	0	0	0
1861	1	0	0	0	0
1862	1	0	0	0	0
1863	3	0	0	0	0
1864	1	0	0	0	0
1865	1	0	0	0	0
1866	2	0	0	0	0
1867	4	0	0	0	0
1868	3	0	0	0	0
1869	0	0	0	0	0
1870	3	0	0	0	0
1871	0	0	0	0	0
1872	1	0	0	0	0
1873	0	0	0	0	0
1874	0	0	0	0	0
1875	1	0	0	0	0
1876	3	0	0	0	0
1877	0	0	0	0	0
1878	5	0	0	0	0
1879	2	0	0	0	0
1880	2	0	0	0	0
1881	1	0	0	0	0
1882	3	0	0	0	0

续表

年份	全球医学装备专利申请量	中国医学装备专利申请量	国内医院医学装备专利申请量	全球医学装备专利转让量	中国医学装备专利转让量
1883	2	0	0	0	0
1884	1	0	0	0	0
1885	1	0	0	0	0
1886	0	0	0	0	0
1887	0	0	0	0	0
1888	1	0	0	0	0
1889	0	0	0	0	0
1890	3	0	0	0	0
1891	2	0	0	0	0
1892	6	0	0	0	0
1893	2	0	0	0	0
1894	10	0	0	0	0
1895	2	0	0	0	0
1896	8	0	0	0	0
1897	3	0	0	0	0
1898	4	0	0	0	0
1899	4	0	0	0	0
1900	9	0	0	0	0
1901	6	0	0	0	0
1902	195	0	0	0	0
1903	198	0	0	0	0
1904	230	0	0	0	0
1905	257	0	0	0	0
1906	225	0	0	0	0
1907	213	0	0	0	0
1908	221	0	0	0	0
1909	431	0	0	0	0
1910	449	0	0	0	0
1911	467	0	0	0	0
1912	523	0	0	0	0

续表

年份	全球医学装备专利申请量	中国医学装备专利申请量	国内医院医学装备专利申请量	全球医学装备专利转让量	中国医学装备专利转让量
1913	462	0	0	0	0
1914	417	0	0	0	0
1915	299	0	0	0	0
1916	445	0	0	0	0
1917	452	0	0	0	0
1918	445	0	0	0	0
1919	681	0	0	0	0
1920	701	0	0	0	0
1921	763	0	0	0	0
1922	769	0	0	0	0
1923	730	0	0	0	0
1924	865	0	0	0	0
1925	861	0	0	0	0
1926	907	0	0	0	0
1927	971	0	0	0	0
1928	999	0	0	0	0
1929	1009	0	0	0	0
1930	992	0	0	0	0
1931	1059	0	0	0	0
1932	1005	0	0	0	0
1933	1036	0	0	0	0
1934	960	0	0	0	0
1935	943	0	0	0	0
1936	852	0	0	0	0
1937	850	0	0	0	0
1938	878	0	0	0	0
1939	688	0	0	0	0
1940	413	0	0	0	0
1941	498	0	0	0	0
1942	516	0	0	0	0

续表

年份	全球医学装备专利申请量	中国医学装备专利申请量	国内医院医学装备专利申请量	全球医学装备专利转让量	中国医学装备专利转让量
1943	465	0	0	0	0
1944	446	0	0	0	0
1945	500	0	0	0	0
1946	637	0	0	0	0
1947	819	0	0	0	0
1948	1143	0	0	0	0
1949	1402	0	0	0	0
1950	1609	0	0	0	0
1951	1656	0	0	0	0
1952	1217	0	0	0	0
1953	1324	0	0	0	0
1954	1252	0	0	0	0
1955	1386	0	0	0	0
1956	1316	0	0	0	0
1957	1456	0	0	0	0
1958	1560	0	0	0	0
1959	2057	0	0	0	0
1960	1902	0	0	0	0
1961	1891	0	0	0	0
1962	1836	0	0	1	0
1963	2156	0	0	0	0
1964	3278	0	0	0	0
1965	3706	0	0	4	0
1966	4450	0	0	1	0
1967	4392	0	0	33	0
1968	4981	0	0	15	0
1969	6228	0	0	7	0
1970	6965	0	0	0	0
1971	10687	0	0	1	0
1972	13431	0	0	10	0

续表

年份	全球医学装备专利申请量	中国医学装备专利申请量	国内医院医学装备专利申请量	全球医学装备专利转让量	中国医学装备专利转让量
1973	14779	0	0	1	0
1974	15687	0	0	8	0
1975	16047	0	0	11	0
1976	18945	0	0	11	0
1977	19002	0	0	35	0
1978	20791	0	0	51	0
1979	22361	0	0	205	0
1980	23462	0	0	1141	0
1981	24310	0	0	1986	0
1982	26418	0	0	2519	0
1983	29949	0	0	2296	0
1984	33248	0	0	2946	0
1985	35846	404	41	3125	0
1986	37964	647	63	3834	0
1987	45312	1082	142	4867	0
1988	46751	1339	147	5683	0
1989	49874	1352	153	5399	0
1990	53058	1709	189	5527	0
1991	51633	2219	240	6095	0
1992	54873	3263	265	7081	0
1993	57482	3613	247	7543	0
1994	60554	3486	164	8776	0
1995	62933	3515	163	10799	0
1996	66382	3749	183	12269	0
1997	73077	3923	201	13643	0
1998	79139	4104	157	16540	0
1999	87903	4686	178	18343	0
2000	101440	5768	170	18020	0
2001	127283	6752	205	22863	46
2002	134421	8144	214	27997	101

续表

年份	全球医学装备专利申请量	中国医学装备专利申请量	国内医院医学装备专利申请量	全球医学装备专利转让量	中国医学装备专利转让量
2003	148802	10518	285	29554	170
2004	144871	11835	255	34212	312
2005	151236	14342	340	36176	392
2006	158310	16636	363	37535	600
2007	165540	19192	530	40092	553
2008	158168	22405	704	42726	782
2009	165022	27190	915	40771	1145
2010	175036	34296	1200	40413	1110
2011	194223	48290	2192	44222	1853
2012	210556	57744	2814	55254	1873
2013	214358	57091	3973	51744	2319
2014	229356	63196	5578	52715	2924
2015	246886	86886	9524	66470	4643
2016	257859	95811	12307	76129	6751
2017	272011	111377	15584	63416	6475
2018	300427	139925	25352	62366	6777
2019	333843	179892	42236	63828	9089
2020	369448	241675	63720	64089	11824
2021	245933	176971	63704	55684	14924
2022	22875	17082	2563	19631	8404

附录九 2002—2022年中国、美国、欧洲、日本和韩国医学装备专利申请细分领域年度对比

单位：项

中国										
年份	A61B 17	A61B 5	A61M 5	A61M 1	C12Q 1	A61L 2	G01N 33	A61F 5	A61G 7	A61M 16
2002	902	582	679	272	467	212	545	474	143	128
2003	1011	798	900	359	663	379	749	465	207	238
2004	1202	996	945	360	589	239	774	579	202	238
2005	1630	1254	1072	510	675	331	865	677	245	288
2006	1920	1505	1263	570	764	444	1067	646	342	341
2007	2310	1771	1446	660	903	457	1242	868	459	447
2008	2695	1891	1676	797	1269	523	1541	915	579	569
2009	3097	2439	1954	989	1529	595	1483	903	665	699
2010	4092	2900	2445	1022	1952	746	1856	1115	976	938
2011	5062	3882	3165	1442	1904	851	1889	1456	1302	1264
2012	5662	4794	3548	1666	2084	1276	2081	1487	1679	1489
2013	5759	5479	3536	1706	2430	1419	2366	1602	1786	1576
2014	6970	6566	3739	2174	2972	1596	2632	1950	2060	1766
2015	8866	9620	4936	3647	3550	2590	3179	2816	3319	2600
2016	9756	10570	5313	4120	4483	3167	3926	3168	3193	2831
2017	11625	10635	5259	4903	5369	4173	4570	3658	3806	2983
2018	14213	12173	6632	5943	6168	5122	5051	4685	4915	3944
2019	18159	15734	9090	8397	6179	7336	5220	6804	6939	5589
2020	24118	18894	11782	12784	6577	17736	5731	9431	10701	8333
2021	22570	18165	11220	12348	6383	13447	5006	8866	10389	7796
2022	6026	5020	2387	2862	2221	2919	1685	2125	2414	1776

续表

美国										
年份	A61B 5	A61B 17	A61F 2	C12Q 1	G01N 33	A61N 1	A61M 5	A61B 18	A61M 25	A61B 1
2002	2027	2837	2399	4046	3498	1200	850	887	861	505
2003	2560	3676	3131	4744	3617	1500	991	950	1049	632
2004	2885	3731	3346	5040	3801	1585	1020	935	853	690
2005	3100	3203	3401	3815	2833	1640	931	934	702	729
2006	2988	2798	3633	2690	2180	1556	979	955	692	816
2007	2932	3518	3350	1938	1824	1518	971	1054	743	834
2008	2834	3074	2690	1702	1601	1228	983	887	627	781
2009	2985	3139	2553	1685	1521	1525	1027	900	646	786
2010	3071	3447	2825	1465	1558	1426	1185	912	630	795
2011	2948	3548	2711	1526	1670	1429	1248	865	656	854
2012	3342	3652	2824	1736	1967	1431	1242	946	771	896
2013	4320	4261	3081	2171	2583	1657	1329	1247	988	926
2014	4875	4457	3012	2244	2636	1788	1507	1235	1101	980
2015	5396	4833	3140	2065	2658	1711	1399	1321	1189	991
2016	5826	5000	3381	2124	2702	1957	1669	1418	1237	1248
2017	6226	5449	3391	2211	2744	2033	1564	1566	1446	1440
2018	6396	5236	3445	2306	2724	1882	1585	1520	1404	1446
2019	6576	5474	3407	2168	2487	1949	1769	1441	1500	1411
2020	5408	4566	2809	1703	1842	1598	1344	1294	1267	1266
2021	4641	4010	2424	1603	1587	1433	1056	1141	1076	994
2022	1443	1376	870	509	534	526	453	366	342	332
日本										
年份	A61B 5	A61B 17	G01N 33	A61B 6	A61B 1	A61F 2	A61F 13	A61B8	C12Q1	A61M5
2002	2300	1433	1768	1057	1029	1110	858	705	847	631
2003	2665	1554	1659	1348	1253	1288	804	876	869	642
2004	3017	1653	1523	1366	1734	1336	871	964	865	626
2005	2959	1642	1483	1360	1620	1447	954	962	866	571
2006	2876	1573	1345	1304	1254	1466	892	864	844	554
2007	2718	1500	1385	1340	1310	1308	818	921	811	582
2008	2530	1452	1385	1415	1417	1170	790	871	816	516

续表

日本										
年份	A61B 5	A61B 17	G01N 33	A61B 6	A61B 1	A61F 2	A61F 13	A61B8	C12Q1	A61M5
2009	2190	1554	1348	1318	1036	1115	847	855	794	583
2010	2229	1460	1249	1501	1234	1059	919	899	750	764
2011	2156	1467	1178	1363	1151	1003	805	933	674	838
2012	2365	1430	1187	1374	1072	950	932	900	771	828
2013	2380	1556	1197	1400	1066	977	900	1096	762	772
2014	2721	1721	1192	1355	1188	1045	1025	1027	798	947
2015	2753	1534	1283	1227	1351	886	1011	891	796	776
2016	2819	1859	1219	1223	1196	1008	1059	959	852	878
2017	2830	1503	1349	1113	1030	861	1013	964	853	787
2018	2567	1711	1184	1116	970	970	1018	740	756	761
2019	2381	1368	1119	962	766	786	814	680	820	766
2020	1616	815	659	633	399	447	592	369	460	372
2021	862	535	399	340	228	313	324	187	308	252
2022	163	138	127	74	75	91	48	38	109	122
欧洲										
年份	A61B17	A61B5	A61F2	G01N33	C12Q1	A61M5	A61N1	A61M25	A61B1	A61B18
2002	2861	2262	2644	2811	2339	1079	889	1116	629	632
2003	3338	2410	2821	2694	2352	1225	1061	1113	690	769
2004	3385	2606	2926	2352	2077	1125	1146	996	898	789
2005	3321	2668	2947	2411	2084	1020	1046	883	981	791
2006	3166	3046	2874	2419	1971	1118	1256	898	1048	797
2007	3358	2667	2668	2603	2091	1162	1344	793	856	905
2008	3564	2690	2672	2451	1943	1089	1159	764	908	862
2009	3697	2798	2642	2394	1961	1361	1272	912	900	914
2010	3633	2875	2681	2430	1818	1536	1176	1018	853	954
2011	3505	2889	2681	2495	1808	1695	1162	994	1057	1093
2012	4048	3109	2773	2455	1961	1680	1294	1184	1119	1014
2013	4292	3331	2717	2417	1829	1593	1174	1479	1077	1296
2014	4719	3774	2724	2338	2110	1821	1276	1329	1264	1393
2015	3705	3922	2030	2327	1891	1527	1297	1071	1250	1148

续表

欧洲										
年份	A61B17	A61B5	A61F2	G01N33	C12Q1	A61M5	A61N1	A61M25	A61B1	A61B18
2016	3854	4043	2163	2114	1621	1666	1267	1115	1137	1009
2017	3475	4183	1936	1969	1538	1353	1277	987	838	1004
2018	3299	3719	2015	1701	1369	1113	1031	992	910	980
2019	2611	3173	1482	1342	1234	980	926	776	762	799
2020	1630	1879	828	751	651	478	566	439	451	475
2021	711	762	307	204	163	124	195	150	168	240
2022	107	88	48	23	17	30	31	22	25	36
韩国										
年份	A61B 5	A61B 17	G01N 33	C12Q 1	A61F 2	A61F 13	A61M 5	A61B 6	A61N 5	A61N 1
2002	481	378	399	389	311	488	231	90	122	143
2003	490	487	436	429	455	556	323	98	143	168
2004	476	404	337	357	251	356	289	165	116	162
2005	596	468	412	586	374	440	303	150	157	171
2006	691	522	592	464	412	451	303	169	177	176
2007	695	661	695	599	522	437	255	148	233	196
2008	785	668	771	457	483	414	262	245	242	265
2009	936	803	985	499	634	551	418	363	357	310
2010	1011	953	946	561	667	477	419	364	401	299
2011	1101	1026	860	483	667	394	480	409	397	373
2012	1286	958	890	634	613	493	528	464	455	326
2013	1407	963	775	670	560	421	509	530	410	317
2014	1787	1188	920	1009	787	425	581	637	393	392
2015	1957	780	914	1136	501	494	535	606	400	382
2016	2378	825	1158	1101	483	436	574	545	465	451
2017	2530	1046	1215	1410	630	469	590	457	472	552
2018	3070	1151	1118	1251	664	489	542	491	546	574
2019	3420	1246	1057	1227	701	471	547	594	922	713
2020	3134	955	909	1277	560	333	447	440	549	565
2021	1670	386	397	595	226	200	202	209	272	283
2022	248	55	60	85	18	25	31	39	20	46

医学装备知识产权联盟介绍

一、联盟成立

"中国医学装备知识产权联盟"是在国家卫生健康委员会、工业和信息化部、国家知识产权局的指导下，由医疗卫生机构、高等院校、科研机构、医学装备生产企业、知识产权服务机构、金融投资机构、产业园区等机构在自愿、平等、互利、合作的基础上，于2021年4月10日自愿结成的全国性、行业性、开放的非营利性团体。2021年12月3日，"中国医学装备知识产权联盟"成功在北京市知识产权局取得备案，并更名为"医学装备知识产权联盟"（Medical Equipment Intellectual Property Alliance，CAME – IPA）。

二、联盟宗旨

医学装备知识产权联盟旨在搭建医学装备知识产权领域信息集聚和交流协作平台，团结医疗卫生机构、高等院校、科研机构、医学装备生产企业、知识产权服务机构、金融投资机构、产业园区等机构，加强医学装备行业知识产权和专利创造、保护、高价值专利评估、孵化、转化、产业化等全链条服务能力，推动我国医学装备行业知识产权发展。

三、联盟工作职责

（一）组织联盟单位围绕知识产权创造、保护、运用、管理等方面建立联盟成员广泛参与的知识产权协同运用生态体系。

（二）开展医学装备领域知识产权状况的研究；定期出版《中国医学装备专利报告》《中国医学装备细分领域专利子报告》等出版物。

（三）建设医学装备领域知识产权信息服务平台，集成专利数据的查新与检索、专利的管理与监控、创新产品的展示与对接等功能，承接市场调研和咨询服务，切实服务行业需求。

（四）建立医学装备领域关键设备的"专利池"，促进行业的协同创新。

（五）根据医疗卫生机构、高校/科研院所、医学装备相关企业等的实际需求，开展知识产权针对性培训。根据联盟单位的实际需求，开展医学装备知识产权高峰论坛和子领域的知识产权沙龙等活动。

（六）开展医学装备领域高价值专利评估工作，促进知识产权与金融等的有效融合，推动创新成果的转移转化。

（七）开展行业标准中的专利研究，促进专利与标准的融合。

（八）协助行业开展国内外的知识产权维权援助，更好地帮助企业应对知识产权风险。

（九）承办政府委托的相关工作。

医学装备知识产权联盟
地址：北京市海淀区知春路68号领航科技大厦西侧16层
邮编：100086
传真：010-88393990
联系电话：010-88393651-8025